电网企业
质量检测指导手册

国网江苏省电力有限公司　组编

中国电力出版社
CHINA ELECTRIC POWER PRESS

内 容 提 要

全书共分为五章，主要内容包括物资（设备）质量检测技术、电能质量技术监督、输变电工程质量检测技术和质量检测新技术。本书力求理论联系实际，力求深入浅出地介绍电网企业质量管理工作涉及的技术内容及方法。

本书可供电力系统工程技术及质量管理人员使用，也可供其他人员学习参考。

图书在版编目（CIP）数据

电网企业质量检测指导手册 / 国网江苏省电力有限公司组编．—北京：中国电力出版社，2019.6（2019.8重印）

ISBN 978-7-5198-3073-1

Ⅰ．①电… Ⅱ．①国… Ⅲ．①电力工业－工业企业－质量检验－中国－手册 Ⅳ．① F426.61-62

中国版本图书馆 CIP 数据核字（2019）第 069010 号

出版发行：中国电力出版社
地　　址：北京市东城区北京站西街 19 号（邮政编码 100005）
网　　址：http://www.cepp.sgcc.com.cn
责任编辑：杨敏群（010-63412531）柳　璐
责任校对：黄　蓓　常燕昆
装帧设计：赵姗姗
责任印制：钱兴根

印　　刷：三河市航远印刷有限公司
版　　次：2019 年 6 月第一版
印　　次：2019 年 8 月北京第二次印刷
开　　本：787 毫米 ×1092 毫米　16 开本
印　　张：12.75
字　　数：263 千字
定　　价：60.00 元

前　言

近年来，随着电网建设的快速发展，我国电网规模已跃居世界首位，输电容量、电网设备及技术水平等都走在了世界前列，同时也对输变电设备的性能及电网的运行可靠性提出了更高的要求。为落实国家质量强国战略，贯彻和落实国家、行业、电网企业在物资、工程、电能、运检等各环节的质量管理标准，提高电网建设、运行及供电服务质量，提升电网本质安全水平，保障电网安全、可靠、经济运行，我们组织专业人员编制了《电网企业质量检测指导手册》。

本书是对国家电网有限公司、国网江苏省电力有限公司近年来形成的质量检测技术及开展的质量管理工作的提炼总结。由于本书涉及电网技术领域的宽泛性和理论深度，在编制过程中，摘选了电网建设、运行、维护及供电服务中的诸多关系性问题，我们力求理论联系实际，力求深入浅出地介绍电网质量检查工作所涉及的不同环节、不同设备及不同业务类型。全书共分为五章，涵盖了十五类入网设备质量检测技术、电能质量技术监督、输变电工程质量检测技术及质量检测新技术等内容，详细阐述了电网企业质量管理工作涉及的技术内容及方法。

本书的编著，凝聚了国网江苏省电力有限公司从事质量检测管理工作的广大干部员工的心血和汗水，希望能够给电网企业各级质量管理人员系统学习和掌握质量检测技术提供有益的参考，对大中院校开展电力系统质量管理研究及实践亦有借鉴参考价值。

本书的编著，得到了国网江苏电科院、国网江苏经研院大力的帮助和支持，书中的很多实例由国网江苏电科院和国网江苏经研院协助提供，在此谨致以深切的谢意。

由于时间仓促，书中难免存在不妥之处，望广大读者批评指正。

本书编写组

2019 年 3 月

目　录

第一章　综述

本章从质量及质量管理的概念引出，系统阐述质量管理的发展历程、质量管理体系与认证等基本理论，深入分析我国电网企业质量管理的特点、质量管控的手段以及当前所采用的质量检测技术。

第一节　质量管理概述

随着科学技术的进步和经济水平的提高，现代质量与质量管理的理论在实践中不断延伸与发展，全面、综合地运用多种多样的方法进行质量管理，是科学质量管理的客观要求。当前在我国运用国际先进质量管理标准和方法，构建统一管理、共同实施、权威公信、通用互认的质量认证体系，是全面实施质量强国战略的必由之路。

一、质量与质量管理的概念

（一）质量的定义

质量是质量管理的对象。正确、全面地理解质量的概念，对于质量管理工作的开展是十分重要的。在生产发展的不同历史时期，人们对质量的理解，随着科学技术的发展和社会经济的变化而有所变化。GB/T 19000—2016《质量管理体系　基础和术语》（等同于国际标准 ISO 9000：2015）关于质量的描述为：一个关注质量的组织倡导一种通过满足顾客和其他有关相关方的需求和期望来实现其价值的文化，这种文化将反映在其行为、态度、活动和过程中。

随着社会的进步与发展，质量的地位获得空前提高。质量概念已广泛地渗透到国民经济、生产、消费和社会活动的各个领域。当今社会，人们对“质量”的认识并不仅局限于产品实物质量和服务质量本身，而是从更广的视角、更大的范围、更全面的角度去研究质量问题。质量问题是个重大的战略问题。保证和提高产品与服务质量，直接关系到经济建设的健康发展和人民群众的切身利益，是经济工作的一项重大战略任务，对经济发展具有极为重要的保障和促进作用。

（二）质量管理的定义

国际标准和国家标准中把质量管理定义为：在质量方面指挥和控制组织的协调活

动。这些活动通常包括：制定质量方针和质量目标，以及通过质量策划、质量控制、质量保证和质量改进实现这些质量目标的过程。

质量策划，致力于制定质量目标并规定必要的运行过程和相关资源以实现质量目标，其目的在于制定并实现组织的质量目标。

质量控制，致力于满足质量要求，其目的在于确保产品的质量能满足顾客、法律法规等方面所提出的质量要求，一般以预防为主。

质量保证，致力于提供质量要求会得到满足的信任，其活动可以理解为模拟最终顾客使用的环境、寿命以及产品的相关标准要求进行严格的试验来满足顾客信任。质量保证活动涉及企业内部各个部门和各个环节。从产品设计开始到销售服务后的质量信息反馈为止，企业内形成一个以保证产品质量为目标的职责和方法的管理体系，称为质量保证体系。

质量改进，致力于增强满足质量要求的能力。质量改进的对象是产品、服务质量以及与它有关的工作质量，改进的目的在于增强组织满足质量要求的能力。当质量改进是渐进的并且组织积极寻找改进机会时，通常使用术语“持续质量改进”。

二、质量管理的发展历程

质量管理这一概念早在20世纪初就被提出，它是伴随着企业管理和实践的发展而不断完善起来的。按照质量管理在工业发达国家实践中的特点，质量管理的发展一般可分为质量检验阶段、统计质量控制阶段、全面质量管理阶段三个阶段。

（一）质量检验阶段

20世纪20～30年代是质量管理的初级阶段，其主要特点是以事后检验为主。20世纪初美国工程师泰勒（F. W. Taylor）首次将质量检验作为一种管理职能从生产过程中分离出来，建立了专职质量检验制度，这对保证产品质量起了重要作用。质量检验对手工业生产来说，无疑是一个很大的进步，它有利于生产率的提高和分工的发展。但从质量管理的角度来看，质量检验的效能较差。这种质量管理方法的任务只是“把关”，而不能预防废品产生。1924年，美国贝尔电话研究所统计学家休哈特（W. A. Shewhart）博士提出了“预防缺陷”的概念；道奇（H. F. Dodge）和罗米格（H. G. Romig）又共同提出在破坏性检验的场合采用“抽样检验法”。由于这一期间恰逢西方发达国家处于经济衰退时期，用数理统计方法进行质量管理未被普遍接受。因此质量检验阶段一直延续到20世纪40年代。

（二）统计质量管理阶段

第二次世界大战对大量物资（特别是军需品）的需求，使质量检验工作立刻显示出其弱点。由于事先无法控制质量，以及检验工作量大，军火生产常常延误交货期，影响前线军需供应。这时，休哈特“防患于未然”的控制产品质量的方法及道奇、罗米格的“抽样检查方法”被重新重视起来。美国政府和国防部组织数理统计学家制订战时国防标准，取得了显著的效果。战后这一方法在世界各国得到了广泛的应用。这一阶段（20 世纪 40 ~ 50 年代）质量管理将事后检验的观念转为事先加以预防的观念，强调应用统计方法进行科学管理，其应用减少了不合格品，降低了生产费用，使质量管理工作前进了一大步。但是现代化大规模生产十分复杂，影响产品质量的因素是多种多样的，单纯依靠统计方法不可能解决一切质量管理问题。随着大规模系统的涌现与系统科学的发展，质量管理也走上系统工程的道路。

（三）全面质量管理阶段

20 世纪 60 年代以来，随着生产力的发展和科技取得巨大的进步，人们对产品质量的要求越来越高，世界市场的竞争空前激烈，依靠质量检验和统计质量控制已远远不能满足顾客对于质量的要求，也远远不足以应付日益严峻的挑战。1956 年，美国通用电气公司费根堡姆（ArmandV. Feigebaum）提出了全面质量管理的概念："全面质量管理为了能够在最经济的水平上，并考虑到充分满足顾客要求的条件下进行生产和提供服务，并把企业各部门在研制质量、维持质量和提高质量方面的活动构成为一体的一种有效体系"。20 世纪 60 年代以后，全面质量管理的观点在全球范围内得到了广泛传播。经过长期而广泛的实践、积累、总结和升华，全面质量管理成为了全球企业界的共同实践结果，从一定意义上讲，已经演变成一套以质量为中心的、综合的、全面的管理模式。

三、质量管理体系与认证

随着全面质量管理理念的普及，越来越多的企业开始采用这种管理方法。以全面质量管理为理论基础和指导思想，国际标准化组织（ISO）开始将全面质量管理的内容和要求进行标准化、体系化，并于 1987 年 3 月正式颁布了 ISO 9000 系列标准。因此，ISO 9000 系列标准实际上是对全面质量管理研究成果的标准化，也是目前最广为人知和被广泛认可的质量管理体系。

（一）质量管理体系

质量体系指为保证产品、过程或服务质量，满足规定（或潜在）的要求，由组织机构、职责、程序、活动、能力和资源等构成的有机整体。质量体系最终表现为一整套深入细致的质量体系文件，通过这些文件来规定、沟通和维持企业的全部质量活动，规定每个部门、每个岗位以及个人在质量工作中的任务、职责和权限，以及发生质量问题后的处理程序。根据质量体系环境的不同，质量体系可分为质量管理体系和质量保证体系两类。对于一个企业来说，需要建立质量管理体系来实施规范化的质量管理，并通过质量管理体系的运行不断提高产品质量和质量管理的水平；同时，也要建立质量保证体系，向各种顾客证实自己的质量保证能力，以维护顾客利益，同时也维护了企业自身的利益。

（二）ISO 9000 系列标准

20 世纪 70 年代以来，质量成为企业竞争力的主要要素。随着全球经济的一体化和日益开放的世界市场的发展，质量更是企业进入国际市场的通行证。为了适应国际贸易及经济合作和交往的需要，世界各主要工业发达国家都对质量体系制定出了各种国家标准和多国标准。1987 年 3 月，国际标准化组织质量管理和质量保证技术委员会（ISO/TC176）经过近 10 年的努力，在总结各国质量保证经验的基础上，制定并正式发布了 ISO 9000、ISO 9001、ISO 9002 和 ISO 9004 等国际标准。ISO 9000 系列标准的发布使质量管理和质量保证的概念、原则和方法统一在国际标准的基础上，标志着质量管理和质量保证工作进入了规范化、程序化和国际化的新阶段。目前 ISO 9000 系列标准是最被广为认可的质量体系标准，其一经发布就被许多国家和地区所采用，它不受具体的行业或经济部门的限制，可广泛用于各种类型和规模的组织。

（三）质量管理体系认证

质量认证是“为确信产品或服务完全符合有关标准或技术规范而进行的第三方机构的证明活动”，包括产品质量认证和质量管理体系认证两个部分。产品质量认证的对象是特定产品包括服务；质量管理体系认证的对象是企业的质量管理体系，或者说是企业的质量保证能力。目前，世界各国现行的质量认证制度主要有 8 种类型。其中，最被各国普遍使用的第三方认证形式是：型式试验加企业质量管理体系的评定，再加认证后监督。质量认证目前已成为各国对企业进行质量评价和监督的惯例，并已发展成为一种世界性的趋势，形成世界范围内广泛的国际认证。

质量管理体系认证又称质量管理体系评价与注册，是指由取得质量管理体系认证资格的第三方认证机构，依据正式发布的质量管理体系标准，对企业的质量管理体系实施评定，评定合格的由第三方机构颁发质量管理体系认证证书，并给予注册公布，以证明企业质量管理和质量保证能力符合相应标准或有能力按规定的质量要求提供产品的活动。质量管理体系认证能促进企业改善质量管理，进而提高产品质量，从而增强企业在国内外市场的竞争实力；另外，又能维护顾客利益和消费者权益，促进社会生活质量水平提高。因此，推行质量管理体系认证对于企业和社会的发展都具有十分重要的积极作用。

第二节　电网企业质量管理

质量是企业的生命。坚持“质量兴网”，提高电网设备质量和质量管理水平，是落实质量强国战略的重要任务。电网企业在质量管理工作中遵循 PDCA 方法，以质量控制、检查评价、事件管理为质量管理的核心，贯穿规划、设计、招标、施工、安装、调试、运维、退役全过程，保障电网安全可靠运行，为社会提优质的电能和良好的供电服务，履行社会责任。

一、物资质量管理

电网物资是电力建设及系统安全稳定运行的物质基础，可靠的物资质量是工程建设顺利开展、电网安全可靠运行的基本保障。电网企业物资质量管理是根据国家、行业、企业相关规程制度标准，开展物资设备从招标需求制定、供应商资质审查，到设备监造、物资抽检，直至设备验收、安装调试等工作。

其中，物资招标在遵循“公开、公平、公正和诚实信用”的原则下，通过物资集中招标采购，能够有效提高物资招标采购效率，同时有利于建立起强有力的质量屏障，防止低质、伪劣产品进入电网，保障入网物资质量的稳定可靠。设备监造按照设备供货合同的要求，按照客观公正、诚信科学的原则，对设备在制造和生产过程中的工艺流程、制造质量及设备制造单位的质量体系进行全过程监督。设备运输是设备材料从生产地运往需求地的重要过程，主要包括运输前的计划制订、设备发运过程中的运输处理、设备运输到货后的交接验收及保管。到货验收是设备到货后，凭合同及装箱单进行开箱查验，合格后办理相应入库手续的过程。设备安装和调试过程是设备质量问题多发环节，应使设备局部及整体性能、运行功能及生产能力达到设计要求，整体质量符合国家技术规范及行业标准。

二、工程质量管理

电网工程项目的建设是电力企业发展的关键业务之一，同时也是保障人民用电安全、可靠的关键。电网工程项目的建设投资大，建设及使用周期长，只有满足工程建设质量标准，坚持合理工期、合理造价、合格队伍建设理念，才能持续提升工程建设质量，保证电网运行的安全性、可靠性、耐久性，从而发挥更大的经济社会效益。

工程前期是工程建设的决策阶段，以根源控制、超前预防为主要目标，对防范工程各类风险和保证工程质量、项目如期投运具有决定性作用。工程建设阶段是项目决策的实施、建成投产发挥效益的关键环节。质量管理人员在工程建设阶段开展质量管理时，需重点抓好工程开工、工程施工、工程调试、工程验收、工程移交等环节的质量管控。工程移交后，工程建设管理单位必须委托有资质的独立咨询机构对项目进行资信评价，同时开展质量回访及质量保修。

三、运检质量管理

电网设备的全寿命周期绝大部分时间处于运维检修阶段，运维检修质量直接关系着电网、设备的运行健康状况，是安全可靠供电的重要前提。依据相关法律法规、制度标准和技术规范，对电网运行、设备运维与检修、运检计划和技术监督等运维检修关键业务进行质量管控，是保障设备稳定、高效运行的重要手段。

其中，电网调度对电网运行实施精准控制实现始终保持电力生产和消耗的平衡并快速准确隔离事故异常。设备运维由运维人员根据标准化作业卡按照周期对各类设备进行日常维护，包括安措执行、注意事项、维护重点以及具体维护方法等。设备检修管理是运检质量管理过程中的整改提升环节，该环节的主要内容为各级设备技改、检修执行单位根据电网企业下发的各类设备检修细则开展例行检修、大修、技改、抢修、消缺、反措执行等工作。电网技改大修项目管理针对现有电力设备或设施的检修与升级改造。实物资产管理包括资产新增、资产日常管理和资产退役几个过程，是提升资产配置能力和运维管理水平的重要手段。技术监督采用有效的检测、试验、抽查和核查资料等手段，监督企业有关技术标准和预防设备事故措施在各阶段的执行落实情况，分析评价电力设备健康状况、运行风险和安全水平。

四、电能质量管理

安全、可靠和优质供电始终是电网公司发展的第一要务，电能是电网企业的核心产品，保证优质的电能供应对于电网企业经营管理显得尤为重要。电能质量管理通过对电网规划建设、生产运行以及客户接入开展电能质量监测、分析、评估、控制与治理，实现电网安全稳定、优质、经济、可靠运行，保障发、供、用各方的合法权益，维持正常的用电秩序。

布局合理、结构优化的电网及科学合理的设备选型既是提高电能质量的基础，又是保证电网长期安全、稳定及经济运行的前提。日常运行是电能质量管控的重点，是电网提升网架水平，抵御外来电能污染的主要环节。客户接入过程中主要工作任务是落实相应的管理和技术措施，消除扰动源客户接入引起的电能质量异常的问题因素，对接入管理、工程验收、运行管理三个环节需重点关注。着重加强接入前的电能质量评估，开展电能质量实测验收，落实电能质量常态监督管理，通过供用电合同（协议）的方式约束客户行为。

五、服务质量管理

优质服务是电网企业的生命线，服务质量管理通过建立以市场需求为导向的协同服务机制，渗透服务理念、提升工作标准、引导用户行为，保障用户用电安全；在企业形象建立方面，正确指导社会舆论导向，控制企业舆情风险，持续提升供电服务水平。优质服务是电网企业的生命线，服务质量管理通过建立以市场需求为导向的协同服务机制，渗透服务理念、提升工作标准、引导用户行为，保障用户用电安全；在企业形象建立方面，正确指导社会舆论导向，控制企业舆情风险，持续提升供电服务水平。

第三节 电网企业质量管控途径

质量管控是实现质量管理目标的最主要环节，也是质量管理水平的直接体现。电网企业围绕电网建设、运营核心业务，不断强化物资质量、工程质量、运检质量、电能质量以及服务质量等方面的质量管控，提升质量管理水平，保障电网安全稳定运行，保持连续、稳定、可靠的电力供应。

一、物资抽检

物资抽检作为物资质量管理的重要环节，是指项目单位依据企业抽检技术标准、供货合同以及国家有关标准，从所购物资同批次产品中随机抽取一定比例的数量进行相关项目检测，以确定产品质量是否符合国家行业标准、采购合同要求的活动。通过抽检的物资随后会应用于现场施工，作为进网设备质量把关的最后一道防线，抽检是电网设备稳定运行的重要保障。按照检测地点的不同，抽检分为厂外抽检和厂内抽检。

厂外抽检是采取随机取样，封样送往有资质的检测单位进行检测。为避免外保护层破损、杂质混入、产品受潮等因素影响试验结果，送检途中应对样品采取必要的防护措施，确保抽检结果真实反映产品质量。送检工作中应重点关注运行中故障率高、有家族性缺陷、批次采购量较大、中标价格过低、新入网厂商以及采用了新技术、新材料、新部件、新工艺的物资，对上述产品提高送检频次，以降低随机检测的偶然性。

厂内抽检是指在供应商生产制造现场检查产品制造工艺、装置性能、质量控制等与订货合同、设计图纸、相关标准和招投标文件要求一致，对成品（半成品）及原材料进行检测，确保出厂物资性能参数、结构性能符合需求方要求。相比厂外抽检，厂内抽检能减少送检途中环境干扰造成的影响，如果产品存在问题、不符合要求还能提前发现及时处理，避免物资到货后因不合格、往返退换而延误工期。为做好厂内抽检，需要进厂检验人员有扎实的理论基础、丰富的实践经验，掌握厂商使用的检验装置、仪器的操作方法，全程见证、规范操作，确保数据真实。

二、工程监理与验收

工程监理在工程建设过程中对工程实体、资料的质量进行监督，是保证建设工程质量的重要环节。监理质量管理是在施工质量管理的基础上进行的二次质量管控，对工程实施阶段的质量起到防治作用。监理单位在工程实施时，运用见证、旁站、巡视、平行检验等手段进行质量管控，对工程建设标准强制性条文、质量通病防治措施的实施情况进行检查，对设定的工程质量控制点进行旁站监理，对施工送检的材料、设备取样和复试进行全程见证，按照工程建设进度对施工现场质量管理、工程实体质量进行验收。

工程验收是执行基本建设程序的法定程序、检查立项的重要环节，保证设备设施合法、安全、可靠投入运行并发挥投资效益的关键步骤。质量管理人员在工程验收阶段开展质量管理工作时，需重点关注工程中间验收、竣工预验收、启动验收业务环节。

三、设备运行维护

设备运维工作包括设备巡视、设备维护等环节。高质量的设备运维工作，将设备运维到最佳状态，可以提高设备的工作效率，保障电网稳定运行并有效延长设备的使用寿命。巡视包括对线路各部件、设备及设施外观、异常声响、设备渗漏、监控系统、二次装置及辅助设施异常告警、消防安防系统完好性、变电站运行环境、缺陷和隐患跟踪检查等方面内容。设备维护包括设备日常维护和带电检测。检测人员根据设备的运维要求，按周期开展检测工作，在检测过程发现数据异常进行分析和诊断，安排跟踪检测或停电检修试验，及时掌握设备的运行状态，发现运行中设备的隐患，预防发生事故或设备损坏，确保设备高质量运行。

四、电能质量监测

日常运行是电能质量管控的重点，是电网提升网架水平，抵御外来电能污染的主要环节。日常运行主要包括电网运行和设备运行两个内容，重点关注对电能质量指标的监测和结果分析。电能质量指标一般采用在线监测、不定时检测和专项测试等方式。在线监测主要用于非线性负荷接入点和电网中枢变电所电能质量指标的实时检测，一般采用电能质量在线监测装置进行。不定时检测主要用于需要掌握供电电能质量指标而在线监测不具备条件所采用的检测方式，一般采用电能质量分析仪进行。专项测试主要用于非线性设备接入电网（或改扩建）前后、查找电网电能质量污染源、了解某些特殊负载或用户对电网电能质量指标影响等的检测方式，用以确定电网电能质量指标的背景状况、电能质量污染的实际水平、验证技术措施效果。

五、计量装置质量检测

电能计量是电网经济核算的依据，电能的计量精度直接关系到电力供需双方的经济效益和社会效益，是电力企业依法经营的基础和实现公平交易的保障。电能计量质量管理以公开、公平、公正为准则，以标准化、信息化、自动化为手段，保证计量值的准确、统一和电能计量装置运行的安全可靠。

计量装置质量检测是按照计量资产全寿命周期管理要求，对计量装置招标前、供货前、到货验收、运行中、报废前等环节开展的全过程质量监督。电能表招标前、供货前应严格进行全性能检测，到货后应严格进行抽样检测、全检验收试验，以确保每一只电能表均为合格产品入库。在电能表的仓储和配送环节，应采取防受潮、防震动、防腐蚀、防电磁干扰等措施。对于运行中的电能表，按技术标准要求，分别在电能表运行后相应年份开展定期抽样检测。充分利用用电信息采集系统的监控手段，对运行中的电能计量装置工况进行实时监测，结合现场抄表、用电检查、轮换抽检等工作巡视检查电能表运行状态。对监测、巡检、抽检中发现的故障电能表，须在24h内更换，并立即排查故障原因，故障原因未查清前，暂停安装同厂家、同型号、同批次电能表。

第二章　物资（设备）质量检测技术

物资（设备）质量检测主要通过在设备的采购、入网、运维检修等阶段开展相应试验项目以确定设备的运行情况，发现设备的早期缺陷，及时更换隐患设备，有效保障设备质量。对于大部分入网设备，按试验类型分，试验项目主要可分为例行试验、型式试验及特殊性试验三类。其中，例行试验是指在设备的制造过程中或成品后，为确定设备是否符合某些要求而进行的试验，如出厂试验、现场进行的交接试验，以及运行中定期进行的试验，要求每一个设备均需进行，亦称为预防性试验；型式试验是指按某种设计，制造一个或多个样品，来确定该设计是否符合该类产品的全部要求进行的试验，主要用于考核某类产品的设计是否能够满足现场运行工况的使用要求；特殊性试验是指除了例行试验和型式试验之外，经制造厂与使用部门商定的试验，其与型式试验通常为破坏性试验。

下面分别对变压器、电抗器、电流互感器、电压互感器等十五类入网设备质量检测技术进行介绍。

第一节　变压器

一、主要试验项目

（一）试验项目分类

根据 GB 1094.1—2013《电力变压器　第 1 部分：总则》、Q/GDW 11306—2014《110（66）~1000kV 油浸式电力变压器技术条件》及 Q/GDW10 108－02－001—2014《输变电设备交接试验规程》、Q/GDW 1168—2013《输变电设备状态检修试验规程》，变压器的主要试验类型包括例行试验、型式试验和特殊试验，其包含的试验项目如下：

1. 例行试验

（1）绕组电阻测量；

（2）电压比测量和联结组标号检定；

（3）短路阻抗和负载损耗的测量；

（4）空载电流和空载损耗的测量；

（5）绕组对地绝缘电阻和（或）绝缘系统电容的介质损耗因数的测量；

（6）绝缘例行试验；

（7）有载分接开关试验；

（8）绝缘油试验。

2. 型式试验

（1）温升试验；

（2）绝缘型式试验。

3. 特殊试验

（1）绝缘特殊试验；

（2）绕组对地和绕组间电容的测定；

（3）瞬态电压传输特性的测定；

（4）三相变压器零序阻抗的测量；

（5）短路承受能力试验；

（6）声级测定；

（7）空载电流谐波的测量；

（8）风扇和油泵电动机所吸取功率的测量。

其中，变压器绝缘试验中，根据变压器电压等级及绕组绝缘类型的不同，例行试验、型式试验及特殊性试验的划分不同，见表 2－1。变压器绕组的额定耐受电压见表 2－2 和表 2－3。

表 2－1　　不同电压等级及绕组绝缘类型的绝缘试验要求

绕组绝缘类型	设备最高电压 U_m（方均根值）（kV）	试验						
		雷电冲击试验			操作冲击试验（SI）	长时感应耐压（ACLD）	短时感应耐压（ACSD）	外施工频耐压
		线端全波（LI）	线段截波（LIC）	中性点全波（LI）				
全绝缘	$U_m \leq 72.5$	型式	型式	型式	不适用	不适用	例行	例行
分级绝缘和全绝缘	$72.5 < U_m < 170$	例行	型式	型式[②]	不适用	特殊	例行	例行
分级绝缘	$72.5 < U_m < 300$	例行	型式	型式	例行[①]	例行	特殊	例行[①]
	$U_m \geq 300$	例行	型式	型式	例行	例行	特殊	例行

[①] 如果规定了 ACSD 试验，则不要求 SI 试验，这应在询价订货时说明。

[②] 对全绝缘的三相变压器，当中性点不引出时，中性点的雷电全波冲击试验为特殊试验。

表 2－2　　设备最高电压不大于 170kV 变压器绕组的额定耐受电压　　kV

系统标称电压（方均根值）	设备最高电压 U_m（方均根值）	额定雷电冲击耐受电压（峰值）		额定短时感应或外施耐受电压（方均根值）
		全波	截波	
3	3.6	40	45	18
6	7.2	60	65	25

续表

系统标称电压（方均根值）	设备最高电压 U_m（方均根值）	额定雷电冲击耐受电压（峰值）		额定短时感应或外施耐受电压（方均根值）
		全波	截波	
10	12	75	85	35
15	17.5	105	115	45
20	24	125	140	55
35	40.5	200	220	85
66	72.5	325	360	140
110	126	480	530	200

表 2-3　设备最高电压大于 170kV 变压器绕组的额定耐受电压　kV

系统标称电压（方均根值）	设备最高电压 U_m（方均根值）	额定操作冲击耐受电压（峰值，相对地）	额定雷电冲击耐受电压（峰值）		额定短时感应或外施耐受电压（方均根值）
			全波	截波	
220	252	750	950	1050	395
330	363	950	1175	1300	510
500	550	1175	1550	1675	680
750	800	1550	1950	2100	900
1000	1150	1800	2250	2400	1100

（二）试验项目介绍

根据变压器试验项目的重要性及适用范围，对上述试验项目原理、试验目的、适用仪器及主要关注试验指标进行简单介绍。

1. 直流电阻测量

变压器直流电阻测量主要基于伏安表法或电桥法，目前主要采用直流电阻测试仪进行测试，其主要用于检查变压器绕组内部及引线与套管、引线与分接开关等部位的连接是否良好。伏安表法测量直流电阻原理见图 2-1。

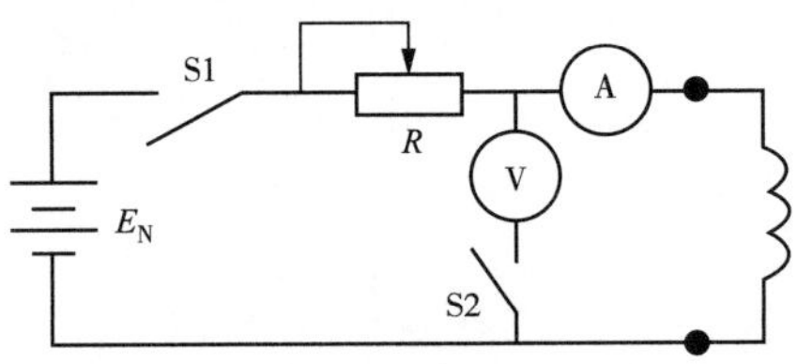

图 2-1　伏安表法测量直流电阻原理图

测量变压器直流电阻时，应测量各个绕组及所有分接位置的直流电阻。出厂试验中，要求直流电阻相间偏差应小于2%，线间差应小于1%。交接试验及检修试验中，除与同温度下出厂试验值的变压器应小于等于2%外，对容量大于1600kVA 的变压器，相电阻互差值应小于平均值的2%，线电阻互差值应小于平均值的1%；对容量小于等于 1600kVA 的变压器，相电阻互差值应小于平均值的4%，线电阻互差值应小于平均值的2%。

2. **电压比测量及联结组标号检定**

变压器电压比可采用双电压表法和电压比电桥法测量，但由于双电压表法的测量准确度较低，已基本不再使用，目前市场上已有多种适用于不同变压器容量、电压等级的基于电压比电桥的全自动变比组别测试仪。联结组标号检定可采用电压比电桥法、双电压表法和光纤示波器法，该试验项目主要用于判断变压器绕组各分接的引线和分接开关的连接是否正确。

测量变压器变比时，应测量所有分接位置的变比。对于出厂试验、交接试验及检修试验，变压器额定分接位置的电压比允许误差应在 ±0.5% 范围内，其他分接位置电压比允许误差应在 ±1% 范围内。

3. **绝缘电阻、吸收比和极化指数测量**

变压器绝缘电阻测量一般采用绝缘电阻表法，直接读取 15s 和 60s 的绝缘电阻值 R_{15}和 R_{60}，其 R_{60}/R_{15}是吸收比，或直接读取 1min 和 10min 的绝缘电阻值 R_1 和 R_{10}，其 R_{10}/R_1 是极化指数。该试验项目主要用于检查变压器的整体绝缘情况，能有效检查出变压器受潮、脏污或内部贯穿性的绝缘缺陷。

测量套管连同绕组的绝缘电阻时，可采用绝缘电阻测试仪或绝缘电阻表测量各个绕组对地及绕组间的绝缘电阻，试验电压应不小于直流电压 5000V。对于交接试验和检修试验，其绝缘电阻值应大于等于出厂试验值的 70%，且对于 35kV 及以上且容量在 4000kVA 及以上时，应测量吸收比，吸收比与出厂试验值相比应无明显差别，在常温下应大于等于 1.3；当 R_{60} >3000MΩ 时，吸收比可不做考核要求；110kV 及以上且容量在 63000kVA 及以上时，应测量极化指数，极化指数与出厂试验值相比应无明显差别，在常温下应大于等于 1.5，当 R_{60} >10000MΩ 时，极化指数可不作考核。

铁芯夹件绝缘电阻同样可采用绝缘电阻测试仪或绝缘电阻表测量。对于出厂试验，其绝缘电阻不低于 500MΩ（20℃）。对于交接试验和检修试验，新投运变压器的绝缘电阻应大于等于 1000MΩ，在运变压器的绝缘电阻应大于等于 100MΩ。

4. **介质损耗因数测量**

油纸绝缘在交变电场作用下产生极化损耗和电导损耗，因此，当对油纸绝缘外施交流电压时，绝缘中的视在功率可分为有功损耗和无功损耗，其比值称为介质损耗因数，同时，流过绝缘的电流（含电容电流和电阻性电流）滞后于电容电流，这个电流滞后角称为介质损耗角。介质损耗因数是油纸绝缘材料的基本特征之一，一定程度上可以反映变压器内部绝缘是否良好。

绕组连同套管的介质损耗因数和电容量测量一般采用西林电桥或介质损耗测试仪，且对于 35kV 及以上变压器（电抗器）且容量在 8000kVA 及以上时，应测量 $\tan\delta$ 值。对于交接试验和检修试验，各电压等级变压器 20℃时的介质损耗因数要求如下：330kV 及以上：$\tan\delta \leqslant 0.005$；110～220kV：$\tan\delta \leqslant 0.008$；35kV 及以下：$\tan\delta \leqslant 0.015$；且绕组电容量与出厂试验值相比变化在 ±5% 范围。

5. 外施工频耐压试验

外施工频耐压试验是对变压器的被试绕组及其引线和与它相连的元件施加耐受电压，而非被试绕组短路接地的试验，主要用于考核绕组对地和绕组之间的主绝缘强度。变压器工频耐压试验一般接线见图 2－2。

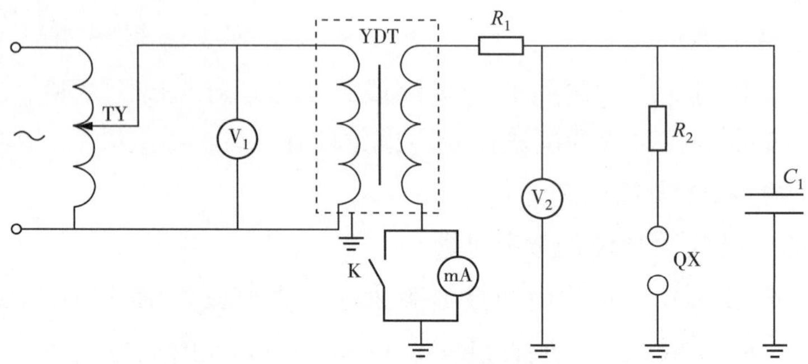

图 2－2　变压器工频耐压试验一般接线图

TY—单相调压器；V_1—电压表；YDT—高压试验变压器；R_1—保护电阻；V_2—高压静电电压表；R_2—阻尼电阻；QX—放电球隙；C_1—试品电容

外施工频耐压试验回路由电源、试验变压器、被试品、保护系统和测试系统等部分构成。试验过程中，各电压等级变压器的外施工频耐压试验电压应被施加于被试绕组的所有连接在一起的端子与地之间，出厂试验电压值见表 2－2 和表 2－3，加压时间 60s，其余绕组的所有端子、铁芯、夹件、箱壳等连在一起接地。试验过程中，若试验电压不出现突然下降，则试验合格。交接试验和检修试验中，绕组额定电压在 35kV 及以下的变压器，线端试验电压为出厂试验电压的 80%；绕组额定电压在 110kV 及以上的变压器，其中性点应进行交流耐压试验，试验耐受电压标准为出厂试验电压值的 80%；加压时间及判断标准与出厂试验保持一致。

6. 感应耐压带局放测量试验

主要包括短时感应耐压和长时感应耐压带局部放电测量，其主要用于检查变压器线段和绕组对地及其他绕组的绝缘耐受强度及被试绕组总绝缘的绝缘强度，同时对于保障变压器在长期工作电压下能够安全可靠运行具有重要的作用。

感应耐压试验一般基于谐振原理，可采用直接励磁法或支撑法进行试验加压，配合局部放电测量仪可检测被试端局部放电量。对于 U_m = 72.5kV 且额定容量为 10000kVA 及以上和 U_m > 72.5kV 的变压器，短时感应耐压试验一般要进行局放测量，长时感应耐压试验期间一直进行局放测量。感应耐压带局放试验测量试验一般接线见图 2－3。

对于出厂试验，短时感应耐压带局放测量试验过程中，应严格控制试验环境的背景噪声水平，排除试验仪器及周围环境的局放对试验结果的影响，一般要求局放背景不超过 100pC。在试验过程中，不出现以下现象试验则试验结果合格：①试验电压突然

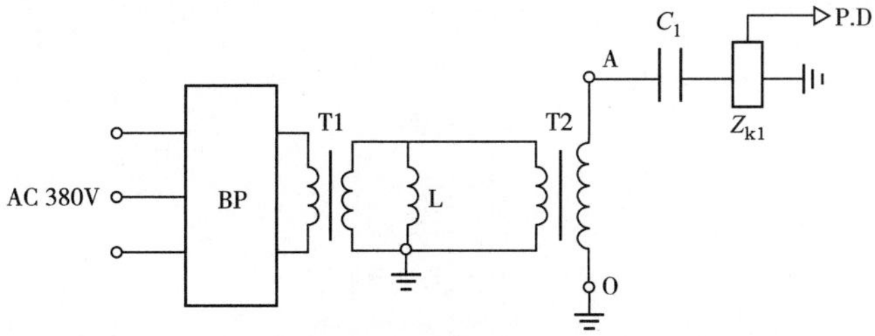

图 2－3　感应耐压带局放试验测量试验一般接线图

P—变频电源；T1—中间变压器；T2—被试变压器；L—补偿电抗器；

C_1—高压套管电容；Z_{k1}—检测阻抗

下降；②在 $1.1U_m/\sqrt{3}$的局放量连续水平超过 100pC。长时感应耐压带局放测量试验的原理及流程与短时感应耐压试验相似。在试验过程中，不出现以下现象试验，则试验结果合格：①试验电压突然下降；②在 $1.5U_m/\sqrt{3}$的局放量连续水平超过 100pC（自耦变压器中压端大于 200pC）。对于交接试验，110kV 及以上电压必须进行现场局部放电试验，要求 $1.5U_m/\sqrt{3}$电压下，局放量不大于 100pC（绕组额定电压 110kV 及以上）。对于检修试验，要求 $1.3U_m/\sqrt{3}$电压下，局放量一般不大于 300pC，且感应电压值为出厂试验值的 80%。

7. 雷电冲击试验

雷电冲击试验主要通过人为模拟雷击过电压波形，用于考核变压器耐受雷击过电压的绝缘性能。标准的雷电冲击电压波形应为 [1.2μs×（1±30%）] / [（50μs×（1±20%）]。

雷电冲击试验一般只作为出厂试验，因现场难以具备雷电冲击试验条件。当要求开展变压器雷电冲击试验时，仅在其端子从变压器油箱或箱盖处引出的绕组上进行雷电冲击试验，其试验电压通常为负极性，以减小试验线路中出现异常的外部闪络危险。雷电冲击试验顺序包括 50%～75% 全试验电压的一次冲击及其后的三次全电压冲击。若在降低的试验电压下所记录的电压和电流瞬变波形图与在全试验电压下所记录的相应的瞬变波形图无明显差异，则绝缘耐压试验合格。雷电冲击试验一般接线图见图 2－4。

8. 操作冲击电压试验

操作冲击耐压试验主要通过人为模拟电力系统操作冲击过电压波形，对变压器耐受操作冲击电压能力进行考核。

操作冲击试验一般只作为出厂试验，现场难以具备操作冲击试验条件。操作冲击耐压试验通过冲击电压发生器直接将冲击电压施加于被试线路的端子上，或施加到较低电压的绕组上，通过感应将试验电压传递到被试绕组上，在线路端子和地之间出现的电压值应为规定的试验电压值，中性点应接地。GB/T 16927.1—2011《高电压试验技术　第 1 部分：一般定义及试验要求》规定的操作冲击波形参数为 [250μs×（1±20%）] / [2500μs×（1±60%）]，GB1094.3—2017《电力变压器　第 3 部分：绝缘

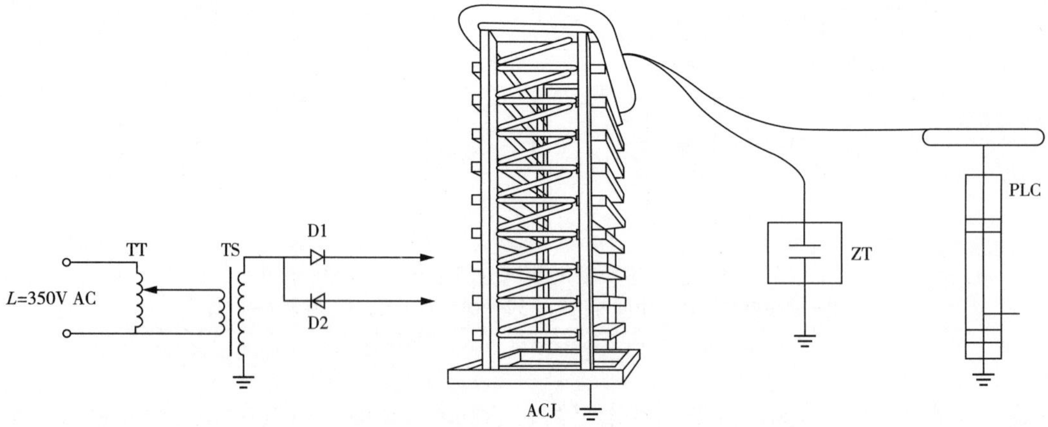

图 2－4　雷电冲击试验一般接线图

ACJ—冲击电压发生器；PLC—测量分压器；ZT—被试品

水平、绝缘试验和外绝缘空气间隙》规定的操作冲击电压波形参数为：冲击电压波形的视在波前时间至少为 100μs，超过 90% 规定峰值的时间至少为 200μs，从视在原点到第一个过零点的全部时间至少为 1000μs。

操作冲击试验顺序包括 50% ～75% 全试验电压的一次冲击（校正冲击波）及其后的三次全电压冲击。试验时，若示波图或数字记录仪中没有指示出电压突然下降或中性点电流中断，则试验合格。

9. 空载试验

空载试验一般从电压较低的绕组施加额定电压、额定频率的正弦波，其他绕组开路，在此条件下测量变压器的空载损耗和空载电流，对于验证变压器设计、制造工艺及检查变压器铁芯是否存在缺陷具有一定的作用。变压器空载损耗水平应按 GB/T 13462—2008《电力变压器经济运行》的要求选用，同时考虑国家节能减排政策、安全性、经济性及制造水平。空载损耗不允许有正偏差。三相变压器空载试验接线见图 2－5。

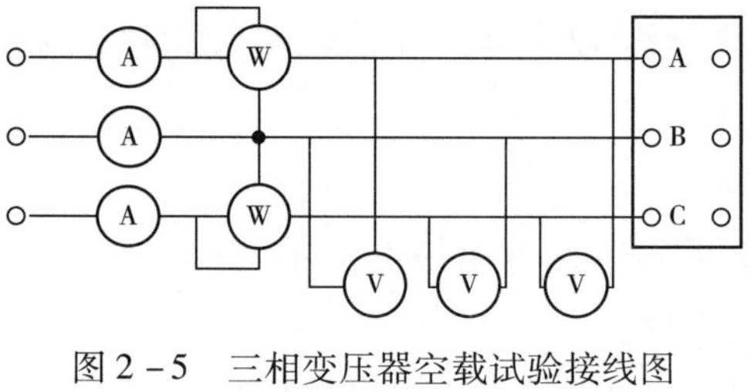

图 2－5　三相变压器空载试验接线图

对于交接试验和检修试验，其低电压空载电流与空载损耗测量结果与出厂试验值相比，不应有明显差异，且对单相变压器相间或三相变压器两个边相，空载电流差异不大于 10%。

10. 负载试验

负载试验（也称短路试验）主要测量变压器短路阻抗和负载损耗，主要用于确定变压器的并列运行条件及计算变压器的效率、热稳定和动稳定性等，对于发现变压器结构件、磁屏蔽是否存在局部过热及绕组变形、匝间短路等缺陷具有一定的作用。变压器空载损耗水平应按GB/T 13462—2008《电力变压器经济运行》的要求选用，同时考虑国家节能减排政策、安全性、经济性及制造水平。空载损耗不允许有正偏差。

变压器负载试验的接线与空载试验基本相似，所不同的是要将非加压相的线圈三相短路而不是开路。对于交接试验，主要进行低电压短路阻抗测量，应在最大分接位置和相同电流下进行测试，要求测量值与出厂试验值差不大于3%。对于检修试验，宜在最大分接位置和相同电流下进行测试，对于不同容量及电压等级的变压器，要求如下：

1）容量1000MVA及以下且电压等级220kV及以下的变压器，初值差在±2%范围内。

2）容量1000MVA及以上且电压等级220kV及以上的变压器，初值差在±1.6%范围内。

3）容量1000MVA及以下且电压等级220kV及以下的变压器三相之间的最大相对互差不应大于2.5%。

4）容量1000MVA及以上且电压等级220kV及以上的变压器三相之间的最大相对互差不应大于2%。

11. **温升试验**

为了防止变压器内部温度过高，出现热老化加速或过热性缺陷等问题，GB 1094.2—2013《电力变压器　第2部分：液浸式变压器的温升》和GB1094.11—2007《电力变压器　第11部分：干式变压器》对油浸式变压器及干式变压器的温升限值做了相应规定。变压器温升限值除了通过设计校核加以保证之外，还需开展温升试验，主要用于检验规定状态下的变压器绕组、铁芯和变压器的温升及变压器内部是否存在结构件、引线和套管等连接处是否存在局部过热。

变压器温升试验可采用直接负载法、相互负载法、循环电流法、零序电流法和短路法等。直接负载法最为简单，但需要试验变压器与被试变压器具有相同的容量，因此只适用于容量较少的变压器。短路法与变压器负载损耗测量的试验回路相同，因此较为常用。现场一般根据变压器运行温度监测情况对变压器温升是否超过限值进行判断，油浸式变压器各部分的温升限值一般为：①绕组平均温升65K（用电阻法测量的平均温升）；②顶层油温升50K（强迫油循环变压器）、55K（自然油循环变压器）（用温度计测量）；③绕组热点温升78K（光纤测量或计算值）；④金属结构件和铁芯温升78K（热电偶测量值或计算值）；⑤油箱表面温升70K（用红外热像仪测量）。

12. **变压器短路承受能力试验**

变压器短路承受能力试验属于特性试验项目，俗称“变压器突发短路试验”，主要用于校核变压器设计、制造水平。GB 1094.5—2008《电力变压器　第5部分：承受短路的能力》对各类型变压器的短路电流耐受值的计算方法做出了相应规定，试验中需综合考虑变压器承受短路的动热稳定性，同时在变压器短路试验后结合试验电流波形及变压器外观、气体继电器（如有）、其他相应试验项目或后续吊罩检查判断变压器短路试验结果是否合格。

13. **绝缘油检验及油中溶解气体分析**

油浸式变压器主要以油纸绝缘作为绝缘介质，变压器油的绝缘优劣程度直接关系到变压器的整体绝缘性能。因此，针对新投运及运行中的变压器，绝缘油检验及油色谱分析是极为重要的一项。在变压器运行过程中，应定时开展绝缘油色谱分析，该项目对于判断变压器内部是否存在局部过热、放电及绝缘击穿等潜伏性缺陷或故障具有重要的作用。

绝缘油交接试验及运行中绝缘油试验（包含例行及诊断）中，各试验项目及要求见表2－4。

表2－4　绝缘油交接试验及运行中绝缘油试验

<table>
<tr><th rowspan="2">序号</th><th rowspan="2">项目</th><th colspan="4">要求</th></tr>
<tr><th colspan="4">交接试验</th><th>运行中试验</th></tr>
<tr><td>1</td><td>水溶性酸（pH 值）</td><td colspan="4">注入设备前后的新油，＞5.4</td><td></td></tr>
<tr><td>2</td><td>酸值
（以 KOH 计，mg/g）</td><td colspan="4">注入设备前后的新油，≤0.03</td><td>≤0.1（注意值）</td></tr>
<tr><td rowspan="2">3</td><td rowspan="2">闪点（闭口，℃）</td><td rowspan="2">不低于</td><td>DB－10</td><td>DB－25</td><td>DB－40</td><td rowspan="2">与新油原始测定值相比不低于 10</td></tr>
<tr><td>140</td><td>140</td><td>135</td></tr>
<tr><td>4</td><td>水分（mg/L）</td><td colspan="4">330～500kV，≤10
220kV，≤15
110kV 及以下，≤20</td><td>330～500kV，≤10（注意值）
220kV，≤25（注意值）
110kV 及以下，≤35（注意值）</td></tr>
<tr><td>5</td><td>界面张力（25℃）
（mN/m）</td><td colspan="4">≥35</td><td>≥19（注意值）</td></tr>
<tr><td>6</td><td>介质损耗因数
（90℃）</td><td colspan="4">注入变压器前，≤0.5%
注入变压器后，≤0.7%</td><td>500kV 及以上，≤0.02
330kV 及以下，≤0.04</td></tr>
<tr><td>7</td><td>击穿电压（kV）</td><td colspan="4">注入设备的新油：
500kV，≥60
330kV，≥50
110～220kV，≥45
20～35kV，≥40
10kV 及以下，≥35</td><td>750kV，≥60（警示值）
500kV，≥50（警示值）
220kV，≥40（警示值）
110kV，≥35（警示值）
35kV，≥30（警示值）</td></tr>
<tr><td>8</td><td>体积电阻率
（90℃）（Ω·m）</td><td colspan="4">$\geq 6\times10^{10}$</td><td>500kV 及以上，$\geq 1\times10^{10}$（注意值）
330kV 及以下，$\geq 5\times10^{9}$（注意值）</td></tr>
</table>

续表

<table>
<tr><th rowspan="2">序号</th><th rowspan="2">项目</th><th colspan="2">要求</th></tr>
<tr><th>交接试验</th><th>运行中试验</th></tr>
<tr><td>9</td><td>油中含气量</td><td>500kV 及以上，≤1%</td><td>500kV，≤3%
750kV，≤2%</td></tr>
<tr><td>10</td><td>油泥与沉淀物</td><td>≤0.02%</td><td>≤0.02%</td></tr>
<tr><td>11</td><td>油中颗粒度</td><td>1. 5kV 变压器、电抗器，大于 5μm 的颗粒数不大于 2000
2. 5kV 换流变压器、平波电抗器，大于 5μm 的颗粒数不大于 1000</td><td>330kV 及以上，≤3000</td></tr>
<tr><td>12</td><td>油中溶解气体分析</td><td>新安装变压器投运前，油中溶解气体含量不宜超过下列注意值：
<table><tr><th rowspan="2">电压（kV）</th><th colspan="3">溶解气体含量（μL/L）</th></tr><tr><th>氢气</th><th>总烃</th><th>乙炔</th></tr><tr><td>≥110</td><td>30</td><td>20</td><td>0</td></tr><tr><td>10～35</td><td>50</td><td>20</td><td>0.5</td></tr></table></td><td>（1）油中溶解气体含量
<table><tr><th rowspan="2">电压（kV）</th><th colspan="3">溶解气体含量（μL/L）</th></tr><tr><th>氢气</th><th>总烃</th><th>乙炔</th></tr><tr><td>≥330</td><td>150</td><td>150</td><td>1</td></tr><tr><td>其他</td><td>150</td><td>150</td><td>5</td></tr></table>（2）绝对产气速率：≤12mL/d（隔膜式）；≤6mL/d（开放式）
（3）相对产气速率：≤10%/月</td></tr>
</table>

在上述变压器试验项目中，除温升试验、变压器短路承受能力试验外，其他试验项目涉及变压器出厂、交接及运维检修等各个环节。针对 220kV 及以上变压器，各环节的试验项目情况见表 2－5。

表 2－5　变压器出厂、交接及运维检修等环节检测项目

试验项目	出厂试验	交接试验	检修试验
直流电阻测量	√	√	√
电压比测量及联结组标号检定	√	√	√
绝缘电阻、吸收比和极化指数测量	√	√	√
介质损耗因数测量	√	√	√
工频外试耐压试验	√	√	√
感应耐压带局放测量试验	√	√	√
雷电冲击试验	√		
操作冲击电压试验	√		
空载试验	√		
负载试验	√		
油色谱分析	√	√	√

二、试验案例解读

某500kV三相分体变压器于2017年3月31日开展检修试验，试验结果如下。

（1）空载试验：合格。

空载损耗测量结果与出厂试验值相比，无明显差异。500kV主变压器空载试验报告见表2-6。

表2-6　　500kV主变压器空载试验报告

相别		A	B	C
生产厂家		特变电工沈阳变压器集团有限公司	特变电工沈阳变压器集团有限公司	特变电工沈阳变压器集团有限公司
出厂编号		11B07207	11B07208	11B07209
型号		ODFS-334000/500	ODFS-334000/500	ODFS-334000/500
额定电压（kV）		$505/\sqrt{3}$	$505/\sqrt{3}$	$505/\sqrt{3}$
额定容量（MVA）		334	334	334
出厂日期		2008-04-01	2008-04-01	2008-04-01
阻抗电压（%）	高-中	19.37	19.53	19.43
	高-低	64.89	63.88	64.34
	中-低	39.51	38.26	39.25
负载损耗（kW）	高-中	441.1	440.4	439.1
	高-低	162.5	161.6	161.5
	中-低	157.6	158.8	158.3
空载损耗（kW）		68.31	68.32	68.5
试验环境		温度18.0℃，湿度65.0%，油温26.0℃		
项目结论：合格				

（2）绝缘电阻测量：合格。

绝缘电阻值应大于等于出厂试验值的70%，且$R_{60}\gg 10000M\Omega$时，极化指数和吸收比可不作考核。500kV主变压器绝缘电阻试验报告见表2-7。

表2-7　　500kV主变压器绝缘电阻试验报告

绕组绝缘电阻（三绕组）	A		B		C	
	高压对中低压及地	低压对高中压及地（10kV/反接线）	高压对中低压及地	低压对高中压及地（10kV/反接线）	高压对中低压及地	低压对高中压及地（10kV/反接线）
600s实测（MΩ）	46800	—	53600	—	52600	—
60s实测（MΩ）	35000	28000	40500	25100	39800	26000
R_{15}（MΩ）	20000	17800	23500	15600	22600	16200
600s出厂值（MΩ）	76800	—	68700	—	82500	—

续表

绕组绝缘电阻（三绕组）	A		B		C	
	高压对中低压及地	低压对高中压及地（10kV/反接线）	高压对中低压及地	低压对高中压及地（10kV/反接线）	高压对中低压及地	低压对高中压及地（10kV/反接线）
R_{600}（20℃）（MΩ）	59689.87	—	68362.75	—	67087.33	—
试验仪器	S1－5005					
仪器编号	1426					
试验环境	温度18.0℃，湿度65.0%，油温26.0℃					
项目结论：合格						

（3）介损及电容量测量：合格。

对于330kV及以上变压器，tanδ≤0.005，且绕组电容量与出厂试验值相比变化在±5%范围内。500kV主变压器介损及电容量测试报告见表2－8。

表2－8　　500kV主变压器介损及电容量测试报告

绕组介损及电容（三绕组）	A		B		C	
	低压对高中压及地（10kV/反接线）	高中压对低压及地	低压对高中压及地（10kV/反接线）	高中压对低压及地	低压对高中压及地（10kV/反接线）	高中压对低压及地
介损tanδ实测值（%）	0.229	0.276	0.209	0.255	0.241	0.288
介损tanδ出厂值（%）	—	—	—	—	—	—
电容量实测值（pF）	10900	10830	11080	10870	10900	10890
电容量差值（%）	—	—	—	—	—	—
试验仪器	AI－6000H					
仪器编号	C10113H					
试验环境	温度18.0℃，湿度65.0%，油温19.0℃					
项目结论：合格						

（4）绕组直流电阻测量：合格。

同温度下变压器的出厂试验值应小于等于2%，容量大于1600kVA的变压器，相电阻互差值小于平均值的2%。500kV绕组直流电阻测试报告见表2－9。

（5）负载试验：合格。

对于容量1000MVA及以上且电压等级220kV及以上的变压器，负载损耗初值差在±1.6%范围内，且变压器三相之间的最大相对互差不大于2%。500kV主变压器负载试验报告见表2－10。

表 2－9　　500kV 绕组直流电阻测试报告

绕组直流电阻	A 直流电阻实测值（Ω）	A 直流电阻换算值（75℃）（Ω）	B 直流电阻实测值（Ω）	B 直流电阻换算值（75℃）（Ω）	C 直流电阻实测值（Ω）	C 直流电阻换算值（75℃）（Ω）	bc 误差	ab 误差	ca 误差
高压对中性点－分头 3	0.16823	0.2053	0.16780	0.2048	0.16790	0.2049	0.2560	0.2563	
中压对中性点－分头 3	0.06145	0.0750	0.06132	0.0748	0.06129	0.0748	0.2608	0.2611	
低压	0.008687	0.0106	0.008671	0.0106	0.008664	0.0106	0.2652	0.2655	
试验仪器	HDBZ－10A								
仪器编号	2011								
试验环境	温度 18.0℃，湿度 65.0%，油温 19.0℃								
项目结论：合格									

表 2－10　　500kV 主变压器负载试验报告

负载试验	A			B			C		
	高－低	高－中	中－低	高－低	高－中	中－低	高－低	高－中	中－低
分接	3	3	3	3	3	3	3	3	3
电压（kV）	328.11	246.55	103.29	324.49	248.6	101.5	326.9	247.3	102.7
电流（A）	2	4.994	5	1.984	5.007	5.0184	2.002	5.005	5.018
阻抗电压（%）	64.46	19.39	39.13	63.80	19.51	38.31	64.15	19.40	38.77
损耗 75℃（W）	10.624	28.800	12.227	10.47	28.00	11.941	163.3	20.4	11.97
试验仪器	HCZK－10								
仪器编号	HA8130806								
项目结论：合格									

（6）油色谱分析：不合格。

油色谱分析结果显示，该主变压器乙炔含量为 1.2μL/L，油色谱分析结合不合格，但根据长期观测结果，乙炔含量为运行过程中增长缓慢后保持不变，且结合上述检修试验并未发现明显异常，说明主变压器仍可继续运行，但应加强监测。500kV 油色谱分析结果见表 2－11。

表 2－11　　500kV 油色谱分析结果

<table>
<tr><td colspan="2">试验性质</td><td colspan="2">例行</td><td colspan="2">采样日期</td><td colspan="2">2017－07－03</td><td colspan="2">试验日期</td><td>2017－07－03</td></tr>
<tr><td colspan="2">油温</td><td colspan="2"></td><td colspan="2">试验天气</td><td colspan="2">晴</td><td colspan="2">温度</td><td>20.0℃</td></tr>
<tr><td colspan="2">湿度</td><td colspan="2">65.0%</td><td colspan="2"></td><td colspan="2"></td><td colspan="2"></td><td></td></tr>
<tr><td colspan="2">厂名</td><td colspan="6"></td><td colspan="2">出厂日期</td><td>2008－04－01</td></tr>
<tr><td colspan="2">出厂编号</td><td colspan="2">11B07208</td><td colspan="2" rowspan="2">额定容量（MVA）</td><td colspan="2" rowspan="2">334</td><td colspan="2">型号</td><td>ODFS－334000/500</td></tr>
<tr><td colspan="2">油产地</td><td colspan="2">瑞典尼纳斯</td><td colspan="2">电压等级（kV）</td><td>$505/\sqrt{3}$</td></tr>
<tr><td>油中溶解气体分析</td><td>氢气 H_2（μL/L）</td><td>一氧化碳 CO（μL/L）</td><td>二氧化碳 CO_2（μL/L）</td><td>甲烷 CH_4（μL/L）</td><td>乙烯 C_2H_4（μL/L）</td><td>乙烷 C_2H_6（μL/L）</td><td>乙炔 C_2H_2（μL/L）</td><td>总烃（μL/L）</td><td>三比值</td><td>总烃产气速率（%/月）</td></tr>
<tr><td>B</td><td>20</td><td>313.0</td><td>840</td><td>8.0</td><td>2.0</td><td>1.1</td><td>1.2</td><td>12.2</td><td></td><td></td></tr>
<tr><td colspan="4">试验结论</td><td colspan="4">不合格</td><td colspan="3" rowspan="2">（单位盖章处）</td></tr>
<tr><td colspan="4">备注</td><td colspan="4">仍有乙炔</td></tr>
</table>

第二节　电抗器

一、主要试验项目

电抗器分为并联电抗器、串联电抗器、滤波电抗器、电容器阻尼电抗器、平波电抗器等多种类型。根据 GB1094.6—2011《电力变压器　第 6 部分：电抗器》、Q/GDW11306—2014《110（66）～1000kV 油浸式电力变压器技术条件》及 Q/GDW10 108－02－001—2014《输变电设备交接试验规程》、Q/GDW 1168—2013《输变电设备状态检修试验规程》，电抗器试验分为出厂试验、交接试验和检修试验三种。按照 GB1094.1—2013《电力变压器　第 1 部分：总则》中例行试验、型式试验和特殊试验，对并联电抗器、平波电抗器这两种主要设备的试验项目进行介绍，并与试验阶段项目进行关联。

（一）并联电抗器

1. 试验项目分类

（1）例行试验。

1）绕组电阻测量；

2）电抗测量；

3）环境温度下的损耗测量；

4）绝缘试验，包括外施耐压试验、感应耐压试验、雷电冲击试验、操作冲击试验；

5）间隙铁芯或磁屏蔽空心电抗器绕组对地的绝缘电阻测量；

6）油浸式电抗器电容量及介质损耗因数测量。

（2）型式试验。

1）温升试验；

2）间隙铁芯或磁屏蔽空心电抗器振动测量；

3）声级测定；

4）绝缘试验，包括外施耐压试验、感应耐压试验、雷电冲击试验、操作冲击试验；

5）风扇和油泵所消耗功率的测量。

（3）特殊试验。

1）三相电抗器零序电抗测量；

2）三相电抗器互电抗器测量；

3）谐波电流测量；

4）间隙铁芯或磁屏蔽空心电抗器接近参考温度下的损耗测量；

5）间隙铁芯或磁屏蔽空心电抗器的线性度测定；

6）间隙铁芯或磁屏蔽空心电抗器磁化特性测量；

7）绝缘试验，包括外施耐压试验、感应耐压试验、雷电冲击试验、操作冲击试验；

8）接近运行温度下的声级测定。

2. 试验项目介绍

电抗器试验项目众多，其中反映内部缺陷的主要项目如下：

（1）绕组电阻测量。电抗器绕组电阻测量主要用于检查绕组内部及引线与套管、引线与分接开关等部位的连接是否良好，常采用直流电阻测试仪进行测量。

绕组电阻测试过程中，根据被测电抗器绕组容量、额定电流等，选择测量绕组电阻的电流，通常可采用3%～10%被试绕组额定电流作为测量绕组电阻使用的电流值，同时应注意选择测试仪表的准确度。试验过程中，应记录测量的端子温度以及绕组温度。

（2）电抗测量。电抗测量是电抗器最基本的试验之一，其数值直接决定电抗器基本性能。

电抗器电抗测量需在额定频率、施加近似正弦波电压下进行。电抗由施加的电压和实测电流（方均根值）得到，并假定阻抗中的电阻成分可以忽略。对于空心电抗器，可在额定频率、电压不高于额定电压的任何电压下进行。电抗器电抗测量原理见图2－6。

（3）损耗测量。损耗指的是额定频率和参考温度下以额定电流运行时的损耗。损耗测量应校正到额定电流和参考温度下。对于空心电抗器，可在额定频率下且高于额定电压的任何电压下测量，测量的损耗乘以额定电流与实测电流之比的平方就是额定

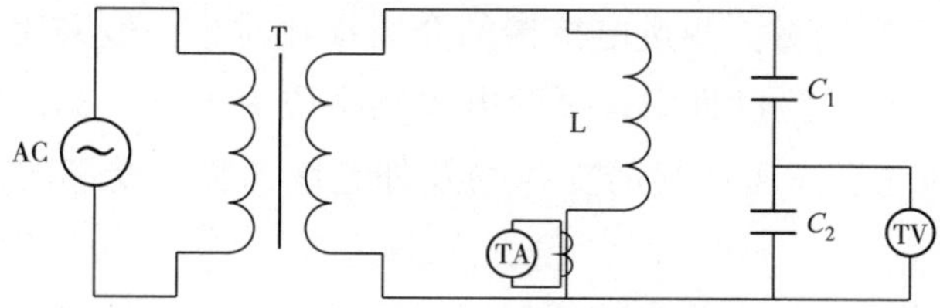

图 2－6　电抗器电抗测量原理图
AC—交流电源；T—试验变压器；TA—电流互感器；TV—电压互感器；
L—被试电抗器；C_1、C_2—电容分压器

电流下的损耗。

对于大容量电抗器，由于它的功率因数非常低，用瓦特表进行测量会产生非常大的误差，影响测试结果。采用电桥法进行损耗测量可以减少测量误差。电抗器损耗测量原理见图 2－7。

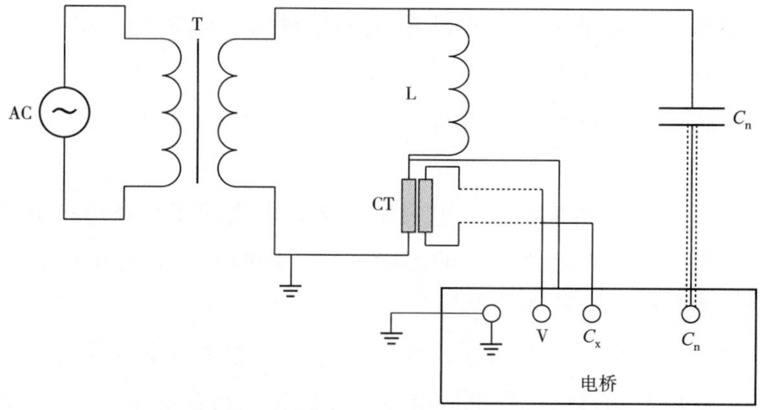

图 2－7　电抗器损耗测量原理图
AC—交流电源；T—试验变压器；CT—电流比较器；C_n—标准电容器；
L—被试电抗器

三相电抗器损耗测量应在三相励磁下进行。

当损耗测量作为特殊试验时，要求测量温度接近参考温度，损耗测量可以与温升试验同时进行。但还应在环境温度下做同一试品的损耗例行试验，以便得到总损耗的温度系数（假定线性变化）。

（4）绝缘电阻、吸收比和极化指数测量。电抗器绝缘电阻测量一般采用绝缘电阻表法，直接读取 15s 和 60s 的绝缘电阻值 R_{15} 和 R_{60}，其 R_{60}/R_{15} 是吸收比，或直接读取 1min 和 10min 的绝缘电阻值 R_1 和 R_{10}，其 R_{10}/R_1 是极化指数。该试验项目主要用于检查电抗器的整体绝缘情况，能有效检查出电抗器受潮、脏污或内部贯穿性的绝缘缺陷。

在电抗器绝缘电阻测量过程中，应严格按照仪表使用说明书的要求，正确连接仪表端子与被试线端，同时应尽量保证接线架空，同时应注意被试品的外绝缘表面泄漏电流及试品温度对测试结果的影响。

(5) 介质损耗因数测量。测量电抗器的介质损耗时，一般采用平衡电桥法，如较为常用的西林电桥。在试验过程中，试验电源频率应为被试产品的额定频率，其偏差不大于5%，同时应注意高压连线的支撑物及外绝缘污秽、受潮等因素对测量结果的影响。

(6) 外施工频耐压试验。外施工频耐压试验是对电抗器的绕组及其引线和与它相连的元件施加其耐受电压，主要用于考核绕组对地之间的主绝缘强度。

外施工频耐压试验回路由电源、试验变压器、被试品、保护系统和测试系统等部分构成，其中试验电源应当是可调的，可采用同步发电机组或自耦调压器，并根据输出电压、容量及试验电压波形选择试验变压器，而保护系统主要用于防止试品击穿、球隙放电等情况引起的过电流或过电压导致的试品或试验设备损坏。

外施工频耐压试验中，试验加压应在试验电压的1/3以下合闸，以检查测量装置指示是否正确，当升压至试验电压后，保持规定时间后，降低至试验电压的1/3以下并分闸。若未发生试品放电击穿或试验电压突然跌落，则试验合格，反之则不合格。在试验过程中，若发生放电或击穿，应立即切断电源。

对于间隙铁芯或磁屏蔽空心电抗器，作为例行试验。对于干式空心电抗器作为特殊试验。

(7) 感应耐压带局放测量试验。感应耐压试验主要用于检查电抗器线段和绕组对地的绝缘耐受强度及被试绕组总绝缘的绝缘强度，同时对于保障电抗器在长期工作电压下能够安全可靠运行具有重要的作用。

感应耐压试验一般基于谐振原理，可采用直接励磁法或支撑法进行试验加压，配合局部放电测量仪可检测被试端局部放电量。以设备运行最高电压大于72.5kV变压器为例，如无特殊协议，开展感应耐压试验过程中应进行局放测量，试验过程中的施加电压顺序如图2-8所示，其试验过程如下：

1) 在施加试验电压的前后，应记录所有测量通道上的背景噪声水平。

2) 在电压上升到 U_2 及由 U_2 下降的过程中，应记录可能出现的起始电压和熄灭电压，应在 $1.1U_m/\sqrt{3}$ 下测量局放量。

3) 在电压 U_2 的第一个阶段中读取并记录一个读数，对该阶段不规定局放量限值。

4) 在施加 U_1 期间内不要求测量局放量。

5) 在电压 U_2 的第二个阶段的整个期间，应连续观察局部放电水平，并每隔5min记录一次。

在试验开展过程中，不出现以下现象，试验结果合格：①试验电压突然下降；②在 U_2 下的长时试验期间，所有局放测量端子的局放量连续水平超过500pC；③在 U_2 下，局部放电呈现持续上升的趋势，偶然出现的较高幅值脉冲可不计入；④在 $1.1U_m/\sqrt{3}$ 的局放量连续水平超过100pC。

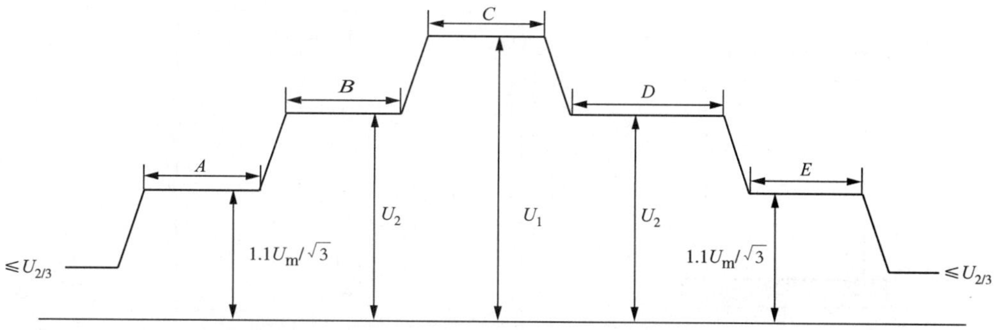

图 2－8　长时感应耐压带局放测量试验加压流程

注：$A=5\text{min}$；$B=5\text{min}$；$C=$试验时间；$D\geqslant 60\text{min}$（对于 $U_m\geqslant 300\text{kV}$）或 30min（对于 $U_m<300\text{kV}$）；$E=5\text{min}$。

（8）操作冲击耐压试验。操作冲击耐压试验主要通过人为模拟电力系统操作冲击过电压波形，对电抗器耐受操作冲击电压能力进行考核。

操作冲击耐压试验通过冲击电压发生器直接将冲击电压施加于被试线路的端子上，或施加到较低电压的绕组上，通过感应将试验电压传递到被试绕组上，在线路端子和地之间出现的电压值应为规定的试验电压值，中性点应接地。GB/T 16927.1—2011《电压试验技术　第 1 部分：一般定义及试验要求》规定的操作冲击波形参数为 250μs ×（1 ±20%）/（2500μs ×（1 ±60%），GB1094.3—2017《电力变压器　第 3 部分：绝缘水平、绝缘试验和外绝缘空气间隙》规定的操作冲击电压波形参数为：冲击电压波形的视在波前时间至少为 100μs，超过 90% 规定峰值的时间至少为 200μs，从视在原点到第一个过零点的全部时间至少为 1000μs。

操作冲击试验顺序包括 50% ~75% 全试验电压的一次冲击（校正冲击波）及其后的三次全电压冲击，如果在任何一次冲击下，在线路或套管间隙处出现了外部闪络，或者在任何规定测量通道上的示波记录图失效，则这一次的冲击不应计入，并需重新施加一次。试验时，变压器应处于空载状态。若示波图或数字记录仪中没有指示出电压突然下降或中性点电流中断，则试验合格。操作冲击耐压试验原理见图 2－9。

（9）雷电冲击试验。雷电冲击试验主要通过人为模拟雷击过电压波形，标准的雷电冲击电压波形应为［1.2μs ×（1 ±30%）］/［（50μs ×（1 ±20%）］，用于考核变压器耐受雷击过电压的绝缘性能。

当要求开展电抗器雷电冲击试验时，仅在其端子从油箱或箱盖处引出的绕组上进行雷电冲击试验，其试验电压通常为负极性，以减小试验线路中出现异常的外部闪络危险。雷电冲击试验顺序包括 50% ~75% 全试验电压的一次冲击及其后的三次全电压冲击，如果在任何一次冲击下，在线路或套管间隙处出现了外部闪络，或者在任何规定测量通道上的示波记录图失效，则这一次的冲击不应计入，并需重新施加一次。若在降低的试验电压下所记录的电压和电流瞬变波形图与在全试验电压下所记录的相应

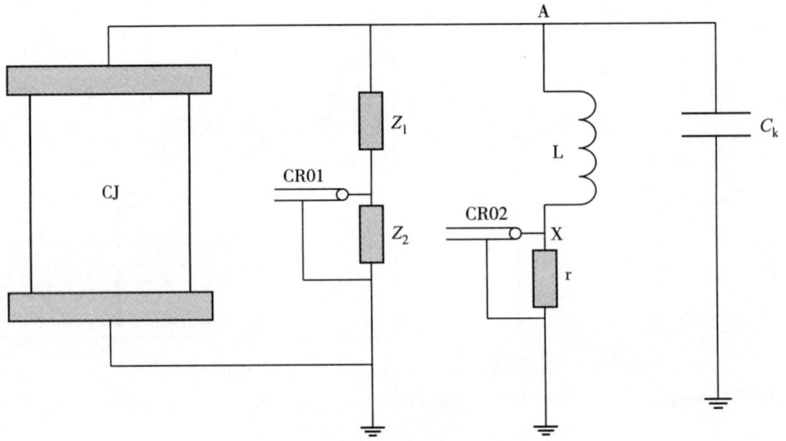

图 2-9　操作冲击耐压试验原理图

CJ—冲击电压发生器；Z_1、Z_2—阻容分压器的高、低压臂；CR01、CR02—电压测量和试品电流测量；r—分流器；A、X—被试电抗器的首、末端；C_k—负荷电容

的瞬变波形图无明显差异，则绝缘耐压试验合格。

对于油浸式电抗器，雷电冲击（包括截波）试验作为例行试验。对于干式电抗器，U_m≤40.5kV 的产品可采用匝间过电压试验代替。

（10）磁化特性试验。磁化特性是并联电抗器的一个重要指标，该指标反映出并联电抗器的线性程度和范围。由于电抗器绕组的磁链不能直接测量，因而，测量磁化特性应采用间接方法。测量方法包括额定频率下电压和电流的瞬时值测量、降低频率下电压和电流的瞬时值测量或直流放电试验方法，也可采用具有同等准确度的其他测量方法。磁化特性测量的试验接线与电抗测量的试验接线相同。

（11）声级测定。测量应在额定电压和额定频率下进行。试验一般应按照 GB/T1094.10—2003《电力变压器　第 10 部分：声级测定》进行。在某些情况下，如果试验用升压变压器的放置靠近被试电抗器，则电抗器的噪声可能会受到升压变压器的影响，可采用声强测量法以去掉任何干扰声源。测量可在油、绕组或铁芯处在任何温度下进行，但环境温度不应低于 5℃。如果该实验被作为特殊试验进行，则试验应在油、绕组和铁芯尽可能接近运行温度下进行，最好与温升试验同时进行。

（12）振动测量。电抗器的振动由传感器、光学探头或类似的测量装置测量。位移的峰-峰值由直接测量得到，或由测得的加速度或速度计算得到。两倍额定频率下的测量准确度应不超过 10μm。对油浸式电抗器，测量应在油箱四壁上进行，测量点数应足够，以保证测得振动的最大值。对于干式电抗器，测量应在夹件上进行，测量点数应足够，以保证测得振动的最大值。

（13）温升试验。为了防止电抗器内部温度过高出现热老化加速或过热性缺陷等问题，GB 1094.2—2013《电力变压器　第 2 部分：液浸式变压器的温升》和 GB1094.11—2007《电力变压器　第 11 部分：干式变压器》对油浸式电抗器及干式电抗器的温升限值做了相应规定。电抗器温升限值除了通过设计校核加以保证之外，还需开展温升试验，属于型式试验，主要用于检验规定状态下的电抗器绕组、铁芯和电抗器的温升及电抗器内部是否存在结构件、引线和套管等连接处是否存在局部过热。

（14）绝缘油色谱分析。对于油浸式电抗器，其运行过程中，应定时开展绝缘油色谱分析，该项目对于判断电抗器内部是否存在局部过热、放电及绝缘击穿等潜伏性缺陷或故障具有重要的作用。

在上述电抗器试验项目中，涉及出厂、交接及运维检修等各个环节，对应关系见表2－12。

表2－12　　　　并联电抗器试验项目

试验项目	出厂试验	交接试验	检修试验
绕组电阻测量	√	√	√
电抗测量	√		
损耗测量	√		
绝缘电阻测量	√	√	√
电容量及介损测量	√	√	√
工频外试耐压试验	√	√	√
感应耐压带局放测量试验	√		
雷电冲击试验	√		
操作冲击电压试验	√		
温升试验	√		
振动试验	√		√
声级测定	√	√	√
油色谱分析（油浸式）	√	√	√

（二）平波电抗器

平波电抗器与并联电抗器相比，特殊试验包括微分电感测量、温升试验、外施直流电压耐压试验、极性反转试验等。

1. 微分电感的测量

微分电感是指平波电抗器在通过一定直流电流的状态下的电感值，也称为增量电感。增量电感测量应在叠加有规定的谐波电流的额定直流电流 I_d（额定增量电感）和在零直流电流下进行（空载增量电感），并且应在直流电流值介于上述两个极限值之间的若干个中间值下进行，以确认电抗器是线性电抗器。测量的基本方法是伏安法，即在平波电抗器两端施加一定频率、一定数值的电压，测量通过平波电抗器的电流值，并计算出平波电抗器的电感。

对于无铁芯及无磁屏蔽的平波电抗器，由于它不存在非线性及磁滞损耗、涡流损耗，它的微分电感的测量可以在任意频率及任意直流状态下测量，也可以在不加直流的情况下测量。

对于具有铁芯或磁屏蔽的平波电抗器，应该在叠加有规定谐波电流的额定直流和零直流电流下测量。

测量微分电感测量线路推荐接线方式有两种，根据平波电抗器的容量以及试验设备、仪器情况进行选择。

第一种如图 2 - 10 所示，对直流电源 S 和滤波器 B 要求较高，如果纹波分量太大，将会影响微分电感测量的准确性，误差增大。无铁芯及无磁屏蔽的平波电抗器测量时，可以不必有 C、S、B、M。

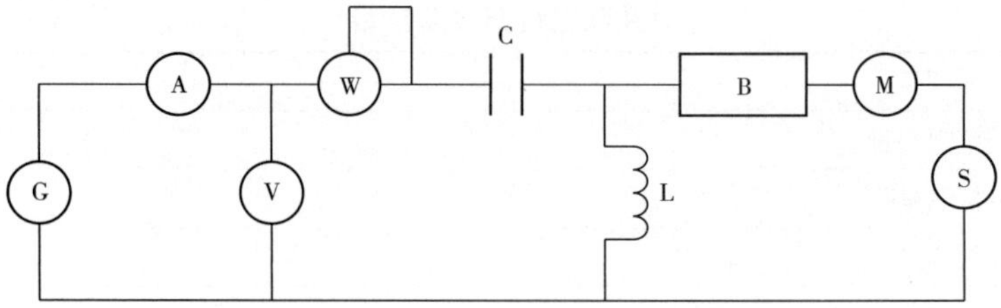

图 2 - 10　测量微分电感和谐波电阻线路图

L—被试平波电抗器；G—高频交流电源；A—测量回路谐波电流的电流表；V—测量回路谐波电压的电压表；W—功率表；C—隔直电容器；B—低通滤波器；S—直流电源；M—直流电流测量装置

第二种接线方式如图 2 - 11 所示，称为桥式接线。该接线采用两台规格相同的平波电抗器，同时施加直流电流和交流电流。对于空心电抗器，由于其电感值与电流大小无关，故只需进行空载增量电感的测量。

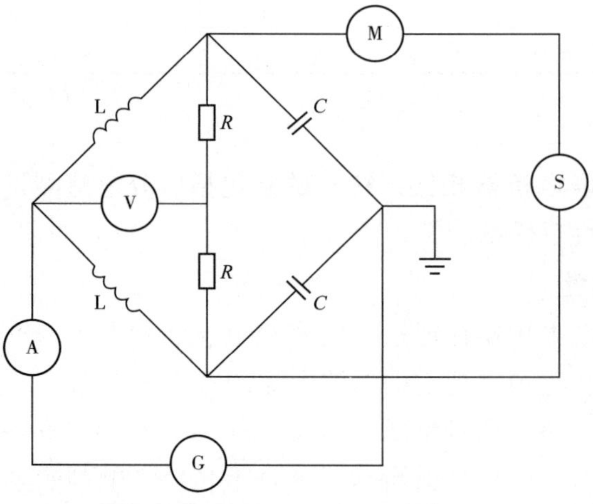

图 2 - 11　测量微分电感和谐波电阻线路图（桥式接线）

A—交流电流测量装置；G—交流电源；L—被试平波电抗器；*R*—交流电压测量用的辅助电阻器；V—交流电压表；*C*—隔直电容器；S—直流电源；M—直流电流测量装置

2. **温升试验**

由于平波电抗器运行在含有谐波分量的直流电流中，它的温升试验也是在施加直流电流下进行的，施加的直流电流值应等效总损耗时的电流。

直流电流采用大电流大容量的分流器测量。

3. **油浸式平波电抗器外施直流耐压试验**

电抗器的油温应是20℃ ±10℃。电压应施加于连接在一起的绕组各端子与地之间，电压为正极性。试验开始前，套管应至少接地2h，且不允许对电抗器绝缘结构施加较低的预加电压。试验电压应在1min之内上升到规定耐压值并维持120min，此后，试验电压应在1min或更短的时间内下降到0。

在整个外施直流耐压试验期间，应进行局部放电测量。

4. **极性反转耐压试验**

极性反转耐压试验加压流程如图2－12所示。

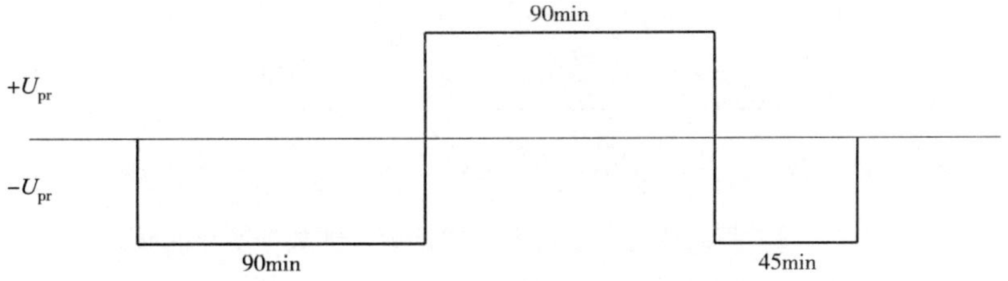

图2－12　极性反转耐压试验加压流程

在平波电抗器试验项目中，与出厂、交接及运维检修环节对应关系见表2－13。

表2－13　　并联电抗器试验项目

试验项目	出厂试验	交接试验	检修试验
绕组电阻测量	√	√	√
微分电感测量	√		
损耗测量	√		
绝缘电阻测量（油浸式）	√	√	√
电容量及介损测量（油浸式）	√	√	√
交流和直流外试耐压试验	√		√
感应耐压带局放测量试验	√		
雷电冲击试验	√		
操作冲击电压试验	√		
温升试验	√		
振动试验	√		√
声级测定	√	√	√
油色谱分析（油浸式）	√	√	√

二、试验案例解读

1. 某500kV高压并联电抗器缺陷

2014年5月4日，某500kV变电站高压并联电抗器油中气体总烃含量超过注意值（150μL/L）。2014年2月~2015年8月，油中气体变化曲线，如图2-13所示。根据“三比值法”，推断该高压并联电抗器存在低温过热类型（0，2，0）。

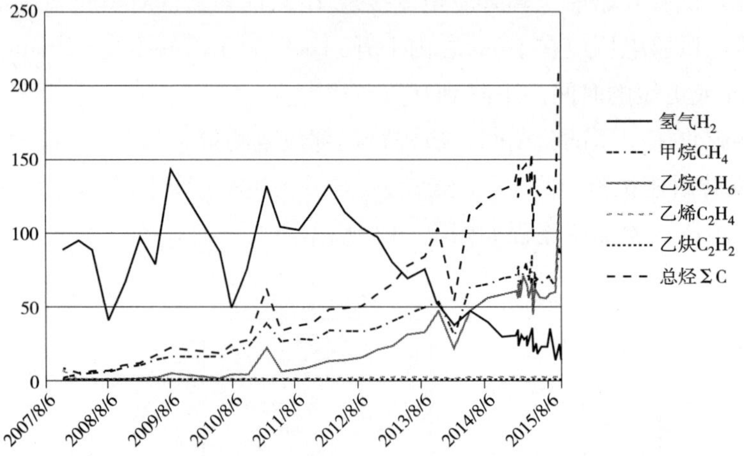

图2-13　某高压并联电抗器油中溶解气体数据变化曲线

2015年12月，开展电感及损耗、绝缘电阻、直流电阻等试验，试验结果无明显异常，见表2-14~表2-16。

表2-14　电感及损耗现场测试值与出厂值对比

项目	V（kV）	I（A）	电感（H）	电抗（Ω）	额定电流下冷态损耗（kW）	T_0（℃）	修正因数（kW/℃）	损耗（75℃）（kW）
出厂值	303.078	164.789	5.771	1839.2	91.768	34.8	0.09531	95.6
现场测试值	294	162	5.8753	1815	92.6	25	0.09531	97.37

表2-15　绕组绝缘特性现场测试值与出厂值对比

项目	出厂值		现场测试值	
时间（s）	绝缘电阻（1N线圈对地，DC5000V）（MΩ）		绝缘电阻（1N线圈对地，DC5000V）（MΩ）	
15	28600		25000	
60	34500		35000	
600	48700		49600	
介质损耗率测定	C_x（pF）	3863	C_x（pF）	3187
	$\tan\delta$（%）	0.21	$\tan\delta$（%）	0.36
吸收比	R_{60}/R_{15}	1.21	R_{60}/R_{15}	1.40
极化指数	R_{600}/R_{60}	1.41	R_{600}/R_{60}	1.42

表 2-16　绕组直流电阻现场测试值与出厂值对比

项目	接线端	电阻（Ω）	参考温度（75℃）下电阻（Ω）
出厂值	1-N	1.933	2.221
现场测试值	1-N	1.883	2.245

对该高压并联电抗器解体检查，发现线圈铜导线遭受腐蚀性硫化铜痕迹，其中第 1 饼最为严重。

2. 某 35kV 并联电抗器缺陷

某 500kV 变电站 35kV 并联电抗器自 2016 年 9 月 27 日投运，油中总烃不断增加，且增长速度过快。具体数据见表 2-17。

表 2-17　秦淮变 1 号主变 2 号低抗油色谱跟踪结果

日期	9 月 28 日	10 月 8 日	10 月 9 日	10 月 11 日	10 月 12 日
总烃（μL/L）	9.8	83.7	88.7	98.8	114.6

返厂解体前，对电抗器铁芯和夹件对地绝缘电阻、铁芯和夹件间绝缘电阻进行测量，结果见表 2-18。由于铁芯和夹件间绝缘电阻为 0，对同类未出厂电抗器进行了对比测量，铁芯和夹件间绝缘电阻为 50000MΩ，判定该低抗铁芯与夹件间存在短路情况。

表 2-18　铁芯和夹件对地、铁芯对夹件绝缘电阻测量结果

项目	测量结果（MΩ）
铁芯对地绝缘	100000
夹件对地绝缘	100000
铁芯对夹件绝缘	0
同类未出厂电抗器铁芯对夹件绝缘	50000

解体检查发现上铁轭上表面存在少量游离碳及金属颗粒附着，上夹件旁存在明显烧蚀痕迹，上铁轭下表面三相均存在大面积烧蚀、碳化痕迹，三相芯柱均存在较多金属颗粒。

第三节　电流互感器

一、主要试验项目

（一）试验项目分类

根据 GB 22071.1—2018《互感器试验导则　第 1 部分：电流互感器》、GB 50150—

2016《电气装置安装工程　电气设备交接试验标准》、GB 20840. 2—2014《互感器　第2部分：电流互感器的补充技术要求》、DL/T 725—2013《电力用电流互感器使用技术规范》、GB/T 507—2002《绝缘油　击穿电压测定法》、GB/T 5654—2007《液体绝缘材料　相对电容率、介质损耗因数和直流电阻率的测量》、JJG 1021—2007《电力互感器检定规程》，电流互感器的主要试验类型包括例行试验、型式试验和特殊试验，其包含的试验项目如下：

1. **例行试验**

（1）气体露点测量（用于气体绝缘产品）；

（2）一次端工频耐压试验；

（3）局部放电测量；

（4）电容量和介质损耗因数测量；

（5）绕组段间工频耐压试验；

（6）二次端工频耐压试验；

（7）准确度校验；

（8）端子标志检验；

（9）环境温度下密封性能试验；

（10）压力试验（适用于气体绝缘产品）；

（11）二次绕组测定；

（12）二次回路时间常数测定；

（13）额定拐点电势（E_k）和 E_k 下励磁电流的试验；

（14）匝间过电压试验；

（15）绝缘油性能试验。

2. **型式试验**

（1）温升试验；

（2）一次端冲击耐压试验；

（3）户外式互感器的湿试验；

（4）电磁兼容（EMC）试验；

（5）准确度试验；

（6）外壳防护等级的校验；

（7）环境温度下密封性能试验（适用于气体绝缘产品）；

（8）压力试验（适用于气体绝缘产品）；

（9）短时电流试验。

除另有规定外，所有绝缘型式试验应在同一台互感器上进行。

3. **特殊试验**

（1）一次端截断雷电冲击试验；

（2）一次端多次截断冲击试验；

（3）机械强度试验；

（4）传递过电压试验；

（5）内部电弧故障试验；

（6）低温和高温下的密封性能试验（适用于气体绝缘产品）；

（7）腐蚀试验；

（8）着火危险试验；

（9）绝缘热稳定试验。

4. 抽样试验

（1）剩磁系数测定；

（2）测量用电流互感器的仪表保安系数（FS）测定。

设备最高电压低于300kV的电流互感器一次绕组的额定绝缘水平见表2－19。

表2－19　　最高电压低于300kV的电流互感器一次绕组的额定绝缘水平

<table>
<tr><th>设备最高电压 U_m
（方均根值）（kV）</th><th>额定工频耐受电压
（方均根值）（kV）</th><th>额定雷电冲击耐受电压
（峰值）（kV）</th></tr>
<tr><td>0.72</td><td>3</td><td>—</td></tr>
<tr><td>1.2</td><td>6</td><td>—</td></tr>
<tr><td rowspan="2">3.6</td><td rowspan="2">10</td><td>20</td></tr>
<tr><td>40</td></tr>
<tr><td rowspan="2">7.2</td><td rowspan="2">20</td><td>40</td></tr>
<tr><td>60</td></tr>
<tr><td rowspan="2">12</td><td rowspan="2">28</td><td>60</td></tr>
<tr><td>75</td></tr>
<tr><td rowspan="2">17.5</td><td rowspan="2">38</td><td>75</td></tr>
<tr><td>95</td></tr>
<tr><td rowspan="2">24</td><td rowspan="2">50</td><td>95</td></tr>
<tr><td>126</td></tr>
<tr><td rowspan="2">36</td><td rowspan="2">70</td><td>145</td></tr>
<tr><td>170</td></tr>
<tr><td>52</td><td>95</td><td>250</td></tr>
<tr><td>72.5</td><td>140</td><td>325</td></tr>
<tr><td>100</td><td>185</td><td>450</td></tr>
<tr><td rowspan="2">123</td><td>185</td><td>450</td></tr>
<tr><td>230</td><td>550</td></tr>
<tr><td rowspan="2">145</td><td>230</td><td>550</td></tr>
<tr><td>275</td><td>650</td></tr>
</table>

续表

设备最高电压 U_m（方均根值）（kV）	额定工频耐受电压（方均根值）（kV）	额定雷电冲击耐受电压（峰值）（kV）
170	275	650
	325	750
245	395	950
	460	1050

设备最高电压大于等于300kV的电流互感器一次绕组的额定绝缘水平见表2－20。

表2－20　最高电压大于等于300kV的电流互感器一次绕组的额定绝缘水平

设备最高电压 U_m（方均根值）（kV）	额定操作冲击受电压（峰值）（kV）	额定雷电冲击耐受电压（峰值）（kV）
300	750	950
	850	1050
362	850	1050
	950	1175
420	1050	1300
	1050	1425
525	1050	1425
	1175	1550
765	1425	1950
	1550	2100

设备最高电压大于等于300kV的电流互感器一次绕组的工频耐受电压见表2－21。

表2－21　最高电压大于等于300kV的电流互感器一次绕组的工频耐受电压

额定雷电冲击耐受电压（峰值）（kV）	额定工频耐受电压（方均根值）（kV）
950	395
1050	460
1175	510
1300	570
1425	630
1550	680
1950	880
2100	975

（二）试验项目介绍

根据电流互感器试验项目的重要性及适用范围，对上述部分试验项目原理、试验目的、适用仪器及主要关注的试验指标进行简单介绍。

1. 标志检验

标志检验电压（流）法试验接线如图 2－14 所示。

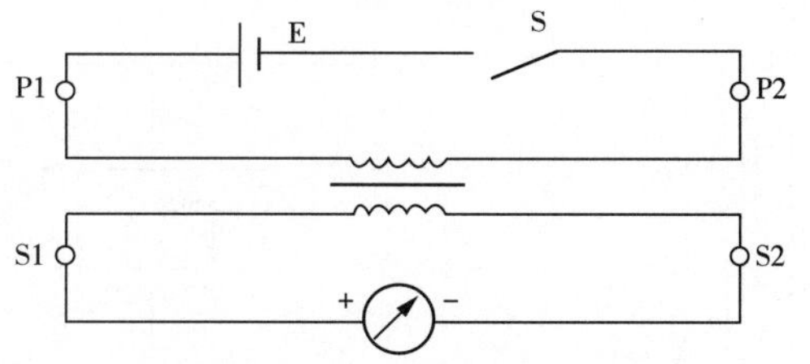

图 2－14　电压（流）法试验接线

出厂试验要求电流互感器一次绕组与二次绕组出线端子字母标志要正确、清晰，互感器一次绕组、二次绕组之间的极性为减极性。

交接试验要求电流互感器的组别和极性，应符合设计要求，并应与铭牌和标志相符。

2. 变比测量

图 2－15 和图 2－16 所示分别为电压法和电流法测量电流互感器变比的接线原理图。

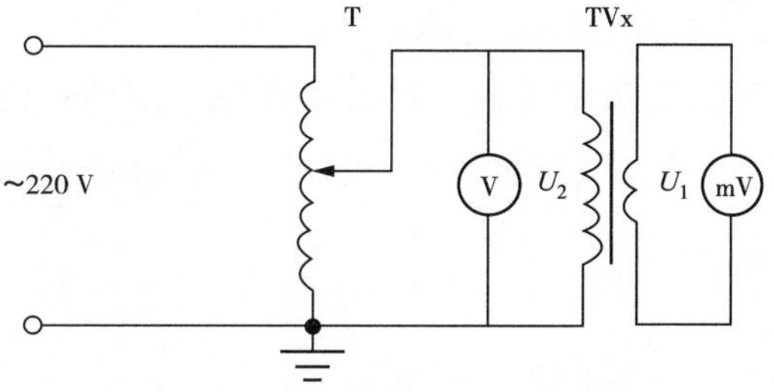

图 2－15　电压法测量电流互感器变比

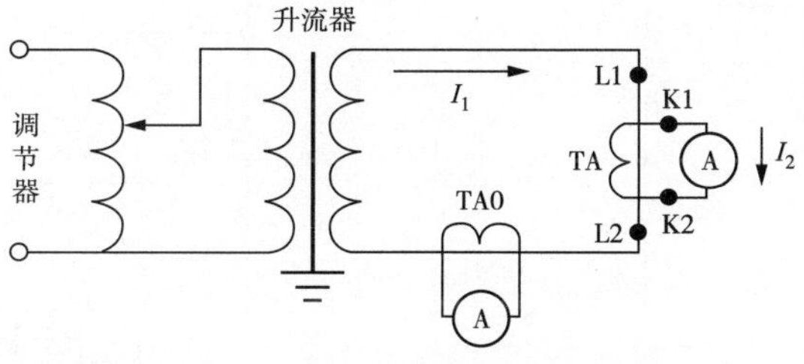

图 2－16　电流法测量电流互感器变比

出厂试验要求：电流互感器变比符合相关技术文件要求。

交接试验要求：用于非关口计量的电流互感器，应检查互感器变比，并应与制造厂铭牌值相符，对多抽头的互感器，可只检查使用分接的变比。

3. **一次绕组工频耐压试验**

电流互感器进行一次绕组工频耐压试验时，试验线路如图 2－17 所示，如有末（地）屏，应将其同金属底座或箱壳连接并接地。

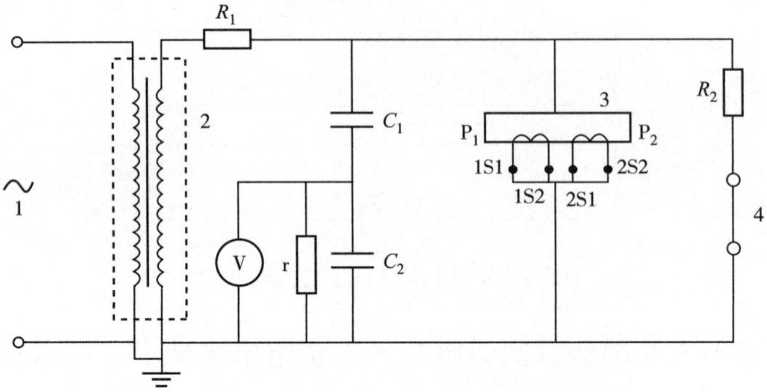

图 2－17　电流互感器一次绕组耐压试验接线

1—电源；2—试验变压器；3—被试电流互感器；4—球隙；R_1—保护电阻；R_2—阻尼电阻；C_1，C_2，r—分压电容器；V—峰值电压表

在确定设备线路及电源波形无误后，对试品施加电压。加压时，应以机械 0 位开始缓慢升高电压，观测仪表升压数值。在升至 75% 试验电压时，以每秒 2% 试验电压的速率升压至短时工频耐压的试验值（方均根值 3kV），维持 1min 或规定的时间，然后降到 30% 规定试验电压以下后再切断电源。

出厂试验要求：若试验过程中无破坏性放电现象，则试验合格。

交接试验要求：应按出厂试验电压的 80% 进行耐压试验，并应在高压侧监视施加电压。

4. **局部放电试验**

局放测量接线如图 2－18 和图 2－19 所示。

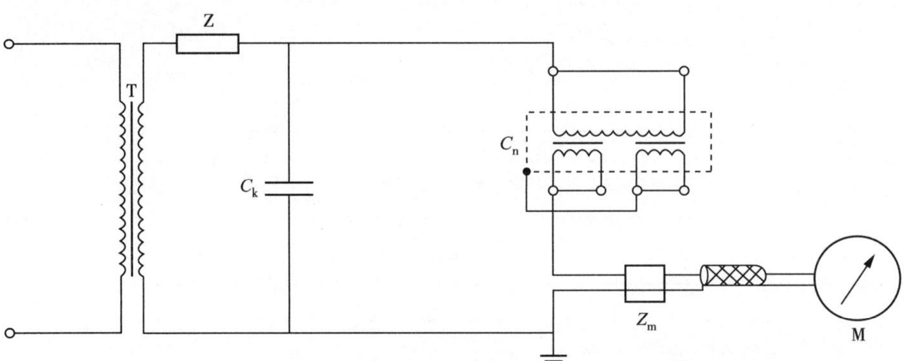

图 2－18　电流互感器局放试验接线（一）

T—试验变压器；C_n—被试互感器；C_k—耦合电容器；M—局部放电测量仪器；Z_m—测量阻抗；Z—滤波器

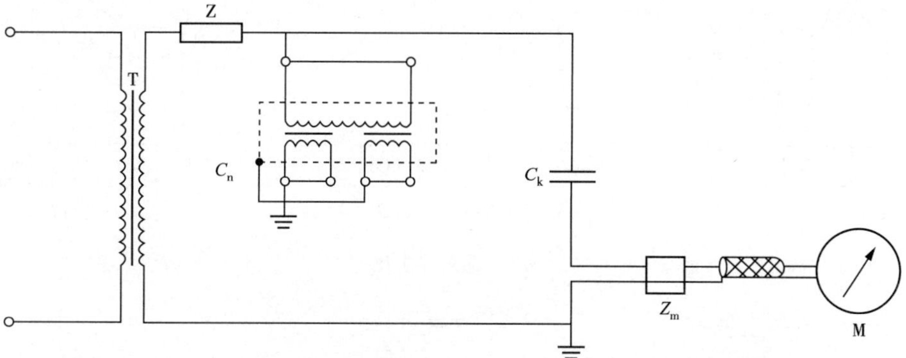

图 2－19 电流互感器局放试验接线（二）

T—试验变压器；C_n—被试互感器；C_k—耦合电容器；M—局部放电测量仪器；
Z_m—测量阻抗；Z—滤波器

出厂试验要求，电流互感器局放按照表 2－22 进行判定。

表 2－22 电流互感器局放测量电压及允许水平

系统接地方式	局放测量电压（方均根值）（kV）	局放允许水平（pC）		
		液体浸渍（气体）	环氧浇注	合成薄膜绝缘
中性点接地系统（接地故障因数小于等于 1.4）	U_m	10	50	30
	$1.2U_m/\sqrt{3}$	5	20	10
中性点绝缘或非有效接地系统（接地故障因数大于 1.4）	$1.2U_m$	10	50	30
	$1.2U_m/\sqrt{3}$	5	20	10

注 1. 若中性点接地方式没有明确，局部放电水平可按中性点绝缘或非有效接地系统考虑。
2. 局部放电的最大允许值对于非额定频率也是适用的。

交接试验要求：电流互感器局部放电测量的测量电压及允许的视在放电量水平应按表 2－23 确定。

表 2－23 交接试验中电流互感器局放测量电压及允许水平

测量电压（kV）	局放允许水平（pC）	
	环氧树脂及其他干式	油浸式和气体式
$1.2U_m/\sqrt{3}$	50	20
U_m	100	50

5. 绝缘电阻测量

图 2－20 所示为电流互感器绝缘电阻测量接线。

出厂试验要求：电流互感器绝缘电阻的要求应在工厂技术条件中给出；如无规定时，油浸式互感器在室温为 20℃时可参考表 2－24 所列数据。

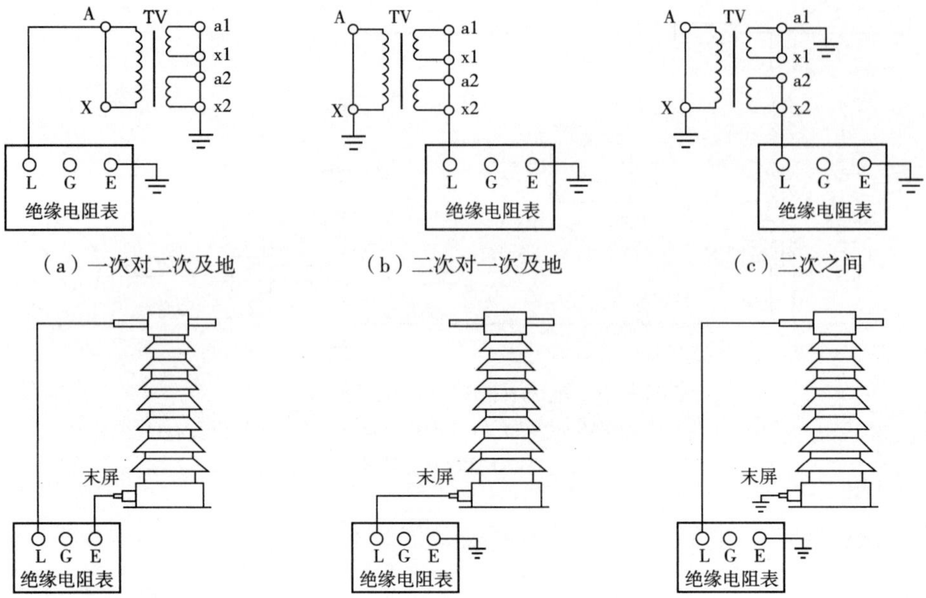

（a）一次对二次及地　（b）二次对一次及地　（c）二次之间

（d）一次对末屏　（e）末屏对地　（f）一次对地

图 2－20　电流互感器绝缘电阻测量接线

表 2－24　　电流互感器绝缘电阻值

电压等级（kV）	测量部位	60s 绝缘电阻（MΩ）
3～35	一次绕组对二次绕组及地	1000
63～110	一次绕组对二次绕组及地	1500
220 及以上	一次绕组对二次绕组及地	2000

二次绕组之间及二次绕组对地绝缘电阻不低于 100MΩ，末屏对地绝缘电阻应不低于 1000MΩ。

交接试验要求：电流互感器一次绕组对二次绕组及外壳、各二次绕组间及其对外壳的绝缘电阻值不宜低于 1000MΩ；一次绕组段间的绝缘电阻值不宜低于 1000MΩ，且由于结构原因无法测量时可不测量。电容型电流互感器的末屏对外壳（地）的绝缘电阻值不宜小于 1000MΩ，当末屏对地绝缘电阻小于 1000MΩ 时，应测量其 $\tan\delta$，其值不应大于 2%。

6. 二次绕组（及末屏对地）工频耐压试验

考核电流互感器二次绕组及末屏绝缘强度，是保证设备绝缘水平、避免发生绝缘事故的重要手段。

二次绕组工频耐压试验接线如图 2－21 所示，末屏工频耐压试验接线如图2－22所示。

出厂试验要求：若无击穿现象，且加压期间无电压波形畸变和突降，则试验合格。

交接试验要求：电压等级 110kV 及以上的电流互感器末屏对地的工频耐受电压应为 2kV，可用 2500V 绝缘电阻表测量绝缘电阻试验替代。

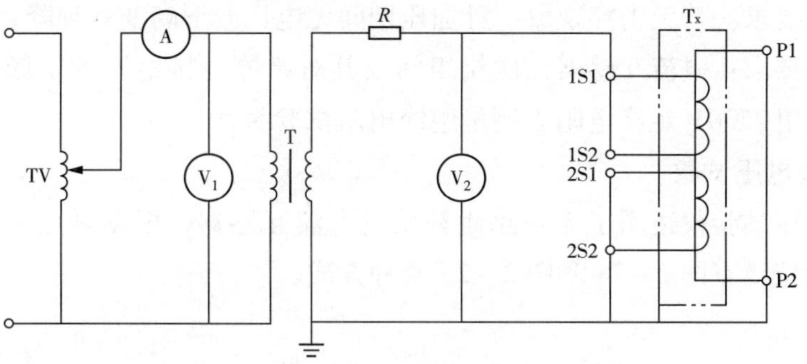

图 2－21　二次绕组工频耐压试验试验接线

TV—调压器；T—试验变压器；A—电流表；R—保护电阻；V_1—方均根值电压表；V_2—峰值电压表；R—保护电阻；T_x—被试互感器；P1、P2——一次绕组出线端子；1S1、1S2、2S1、2S2—二次绕组出线端子

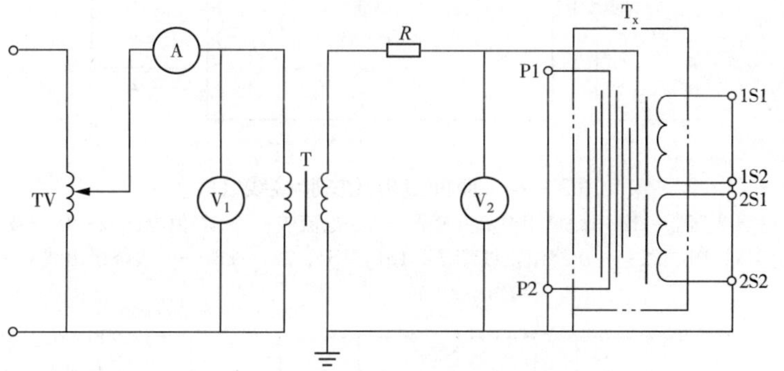

图 2－22　末屏工频耐压试验试验接线

TV—调压器；T—试验变压器；A—电流表；R—保护电阻；V_1—方均根值电压表；V_2—峰值电压表；R—保护电阻；T_x—被试互感器；P1、P2——一次绕组出线端子；1S1、1S2、2S1、2S2—二次绕组出线端子

7. 绕组段间工频耐压试验

电流互感器一次绕组段间工频耐压试验接线如图 2－23 所示。

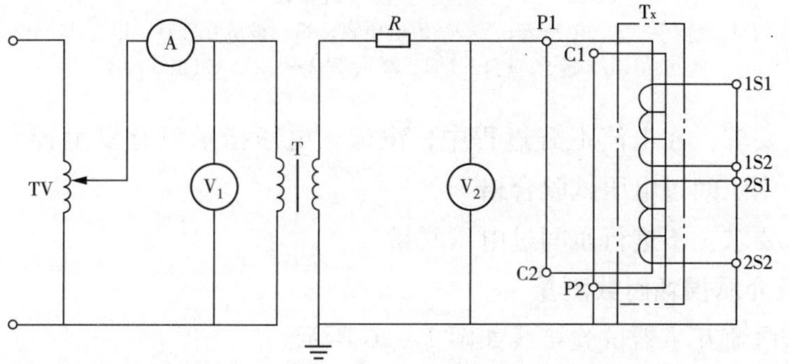

图 2－23　一次绕组段间工频耐压试验接线

TV—调压器；T—试验变压器；A—电流表；R—保护电阻；V_1—方均根值电压表；V_2—峰值电压表；T1—被试互感器；P1、P2——一次绕组出线端子；C1、C2——一次绕组换接端子；1S1、1S2、2S1、2S2—二次绕组出线端子

出厂试验要求：若无击穿现象，且加压期间无电压波形畸变和突降，则试验合格。

交接试验要求：电流互感器二次绕组间及其对箱体（接地）的工频耐压试验电压应为2kV，可用2500V绝缘电阻表测量绝缘电阻试验替代。

8. 匝间过电压试验

匝间过电压试验仅适用于无短路匝补偿的电流互感器，根据采用的试验方法的不同，可采用的接线有图2－24和图2－25两种方式。

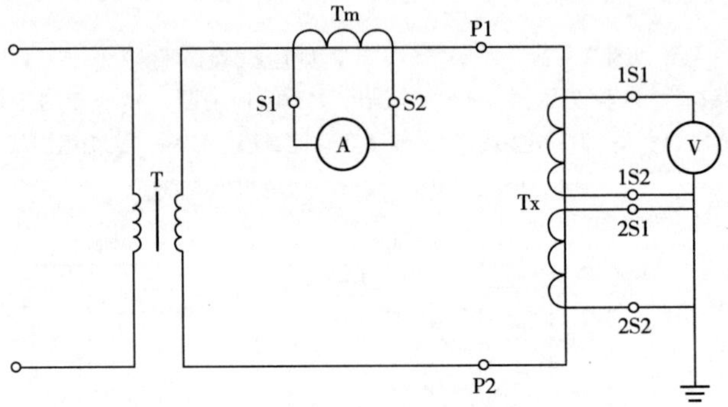

图2－24　匝间过电压试验接线（一）

T—升流变压器；Tm—测量用电流互感器；A—电流表；V—峰值电压表；Tx—被试互感器；P1、P2——次绕组出线端子；1S1、1S2、2S1、2S2—二次绕组出线端子

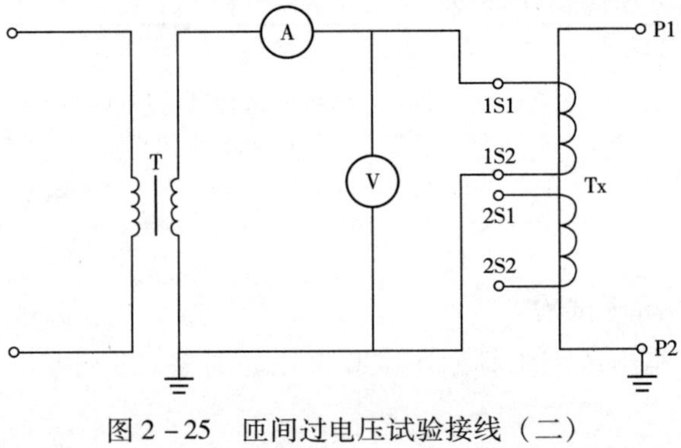

图2－25　匝间过电压试验接线（二）

T—升压变压器；A—电流表；V—峰值电压表；Tx—被试互感器；P1、P2——次绕组出线端子；1S1、1S2、2S1、2S2—二次绕组出线端子

出厂试验要求：在电流上升过程中，电流、电压指示没有发生较大波动，误差试验符合要求，则匝间过电压试验合格。

交接试验要求：不进行匝间过电压测量。

9. 电容及介质损耗因数测量

非电容型电流互感器试验接线如图2－26所示。

电容型电流互感器试验线路如图2－27所示。

出厂试验要求：电流互感器介损判定标准见表2－25。

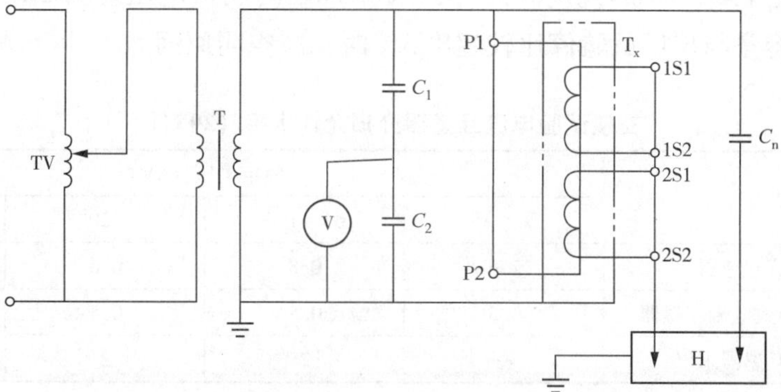

图 2－26　非电容型电流互感器的电容和介质损耗因数测量

TV—调压器；T—试验变压器；V—峰值电压表（读数除以$\sqrt{2}$）；C_1、C_2—电容分压器；C_n—标准电容器；H—电桥；T_x—被试互感器；P1、P2——次绕组出线端子；1S1、1S2、2S1、2S2—二次绕组出线端子

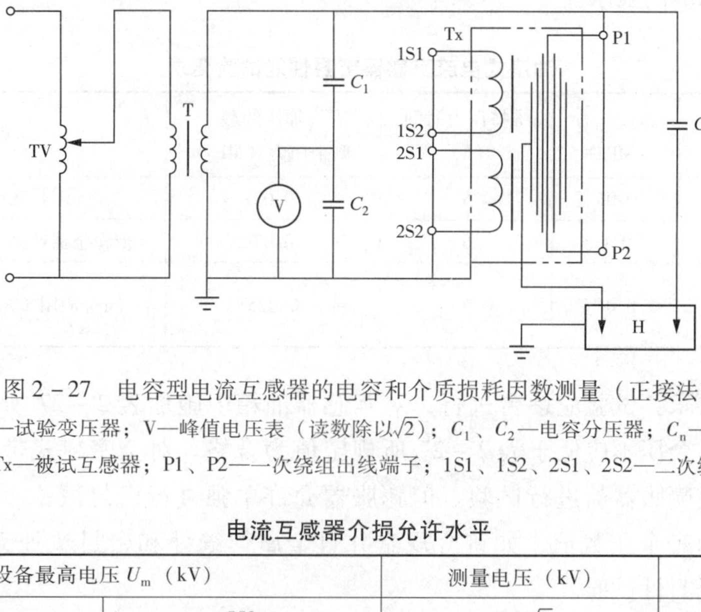

图 2－27　电容型电流互感器的电容和介质损耗因数测量（正接法）

TV—调压器；T—试验变压器；V—峰值电压表（读数除以$\sqrt{2}$）；C_1、C_2—电容分压器；C_n—标准电容器；H—电桥；Tx—被试互感器；P1、P2——次绕组出线端子；1S1、1S2、2S1、2S2—二次绕组出线端子

表 2－25　　电流互感器介损允许水平

设备最高电压 U_m（kV）		测量电压（kV）	介损允许值 $\tan\delta$
电容型	550	$U_m/\sqrt{3}$	≤0.004
	≤363	$U_m/\sqrt{3}$	≤0.005
非电容型	>40.5	10	≤0.015
	≤40.5	10	≤0.02

对于 $U_m \geqslant 252$kV 的油浸式电流互感器，在 $0.5U_m/\sqrt{3} \sim U_m/\sqrt{3}$的测量电压下，介质损耗因数测量值的增值不应大于 0.001。

对于正立式电容型绝缘结构油浸式电流互感器的末屏，在测量电压为 3kV 下的介质损耗因数允许值不应大于 0.02。

交接试验要求：电压等级 35kV 及以上的电流互感器的介质损耗因数 $\tan\delta$ 的与电容

量测量，应符合表2－26的规定。此外，末屏 $\tan\delta$ 的测量电压应为2kV，当电容型电流互感器的电容量与出厂试验值比较超出5%时，应查明原因。

表2－26　交接试验电流互感器介损允许水平（20℃）　%

种类	额定电压（kV）			
	20～35	66～110	220	330～750
油浸式电流互感器	2.5	0.8	0.6	0.5
充硅脂及其他干式电流互感器	0.5	0.5	0.5	—
油浸式电流互感器末屏	—	2	2	2

10. **密封性能试验**

密封试验应在清洁的产品上进行，试验场地应无明显油污，试验时通过单向阀对不带膨胀器的互感器产品注入一定压力的干燥空气（氮气）或油，施加压力和维持时间不低于表2－27的要求。

表2－27　油浸式电流互感器密封性能试验要求

设备最高电压（方均根值）（kV）	施加压力（MPa）	维持压力时间（h）	充气加压的最小剩余压力（MPa）	说明
≥40.5	0.05	6	0.03	不带膨胀器产品
	0.1	6	0.07	带膨胀器产品不带膨胀器试验
<40.5	0.04	6	0.025	同时适用于户外组合互感器

出厂试验要求：试验应逐台进行，对互感器油箱内施加表2－27所示压力，维持规定的时间后，余压不应低于表2－27所规定值为合格。对全密封式带有膨胀器的产品，可以在未装膨胀器前进行试验。但膨胀器允许单独进行密封试验。待到工艺规定时间，检查压力表余压数值，如符合规定并且金属焊缝处和密封垫处无渗漏油现象，即为产品通过密封性试验。

交接试验要求：油浸式互感器外表应无可见油渍现象；SF_6 气体绝缘互感器定性检漏应无泄漏点，怀疑有泄漏点时应进行定量检漏，年泄漏率应小于1%。

11. **伏安特性测量**

伏安特性试验接线如图2－28所示。

出厂试验要求：绘制电流互感器伏安特性曲线。

交接试验要求：不进行伏安特性测量。

12. **绝缘油试验**

当电流互感器的绝缘油采用变压器油时，其主要性能要求见表2－28。

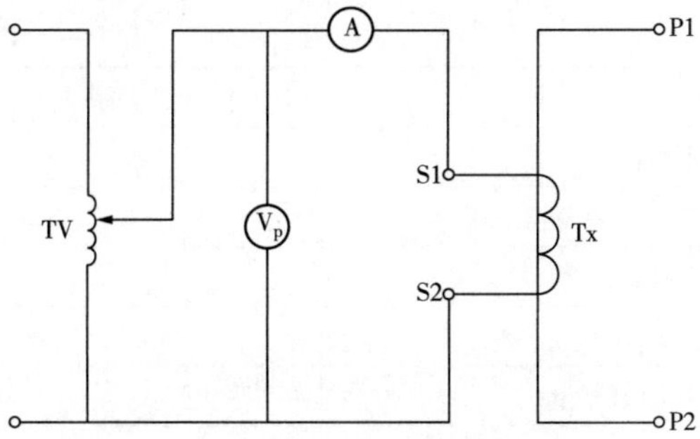

图 2-28　电流互感器伏安特性测量接线

TV—调压器；V_p—平均值交流电压表；A—电流表；Tx—被试互感器；P1、P2——次绕组出线端子；S1、S2—二次绕组出线端子

表 2-28　　电流互感器绝缘油主要性能要求

项目	额定电压等级（kV）	性能指标	试验方法
击穿电压（kV）	≤35	≥40	按 GB/T 507—2002《绝缘油　击穿电压测定法》的规定进行试验
	66～110	≥45	
	220	≥50	
	≥330	≥60	
介质损耗因数（90℃）（%）	≤110	注入设备后≤0.5	按 GB/T 5654—2007《液体绝缘材料　相对电容率、介质损耗因数和直流电阻率的测量》的规定进行试验
	≥220	注入设备后≤0.3	
含水量（mg/L）	≤110	≤20	按 GB/T 7600—2014《运行中变压器油和汽轮机油水分含量测定法（库仑法）》和 GB/T 7601—2008《运行中变压器油、汽轮机油水分测定法（气相色谱法）》的规定进行试验
	220	≤15	
	≥330	≤10	
油中含气量（体积分数）（%）	≥330	≤1	按 DL/T 423—2009《绝缘油中含气量测定方法　真空压差法》的规定进行试验
油中溶解气体色谱分析（μL/L）	≥66	H_2，≤50 C_2H_2，<0.1 总烃，≤10	按 DL/T 722—2014《变压器油中溶解气体分析和判断导则》的规定进行试验

在上述电流互感器试验项目涉及电流互感器出厂、交接及运维检修等各个环节，各环节的试验项目情况见表 2-29。

表 2-29　　电流互感器出厂、交接及运维检修等环节检测项目

试验项目	出厂试验	交接试验
标志检验	√	√
变比测量	√	√
一次绕组工频耐压试验	√	√
局部放电试验	√	√

续表

试验项目	出厂试验	交接试验
绝缘电阻测量	√	√
二次绕组（及地屏对地）工频耐压试验	√	√
绕组段间工频耐压试验	√	√
匝间过电压试验	√	
电容及介质损耗因数测量	√	√
密封性能试验	√	√
伏安特性测量	√	
一次绕组的冲击试验	√	
绝缘油试验	√	√

13. **准确度试验**

电流互感器的准确度试验要求环境温度5～40℃，相对湿度不大于95%；环境电磁场干扰引起标准器的误差变化不应大于被检互感器基本误差限值的1/20；检定接线引起被检互感器误差变化不应大于被检互感器基本误差限值的1/10；试验接线的布置应尽量避免对误差测量结果的影响。试验通常采用比较法试验线路开展。

出厂试验要求：

对于0.1级、0.2级、0.5级和1级测量用互感器，准确度型式试验应在5%、20%、100%、120%额定电流和额定频率下进行，其输出应为额定负荷的25%、100%，比值差和相位差应不超过表2－30所列限值。

对于0.2S级和0.5S级特殊用途的测量用互感器，准确度型式试验应在1%、5%、20%、100%、120%额定电流和额定频率下进行，其输出应为额定负荷的25%、100%，比值差和相位差应不超过表2－31所列限值。

对于所有的准确级，负荷的功率因数均应为0.8%（滞后），当负荷小于5VA时，应采用功率因数为1.0，且最低值为1VA。

表2－30　　测量用互感器的比值差和相位差限值（0.1～1.0级）

准确级	下列额定电流百分数下的比值差［±（%）］				下列额定电流百分数下的相位差							
					±（′）				±（crad）			
	5	20	100	120	5	20	100	120	5	20	100	120
0.1	0.4	0.2	0.1	0.1	15	8	5	5	0.45	0.24	0.15	0.15
0.2	0.75	0.35	0.2	0.2	30	15	10	10	0.9	0.45	0.3	0.3
0.5	1.5	0.75	0.5	0.5	90	45	30	30	2.7	1.35	0.9	0.9
1.0	3.0	1.5	1.0	1.0	180	90	60	60	5.4	2.7	1.8	1.8

表 2－31　　测量用互感器的比值差和相位差限值（0.2S 级和 0.5S 级）

准确级	下列额定电流百分数下的比值差［±（%）］					下列额定电流百分数下的相位差									
						±（′）					±（crad）				
	1	5	20	100	120	1	5	20	100	120	1	5	20	100	120
0.2S	0.75	0.35	0.2	0.2	0.2	30	15	10	10	10	0.9	0.45	0.3	0.3	0.3
0.5S	1.5	0.75	0.5	0.5	0.5	90	45	30	30	30	2.7	1.35	0.9	0.9	0.9

交接试验要求：用于关口计量的电流互感器应进行误差测量，用于非关口计量的互感器，应检查互感器变比，并应与制造厂铭牌值相符，对多抽头的互感器，可只检查使用分接的变比。

二、试验案例解读

1. 局放、电容、介损测量

2017 年 4 月 12 日，某 500kV 油浸式电流互感器 A、B、C 相进行了局放和电容介损测量，局放试验之前，三台电流互感器静置时间约为 132h，局放试验采用平衡法接线，接线原理如图 2－29 所示，试验数据见表 2－32 和表 2－33 所示。

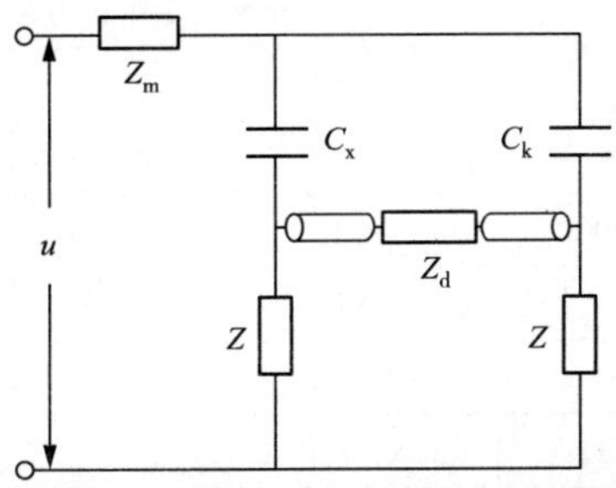

图 2－29　平衡法局放测量接线原理图

u—试验电压；Z_m—高压滤波器；Z_d—检测阻抗；C_x—被测试品；C_k—耦合电容（一般为与 C_x 同型号设备）

表 2－32　　局部放电量试验数据

产品编号	电压（kV）		
	381	550（5min）	592（1min）
A 相	9pC	9pC	9pC
B 相	8pC	8pC	8pC
C 相	8pC	8pC	8pC

从测量结果可见，被试电流互感器局放试验合格。

表 2－33　整体介损及电容量试验数据

<table>
<tr><td rowspan="3">编号</td><td colspan="6">电压（kV）</td></tr>
<tr><td colspan="2">10</td><td colspan="2">159</td><td colspan="2">318</td></tr>
<tr><td>tanδ</td><td>电容量 C</td><td>tanδ</td><td>电容量 C</td><td>tanδ</td><td>电容量 C</td></tr>
<tr><td>A 相</td><td>0.173%</td><td>1250.70pF</td><td>0.162%</td><td>1250.73pF</td><td>0.163%</td><td>1250.98pF</td></tr>
<tr><td>B 相</td><td>0.164%</td><td>1230.21pF</td><td>0.153%</td><td>1230.32pF</td><td>0.154%</td><td>1230.81pF</td></tr>
<tr><td>C 相</td><td>0176%</td><td>1216.23pF</td><td>0.166%</td><td>1216.29pF</td><td>0.167%</td><td>1216.67pF</td></tr>
</table>

从测量结果及判定标准来看，被试电流互感器介损及电容量测试未见异常。

2. 电流互感器交接试验

表 2－34 所示为某电流互感器交接试验部分试验项目测量结果，从测量结果可见，试验中记录了互感器的型号、厂家、出厂日期、额定参数以及开展试验的试验依据等，并测量了绝缘电阻、电容和介损、极性、变比、密封性能等，并在测量中记录了试验环境温度和湿度、所用的试验设备、结论、人员、日期等，格式规范，记录完整，所测量数据符合标准要求，试验合格。

表 2－34　某电流互感器交接试验部分试验项目测量结果

<table>
<tr><td>设备名称</td><td colspan="8">××××电流互感器</td></tr>
<tr><td colspan="9">1. 设备参数</td></tr>
<tr><td>型号</td><td colspan="3">CA－550</td><td colspan="2">额定电压（kV）</td><td colspan="3">550kV</td></tr>
<tr><td>额定电流（A）</td><td colspan="3">4000</td><td colspan="2">生产厂家</td><td colspan="3">××××互感器厂有限公司</td></tr>
<tr><td>二次绕组</td><td>1S1－1S2</td><td>2S1－2S2</td><td>3S1－3S2</td><td>4S1－4S2</td><td>5S1－5S2</td><td>6S1－6S2</td><td>7S1－7S2</td><td>7S1－7S3</td></tr>
<tr><td>准确等级</td><td>TPY</td><td>TPY</td><td>5P</td><td>TPY</td><td>TPY</td><td>0.2</td><td>0.2S</td><td>0.2S</td></tr>
<tr><td>额定容量（VA）</td><td>12</td><td>12</td><td>15</td><td>12</td><td>12</td><td>15</td><td>5</td><td>5</td></tr>
<tr><td>额定变比</td><td>4000/1</td><td>4000/1</td><td>4000/1</td><td>4000/1</td><td>4000/1</td><td>4000/1</td><td>2000/1</td><td>4000/1</td></tr>
<tr><td>相别</td><td colspan="3">A 相</td><td colspan="3">B 相</td><td colspan="2">C 相</td></tr>
<tr><td>出厂编号</td><td colspan="3"></td><td colspan="3"></td><td colspan="2"></td></tr>
<tr><td>出厂日期</td><td colspan="3">2016</td><td colspan="3">2016</td><td colspan="2">2016</td></tr>
<tr><td colspan="9">2. 试验依据</td></tr>
<tr><td colspan="9">试验采用：GB 50150—2016《电气装置安装工程　电气设备交接试验标准》、Q/GDW 10 108－02－001—2014《输变电设备交接试验规程》</td></tr>
</table>

<table>
<tr><td colspan="10">3. 绕组的绝缘电阻及交流耐压试验</td></tr>
<tr><td rowspan="2">测试绕组</td><td rowspan="2">出厂耐压值（kV）</td><td rowspan="2">耐压值（kV）</td><td rowspan="2">耐压时间（min）</td><td colspan="2">A 相（MΩ）</td><td colspan="2">B 相（MΩ）</td><td colspan="2">C 相（MΩ）</td></tr>
<tr><td>耐压前</td><td>耐压后</td><td>耐压前</td><td>耐压后</td><td>耐压前</td><td>耐压后</td></tr>
<tr><td>一次绕组对二次绕组、末屏及外壳</td><td>740</td><td>592</td><td>1</td><td>10000＋</td><td>10000＋</td><td>10000＋</td><td>10000＋</td><td>10000＋</td><td>10000＋</td></tr>
</table>

续表

测试绕组	出厂耐压值（kV）	耐压值（kV）	耐压时间（min）	A 相（MΩ）		B 相（MΩ）		C 相（MΩ）	
				耐压前	耐压后	耐压前	耐压后	耐压前	耐压后
一次绕组间	3	3	1	10000 +	10000 +	10000 +	10000 +	10000 +	10000 +
1S1 －1S2 对其他二次绕组及地	3	3	1	1000 +	1000 +	1000 +	1000 +	1000 +	1000 +
2S1 －2S2 对其他二次绕组及地	3	3	1	1000 +	1000 +	1000 +	1000 +	1000 +	1000 +
3S1 －3S2 对其他二次绕组及地	3	3	1	1000 +	1000 +	1000 +	1000 +	1000 +	1000 +
4S1 －4S2 对其他二次绕组及地	3	3	1	1000 +	1000 +	1000 +	1000 +	1000 +	1000 +
5S1 －5S2 对其他二次绕组及地	3	3	1	1000 +	1000 +	1000 +	1000 +	1000 +	1000 +
6S1 －6S2 对其他二次绕组及地	3	3	1	1000 +	1000 +	1000 +	1000 +	1000 +	1000 +
7S1 －7S3 对其他二次绕组及地	3	3	1	1000 +	1000 +	1000 +	1000 +	1000 +	1000 +
末屏对二次绕组及地	3	3	1	1000 +	1000 +	1000 +	1000 +	1000 +	1000 +
试验环境	环境温度 15℃，湿度 55%								
试验设备	ZC11D－10，编号 13090710								
试验结论	合格								
试验人员				试验日期			年　月　日		

4. 测量介质损耗角正切值 tan δ

绕组	相别	tan δ（%）		电容量（pF）		
		实测值	出厂值	实测值	出厂值	偏差（%）
整体介损	A 相	0.227		1362		
	B 相	0.234		1341		
	C 相	0.225		1359		
一次对末屏	A 相	0.229	0.236	1360	1364.7	－0.34
	B 相	0.237	0.244	1337	1343.07	－0.45
	C 相	0.224	0.238	1359	1369.6	－0.77
末屏对外壳	A 相	0.425		1652		
	B 相	0.452		1646		
	C 相	0.385		1664		
试验环境	环境温度 15℃，湿度 55%					
试验设备	AI6000 介损仪，编号 A70303E					
试验结论	合格					
试验人员			试验日期		年　月　日	

续表

5. 检查互感器极性			
相别	A 相	B 相	C 相
结果	减极性	减极性	减极性
试验环境	环境温度 15℃，湿度 55%		
试验设备	干电池、指针式万用表		
试验结论	合格		
试验人员		试验日期	年　月　日

6. 检查互感器的变比

相别	绕组	额定变比	一次施加电流（A）	二次测得电流（A）	实测变比
A 相	1S1 －1S2	4000/1	40	0.01	4000/1
	2S1 －2S2	4000/1	40	0.01	4000/1
	3S1 －3S2	4000/1	40	0.01	4000/1
	4S1 －4S2	4000/1	40	0.01	4000/1
	5S1 －5S2	4000/1	40	0.01	4000/1
	6S1 －6S2	4000/1	40	0.01	4000/1
	7S1 －7S2	2000/1	20	0.01	2000/1
	7S1 －7S3	4000/1	40	0.01	4000/1
B 相	1S1 －1S2	4000/1	40	0.01	4000/1
	2S1 －2S2	4000/1	40	0.01	4000/1
	3S1 －3S2	4000/1	40	0.01	4000/1
	4S1 －4S2	4000/1	40	0.01	4000/1
	5S1 －5S2	4000/1	40	0.01	4000/1
	6S1 －6S2	4000/1	40	0.01	4000/1
	7S1 －7S2	2000/1	20	0.01	2000/1
	7S1 －7S3	4000/1	40	0.01	4000/1
C 相	1S1 －1S2	4000/1	40	0.01	4000/1
	2S1 －2S2	4000/1	40	0.01	4000/1
	3S1 －3S2	4000/1	40	0.01	4000/1
	4S1 －4S2	4000/1	40	0.01	4000/1
	5S1 －5S2	4000/1	40	0.01	4000/1
	6S1 －6S2	4000/1	40	0.01	4000/1
	7S1 －7S2	2000/1	20	0.01	2000/1
	7S1 －7S3	4000/1	40	0.01	4000/1

7. 密封性能检查			
外表无可见油渍			
试验环境	环境温度 15℃，湿度 55%		
试验设备	互感器综合测试仪		
试验结论	合格		
试验人员		试验日期	年　月　日

第四节　电压互感器

一、主要试验项目

（一）试验项目分类

参照Q/GDW10 108 - 02 - 001—2014《输变电设备交接试验规程》、Q/GDW 1168—2013《输变电设备状态检修试验规程》，电压互感器的主要试验类型包括型式试验、例行试验和特殊试验，其包含的试验项目如下：

1. 例行试验

（1）端子标志检验；

（2）一次绕组工频耐压试验；

（3）局部放电测量；

（4）二次绕组工频耐压试验；

（5）绕组段间工频耐压试验；

（6）电容量和介质损耗因数测量；

（7）励磁特性测量；

（8）绝缘油性能试验；

（9）密封性能试验；

（10）误差测定。

2. 型式试验

（1）温升试验；

（2）短路承受能力试验；

（3）额定雷电冲击试验和截断雷电冲击试验；

（4）操作冲击试验；

（5）户外式互感器的湿试验；

（6）无线电干扰电压测量；

（7）励磁特性测量；

（8）误差测量。

3. 特殊试验

（1）机械强度试验；

（2）传递过电压测量。

（二）试验项目介绍

根据电压互感器试验项目的重要性及适用范围，对上述部分试验项目原理、试验目的、适用仪器及主要关注的试验指标进行简单介绍。

1. **绝缘电阻测量**

测量电压互感器绝缘电阻能够灵敏地反应互感器绝缘情况，有效地发现绝缘整体受潮、脏污、贯穿，以及绝缘击穿和严重过热老化等缺陷。

测量时一次绕组用2500V绝缘电阻表，二次绕组用1000V或2500V绝缘电阻表，而且非被测绕组应接地。测量时还应考虑空气湿度、套管表面脏污对绕组绝缘电阻的影响。必要时将套管表面屏蔽，以消除表面泄漏的影响。

温度的变化对绝缘电阻影响很大，测量时应记下准确温度，以便比较。为减小温度的影响，最好在绕组温度稳定后进行测试。

绝缘电阻值应充分考虑温度、湿度等因素的影响，要与出厂值、交接试验值、历次试验值进行比较，必要时与同类型设备、同组设备进行相互比较，测量数据不应有较大差异。电磁式电压互感器交接试验中一次绕组绝缘电阻与出厂试验值差应不大于-50%；二次绕组绝缘电阻应不小于1000MΩ。

2. **密封性能试验**

密封性能试验用于检验油浸式互感器在安装或运行后设备的密封性能，是否存在泄漏问题。试验用主要设备有气体压缩装置、过滤器、减压阀及输气管、充气或注油装置，且充气或注油装置上应装有单向阀和压力计，压力计的准确度等级不应低于2.5级。

密封性能试验必须在清洁的产品上进行，要求试验场地无明显油污。应安装充气或注油装置，从单向阀对不带膨胀器的油浸式互感器产品注入一定压力的干燥气体或油，施加压力和维持时间不低于表2-35的规定值。对于带膨胀器的油浸式互感器，应在未装膨胀器之前，对互感器按上述方法进行密封性能试验，试验合格后装上膨胀器并注满油，然后再静放12h。对于交接试验，油浸式电压互感器在做密封性能试验时外表应无可见油渍现象；SF_6气体绝缘互感器要求定性检漏无泄漏点。

表2-35　　电压互感器密封性能试验前静置时间

设备最高电压方均根值（kV）	试验前至少静放时间（h）	施加压力（MPa）	维持压力时间（h）	充电加压的最小剩余压力（MPa）	说明
≥40.5	12	0.05	6	0.03	不带膨胀器产品
	12	0.1	6	0.07	带膨胀器产品不带膨胀器试验
<40.5	4	0.04	3	0.025	同时适于户外组合互感器

3. **绕组介质损耗角正切值及电容量测量**

测量35kV及以上电压互感器一次绕组的介质损耗角正切值，能够灵敏地发现互感器绝缘受潮、劣化及套管绝缘损坏等缺陷，能够反映局部集中性和整体分布性的缺陷。测量串级式电压互感器绝缘支架的介质损耗角正切值的目的是检查支撑不接地铁芯的绝缘支架绝缘性能及材质状况。通过测量电容式电压互感器（CVT）电容器极间电容量，可以灵敏地反映电容器内部浸渍剂的绝缘状况以及内部元件的连接状况。若电容值升高，说明内部元件击穿或者受潮；若电容值减小，说明内部元件开路或缺油等。

试验要求相对湿度不大于60%，试品温度为10～30℃。对于不接地电压互感器，试验电压施加在短接的一次绕组端子上，二次绕组短接且接到测量电桥，金属底座或箱壳接地；对于铁芯接地的互感器，试验时将一次绕组的末端接地，试验电压施加在一次绕组的首端，各二次绕组均开路，并将任一同名端相连且接测量电桥；对于铁芯不接地的互感器，试验时将互感器与地面绝缘，一次绕组首端施加电压，一次绕组末端接地。

测量CVT的介质损耗角正切值及电容量时，高压电容为多节时，应分别测量可分解的每节电容器的介质损耗角正切值及电容量，采用正接线，按照常规测量方法进行测量；对于高压电容最下节与中压电容装在同一瓷套内，无引出测量端子的，测量高压电容最下节的介质损耗正切值及电容量时，中压电容和标准电容 C_n 串联组成标准支路，应采用正接线法测量；对于高压电容最下节与中压电容装在同一瓷套内，无引出测量端子的，测量中压电容的介质损耗正切值及电容量时，高压电容与标准电容 C_n 高压端相连，按正接线法测量。

对于电磁式电压互感器，在交接试验中绕组绝缘介质损耗因数测量结果应满足表2－36的要求，对于35kV以上电压互感器，试验电压为10kV时，按制造厂试验方法测得的 $\tan\delta$ 值不应大于出厂试验值的130%；支架绝缘介质损耗因数应小于等于0.06。

表2－36　　电磁式电压互感器介质损耗因数要求表

温度（℃）		5	10	20	30	40
$\tan\delta$%（非串级式）	交接	1.5	2.5	3.0	5.0	7.0
$\tan\delta$%（串级式）	交接	1.0	1.5	2.0	3.5	5.0

注　支架绝缘一般不大于0.06，串级式电压互感器建议采用末端屏蔽法，其他自行规定。

对于电容式电压互感器，在交接试验中电容量初值差应不超过±2%；一相中任两节实测电容值相差应不大于5%；介质损耗因数不大于0.005（油纸绝缘）或不大于0.0015（膜纸复合）。

电压互感器试验的常用设备随着测试仪器与测试方法越来越先进，也越来越详细。常用的电压互感器绕组介质损耗角正切值及电容量测试仪器为M2000。

4. 直流电阻测量

直流电阻测量主要用于检查电压互感器回路的完整性，以便及时发现因制造、运输、安装或运行中由于振动或机械应力等原因造成的导线断裂、接头开焊、接触不良、匝间短路等缺陷。在交接试验时，通过绕组直流电阻一致性（分散性）的检测，还可以反映制造厂的工艺水平和用料情况。电磁式电压互感器在交接试验时应测量一次绕组和二次绕组的直流电阻。

当需要测量大于等于 10Ω 电阻时，应采用单臂电桥进行测量，小于 10Ω 电阻时，采用双臂电桥进行测量。通常对电压互感器一次绕组，宜采用单臂电桥进行测量。测量时应准确测量环境温度，将电阻值校正到参考温度与计算值比较。也可采用直流电阻测试仪进行测量，但应注意测试电流不宜超过线圈额定电流的 50%，以免线圈发热直流电阻增加，影响测量的准确度。对于交接试验，电压互感器一次绕组直流电阻测量值，与换算到同一温度下的出厂试验值比较，相差不大于 10%；二次绕组直流电阻测量值，与换算到同一温度下的出厂试验值比较，相差不大于 15%。

5. 一次绕组工频耐压试验

电压互感器一次绕组工频耐压试验用于检查互感器一次绕组是否存在绕组主绝缘受潮、开裂或者绕组松动、引线移位以及绝缘表面脏污等缺陷。试验线路如图 2-30 所示。

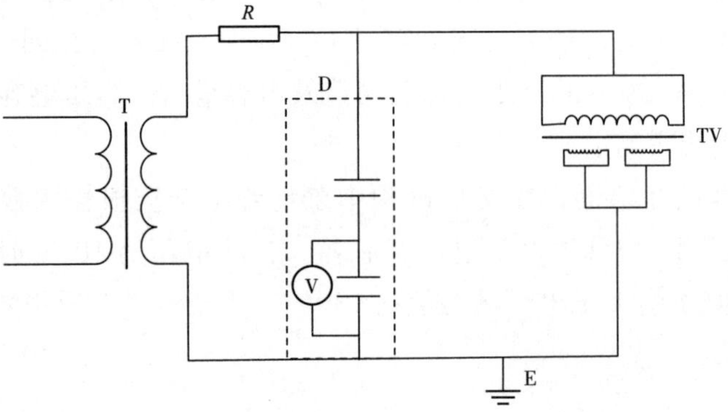

图 2-30 电压互感器一次绕组工频耐压试验原理图

R—保护电阻；D—电容分压器；T—试验变压器；TV—被试电压互感器；E—接地

一次绕组按出厂试验值的 80% 进行，出厂试验值不明的按表 2-37 所列电压进行试验。

表 2-37 电压互感器一次绕组工频耐压试验电压值

电压等级（kV）	3	6	10	15	20	35
试验电压（kV）	15	21	30	38	47	72

对试品施加电压时，应以机械 0 位开始缓慢升高电压，观测仪表升压数值。在升至 75% 试验电压时，以每秒 2% 试验电压的速率升压至短时工频耐压的试验值，维持 1min 或规定的时间，然后降到 30% 规定试验电压以下后再切断电源。试验过程中，若试验电压不突然下降，则试验合格。

6. 感应耐压试验

电压互感器感应耐压试验是考量互感器绝缘承受各种过电压能力的有效方法，是保证电压互感器安全运行最可靠的保证。

感应耐压试验的基本原理：从电压互感器二次绕组加压励磁，通过电磁感应原理，在一次绕组首端感应出所需要的试验电压，考核互感器的纵绝缘水平和检查互感器铁芯状况。

感应耐压试验将试验电压加到绕组出线端子之间，金属夹件、金属底座或箱壳、铁芯以及各三次绕组的一个出线端子和一次绕组的接地端子应连在一起接地。施加电压由0开始增加，增加到规定的试验电压后持续相应时间，然后降到30%规定试验电压以下再切断电源。

试验电源的频率应不低于导致铁芯中磁通饱和的频率，并且由发电机组作为电源供给电压互感器试品励磁，也可采用其他方式，但需保持波形符合要求，试验时应由高压侧测量试验电压。

感应耐压试验前后，应分别进行一次额定电压时的空载电流测量，两次测得值相比不应有明显差别。

7. 电压互感器局部放电试验

当电压互感器内部发生局部放电时，产生的电子、离子以及热效应会加速互感器绝缘的电老化，造成安全隐患，系统中不少互感器故障是由局部放电发展而形成的。互感器局部放电试验是判断其绝缘状况的一种有效方法。对于35kV（20kV）电磁式电压互感器，$1.2U_m/\sqrt{3}$下局放量应不大于20pC。

8. 励磁特性测量

互感器励磁特性试验的目的是检测互感器铁芯的磁性能，即饱和点、饱和点之前的B－H线性程度；也即需要测出互感器励磁电压、电流的对应关系，以及饱和点（拐点）处的电压、电流值。电压互感器在交接试验时应进行励磁特性试验；在对互感器核心部件、主体进行解体性检修后或有计量要求时，也应进行电压互感器励磁特性试验。

试验电源应为额定频率50Hz，电源波形应为实际正弦波。试验时应将互感器一次绕组的末端出线端子可靠接地，其他绕组开路，在互感器二次绕组上测量损耗值和励磁电流值。励磁特性试验原理见图2－31。

对于交接试验，电压互感器励磁特性测量曲线与同类型互感器特性曲线或制造厂提供的特性曲线相比较，应无明显差别。

上述电压互感器试验项目涉及互感器出厂、交接及运维检修等各个环节。针对35kV及以上电压互感器，各环节的试验项目情况见表2－38。

表2－38　电压互感器出厂、交接及运维检修等环节检测项目

试验项目	出厂试验	交接试验	检修试验
绝缘油试验	√	√	√

续表

试验项目	出厂试验	交接试验	检修试验
绕组直流电阻测量	√	√	必要时
绝缘电阻测量	√	√	必要时
密封性能试验	√	√	
出线端标志检验	√	√	
交流耐压试验	√	√	√
介质损耗因数及电容量测量	√	√	必要时
局部放电测量	√	√	√
励磁特性测量	√	√	√
误差及变比测定	√	√	√

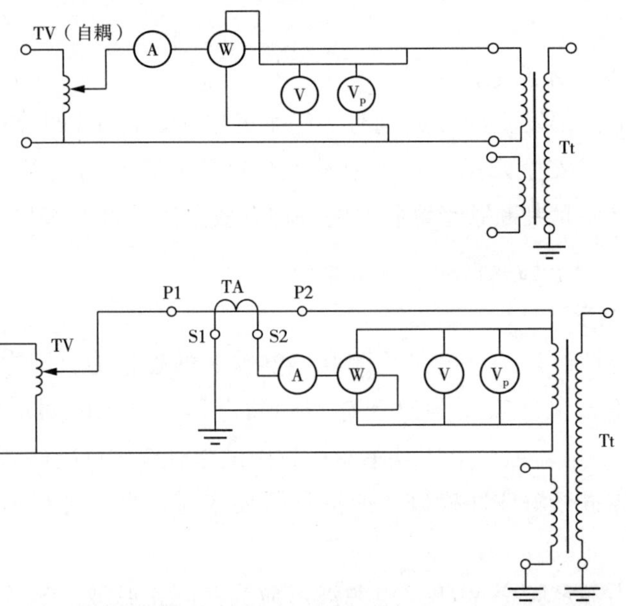

图 2－31　励磁特性测量试验原理图

TV—调压器；V—方均根值交流电压表；W—低功率因数功率表；A—交流电流表；

V_p—平均值交流电压表；TA—电流互感器；Tt—被试互感器

9. 准确度试验

电压互感器的准确度试验要求环境温度 5～40℃，相对湿度不大于95%；环境电磁场干扰引起标准器的误差变化不应大于被检互感器基本误差限值的1/20；检定接线引起被检互感器误差变化不应大于被检互感器基本误差限值的1/10；试验接线的布置应尽量避免对误差测量结果的影响。试验通常采用比较法试验线路开展。

出厂试验要求：测量用互感器的准确度型式试验应在 80%、100%、120% 额定电压和额定频率下进行，其输出按照表 2－39 所列在功率因数为 1（负荷系列Ⅰ）或功率因数为0.8（滞后，负荷系列Ⅱ）的各规定值，各准确度等级电压互感器的比值误差和相位误差应不超过表2－40所列值。

表2－39　　准确度试验的负荷范围

负荷系列	额定输出的优先值（VA）	试验值（额定输出）（%）
I	1.0、2.5、5、10	0和100
II	10、25、50、100	25和100

表2－40　　测量用互感器的比值误差和相位误差限值

准确级	比值差（%）	相位差	
		（′）	rad
0.1	±0.1	±5	±0.15
0.2	±0.2	±10	±0.3
0.5	±0.5	±20	±0.6
1.0	±1.0	±40	±1.2
3.0	±3.0	不规定	不规定

交接试验要求：用于关口计量的电流互感器应进行误差测量，用于非关口计量的互感器，应检查互感器变比，并应与制造厂铭牌值相符，对多抽头的互感器，可只检查使用分接的变比。

二、试验案例解读

某1000kV电容式电压互感器于2017年5月27日开展交接试验，试验结果见表2－41。

表2－41　　被试设备信息

型号	TYD1000/$\sqrt{3}$－0.005H		额定频率		50Hz
标称电容 C_r	5000pF		一次电压 U_{pr}		1050/$\sqrt{3}$kV
绕组	1a1n	2a2n	3a3n	4a4n	dadn
电压 U_{sr}（kV）	0.1$\sqrt{3}$	0.1$\sqrt{3}$	0.1$\sqrt{3}$	0.1$\sqrt{3}$	0.1
负荷（VA）	15	15	15	15	15
准确级	0.2	0.5/3P	0.5/3P	0.5/3P	3P
产品制造厂			生产日期		2016.12

（1）二次绕组工频耐压试验：合格。

二次绕组工频耐压标准为2kV，电容分压器低压端N端工频耐压标准为3kV，X_L

端工频耐受电压为2kV，持续时间1min，无击穿或闪络，详见表2－42。

表2－42　　二次绕组工频耐压试验结果

测量日期	2017.05.27		环境温度		20℃		空气湿度		53%
使用仪器	KSGF100（EV－22－13）								
试验人员									
互感器编号	10001611050			10001611051			10001611052		
耐压部位	试验电压（kV）	持续时间（min）	结果	试验电压（kV）	持续时间（min）	结果	试验电压（kV）	持续时间（min）	结果
N—地	3	1	通过	3	1	通过	3	1	通过
1a1n—地	2	1	通过	2	1	通过	2	1	通过
2a2n—地	2	1	通过	2	1	通过	2	1	通过
3a3n—地	2	1	通过	2	1	通过	2	1	通过
4a4n—地	2	1	通过	2	1	通过	2	1	通过
dadn—地	2	1	通过	2	1	通过	2	1	通过
备注	测试过程中，非被试绕组全部短路接地								

（2）二次绕组绝缘电阻试验：不合格。

使用1000V绝缘电阻表，XL，N二次绕组之间及对地的绝缘电阻不应低于1000MΩ。

A相互感器3a3n二次绕组对地绝缘电阻小于1000MΩ，不满足要求，A相互感器二次绕组绝缘电阻试验不合格，详见表2－43。

表2－43　　二次绕组绝缘电阻试验结果

测量日期	2017.05.27	环境温度	20℃	空气湿度	53%
使用仪器	DM50C数字高压绝缘电阻表（ER－09－188）				
试验人员					
测试部位	A（MΩ）		B（MΩ）		C（MΩ）
N—地	>1000		>1000		>1000
1a1n—地	>1000		>1000		>1000
2a2n—地	>1000		>1000		>1000
3a3n—地	886		>1000		>1000
4a4n—地	>1000		>1000		>1000
dadn—地	>1000		>1000		>1000
备注	测试过程中，非被试绕组全部短路接地				

（3）绕组直流电阻测量：合格。

绕组直流电阻测量值与换算到同一温度下的出厂值比较，一次绕组相差不宜大于

10%，二次绕组相差不宜大于15%，详见表2－44。

表2－44　　　　　　　　　　**绕组直流电阻测量结果**

测量日期	2017.05.27	环境温度	20℃	空气湿度	53%
使用仪器	3312A直流电阻测试仪（ER－09－124）				
试验人员					
互感器编号	测量抽头	出厂值（Ω）15℃	实测值（Ω）20℃	折算至同温（Ω）15℃	误差（%）
A 10001611050	AT－X	987.6	1026	1005.8824	1.85
	1a～1n	0.04410	0.04367	0.0428	－2.92
	2a～2n	0.07466	0.07542	0.0739	－0.96
	3a～3n	0.08055	0.08174	0.0801	－0.51
	4a～4n	0.08788	0.08702	0.0853	－2.92
	da～dn	0.3389	0.3482	0.3414	0.73
互感器编号	测量抽头	出厂值（Ω）15℃	实测值（Ω）20℃	折算到同温（Ω）15℃	误差（%）
B 10001611051	AT－X	965.5	1002	982.3529	1.75
	1a～1n	0.04480	0.04406	0.0432	－3.58
	2a～2n	0.07410	0.07441	0.0730	－1.55
	3a～3n	0.08015	0.08047	0.0789	－1.57
	4a～4n	0.08657	0.08722	0.0855	－1.22
	da～dn	0.3356	0.3425	0.3358	0.05
互感器编号	测量抽头	出厂值（Ω）15℃	实测值（Ω）20℃	折算到同温（Ω）15℃	误差（%）
C 10001611051	AT－X	984.3	1018	998.0392	1.40
	1a～1n	0.04379	0.04383	0.0430	－1.87
	2a～2n	0.07464	0.07576	0.0743	－0.49
	3a～3n	0.08032	0.08160	0.0800	－0.40
	4a～4n	0.08642	0.08798	0.0863	－0.19
	da～dn	0.3458	0.3543	0.3474	0.45

（4）极性和组别测量：合格。

必须与设计要求及铭牌上的标记和外壳上的符号相符，见表2－45。

表2－45　　　　　　　　　　**极性和组别测量结果**

测量日期	2017.05.27	环境温度	20℃	空气湿度	53%
使用仪器	CVT2300变压器变比测试仪（ER－09－143）				
试验人员					
检查结果	与变压器铭牌上的标记相符				

（5）变压比测量：合格。

变比应与制造厂铭牌值相符，见表 2－46。

表 2－46　　变比测量结果

测量日期	2017.05.27	环境温度	20℃	空气湿度	53%
使用仪器	CVT2300 变压器变比测试仪（ER－09－143）				
试验人员					

分接位置	额定变比	实测变比		
		A	B	B
1a1n	1050/$\sqrt{3}$/ 0.1/$\sqrt{3}$kV	1050/$\sqrt{3}$/ 0.1/$\sqrt{3}$kV	1050/$\sqrt{3}$/ 0.1/$\sqrt{3}$kV	1050/$\sqrt{3}$/ 0.1/$\sqrt{3}$kV
2a2n	1050/$\sqrt{3}$/ 0.1/$\sqrt{3}$kV	1050/$\sqrt{3}$/ 0.1/$\sqrt{3}$kV	1050/$\sqrt{3}$/ 0.1/$\sqrt{3}$kV	1050/$\sqrt{3}$/ 0.1/$\sqrt{3}$kV
3a3n	1050/$\sqrt{3}$/ 0.1/$\sqrt{3}$kV	1050/$\sqrt{3}$/ 0.1/$\sqrt{3}$kV	1050/$\sqrt{3}$/ 0.1/$\sqrt{3}$kV	1050/$\sqrt{3}$/ 0.1/$\sqrt{3}$kV
4a4n	1050/$\sqrt{3}$/ 0.1/$\sqrt{3}$kV	1050/$\sqrt{3}$/ 0.1/$\sqrt{3}$kV	1050/$\sqrt{3}$/ 0.1/$\sqrt{3}$kV	1050/$\sqrt{3}$/ 0.1/$\sqrt{3}$kV
dadn	1050/$\sqrt{3}$/ 0.1kV	1050/$\sqrt{3}$/ 0.1kV	1050/$\sqrt{3}$/ 0.1kV	1050/$\sqrt{3}$/ 0.1kV

（6）电容分压器绝缘电阻测量：合格。

使用 2500V 绝缘电阻表，常温下绝缘电阻不应低于 1000MΩ，见表 2－47。

表 2－47　　电容分压器绝缘电阻测量结果

测量日期	2017.05.27	环境温度	20℃	空气湿度	53%
使用仪器	DM50C 数字高压绝缘电阻表（ER－09－188）				
试验人员					

互感器总编号	节号	编号	绝缘电阻值（Ω）
A 10001611050	C14	1610488	>10000
	C13	1610472	>10000
	C12	1610475	>10000
	C11	1610480	>10000
	C2		>10000
B 10001611051	C14	1610489	>10000
	C13	1610474	>10000
	C12	1610473	>10000
	C11	1610476	>10000
	C2		>10000

续表

互感器总编号	节号	编号	绝缘电阻值（Ω）
C 10001611052	C14	1610492	>10000
	C13	1610486	>10000
	C12	1610471	>10000
	C11	1610479	>10000
	C2		>10000

（7）电容分压器介质损耗正切值及电容量测量：合格。

测得的介质损耗角正切值 tanδ 应符合产品技术条件的规定，电容值的偏差应在额定电容值的 -3% ~4% 范围内，tanδ 不应大于0.2%，见表2-48。

表2-48　　电容分压器绝缘电阻测量结果

<table>
<tr><td>测量日期</td><td colspan="2">2017.05.27</td><td>环境温度</td><td>20℃</td><td>空气湿度</td><td>53%</td></tr>
<tr><td>使用仪器</td><td colspan="6">HV9003 介损仪（ER-11-16），C11、C12、C13、C14 试验电压 10kV，C2 试验电压 0.5kV</td></tr>
<tr><td>试验人员</td><td colspan="6"></td></tr>
<tr><td>标准要求</td><td colspan="6">测得的介质损耗角正切值 tanδ 应符合产品技术条件的规定，电容值的偏差应在额定电容值的 -3% ~4% 范围内，tanδ 不应大于 0.2%</td></tr>
<tr><td rowspan="2">互感器编号</td><td rowspan="2">测试位置</td><td colspan="3">主绝缘电容（pF）</td><td colspan="2">tanδ%</td></tr>
<tr><td>出厂值</td><td>实测值</td><td>误差（%）</td><td>出厂值</td><td>实测值</td></tr>
<tr><td rowspan="6">A
10001611050</td><td>C14</td><td>19572</td><td>19520</td><td>-0.27</td><td>0.086</td><td>0.078</td></tr>
<tr><td>C13</td><td>19577</td><td>19530</td><td>-0.24</td><td>0.087</td><td>0.084</td></tr>
<tr><td>C12</td><td>19558</td><td>19510</td><td>-0.25</td><td>0.092</td><td>0.087</td></tr>
<tr><td>C11</td><td>—</td><td>22490</td><td>—</td><td>—</td><td>0.064</td></tr>
<tr><td>C2</td><td>372658</td><td>374800</td><td>0.57</td><td>—</td><td>0.097</td></tr>
<tr><td>C11C2</td><td>21266</td><td>21210</td><td>-0.26</td><td>0.079</td><td>0.064</td></tr>
<tr><td rowspan="6">B
10001611051</td><td>C14</td><td>19620</td><td>19570</td><td>-0.25</td><td>0.093</td><td>0.089</td></tr>
<tr><td>C13</td><td>19612</td><td>19570</td><td>-0.21</td><td>0.092</td><td>0.087</td></tr>
<tr><td>C12</td><td>19683</td><td>19630</td><td>-0.27</td><td>0.086</td><td>0.078</td></tr>
<tr><td>C11</td><td>—</td><td>22670</td><td>—</td><td>—</td><td>0.035</td></tr>
<tr><td>C2</td><td>372962</td><td>375300</td><td>0.63</td><td>—</td><td>0.080</td></tr>
<tr><td>C11C2</td><td>21323</td><td>21370</td><td>0.22</td><td>0.086</td><td>0.031</td></tr>
<tr><td rowspan="6">C
10001611052</td><td>C14</td><td>19596</td><td>19540</td><td>-0.29</td><td>0.085</td><td>0.077</td></tr>
<tr><td>C13</td><td>19622</td><td>19560</td><td>-0.32</td><td>0.086</td><td>0.080</td></tr>
<tr><td>C12</td><td>19620</td><td>19560</td><td>-0.31</td><td>0.087</td><td>0.093</td></tr>
<tr><td>C11</td><td>—</td><td>22590</td><td>—</td><td>—</td><td>0.073</td></tr>
<tr><td>C2</td><td>372862</td><td>375900</td><td>0.81</td><td>—</td><td>0.081</td></tr>
<tr><td>C11C2</td><td>21360</td><td>21300</td><td>-0.28</td><td>0.082</td><td>0.072</td></tr>
</table>

第五节　组合电器

一、主要试验项目

（一）试验项目分类

根据 GB 7674—2008《额定电压 72. 5kV 及以上气体绝缘金属封闭开关设备》及 GB/T 11022—2011《高压开关设备和控制设备标准的共用技术要求》，组合电器的主要试验类型包括：型式试验、交接试验、例行试验和诊断性试验，其包含的试验项目如下。

1. 型式试验

为了验证产品能否满足技术规范的全部要求所进行的试验，是新产品鉴定中必不可少的一个环节，主要包括：

（1）绝缘试验、局部放电试验及辅助回路的绝缘试验；

（2）温升试验及主回路电阻测量；

（3）额定峰值和额定短时耐受电流试验；

（4）开断和关和能力试验；

（5）开关机械操作和行程—时间特性测量；

（6）外壳强度试验；

（7）气密性试验；

（8）电磁兼容试验；

（9）控制和辅助回路试验；

（10）隔板试验；

（11）抗震试验。

2. 交接试验

组合电器新安装投运前，为确定设备状态性能需进行交接试验。GIS 现场交接试验包括如下项目：

（1）主回路电阻测量；

（2）元件试验；

（3）SF_6 气体的验收；

（4）气体密封性试验；

（5）SF_6 气体湿度测量；

（6）主回路绝缘试验；

（7）局部放电测量；

（8）辅助回路绝缘试验；

（9）联锁试验；

（10）气体密度装置及压力表校验。

3. 例行试验

为获取组合电器状态量，评判设备运行状态，及时发现潜在缺陷和故障隐患，需定期进行例行试验，GIS 例行试验包括如下项目：

（1）红外热像带电检测；

（2）SF_6 气体湿度带电检测；

（3）局部放电带电检测。

（二）试验项目介绍

根据组合电器试验项目的重要性及适用范围，对上述试验项目原理、试验目的、适用仪器及主要关注的试验试验指标进行简单介绍。

1. 主回路电阻测量

主回路电阻测量主要有两种方法。

（1）直流电压降法。原理是当在被测回路中通以直流电流时，则在回路接触电阻上将产生电压降，测量出通过回路的电流及被测回路上的电压降，即可根据欧姆定律计算出导电回路的直流电阻值。接线如图 2－32 所示。

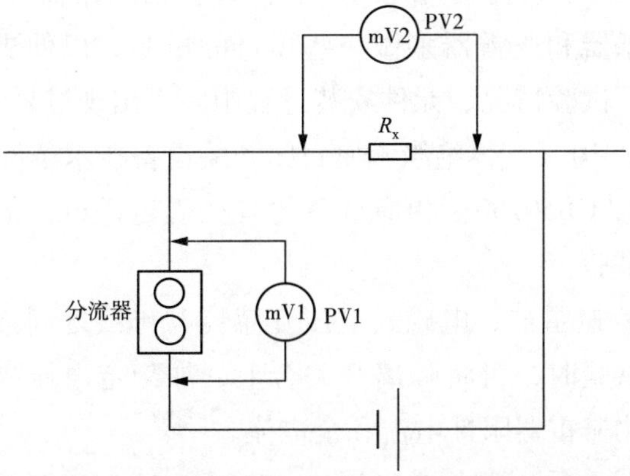

图 2－32 直流电压降法测试 GIS 主回路电阻接线图

PV1、PV2—直流毫伏电压表

（2）回路电阻测试仪法。回路电阻测试仪法接线如图 2－33 所示。测量仪器采用开关电路，由交流电源整流后作为直流电源通过开关转换为高频电流，再经变压器降压和隔离最后整流为低压直流作为测试电源。电流不小于 100A，在测量回路中串接一个标准分流器，使其自动调整高频电源的脉冲宽度，达到自动恒定测试电流的目的。在试验接线时，电压线同样应接在电流线端内侧。

依据 DL/T 617—2010《气体绝缘金属封闭开关设备技术条件》规定：

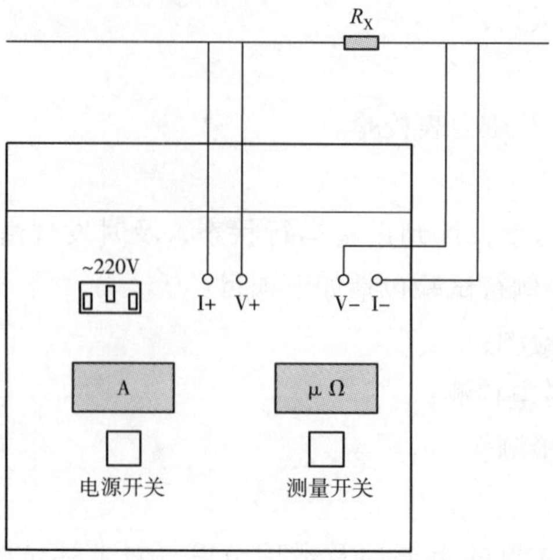

图 2－33　回路电阻测试仪法测试 GIS 主回路电阻接线图

1）在 GIS 每个间隔或整体装置上进行回路电阻测量的状况，应尽可能与制造厂的出厂试验时的状况相接近，以便使测量结果能与出厂值比较。

2）制造厂应提供每个元件（或每个单元）的回路电阻值。测试值应符合产品技术条件的规定，并不得超过出厂实测值的 120%，还应注意三相平衡度的比较。

2. 元件试验

在条件具备的情况下，应尽可能对 GIS 各元件包括断路器、隔离开关、接地开关、电压互感器、电流互感器和避雷器多做一些项目的试验，以便更好地发现缺陷。试验前，应了解试品的出厂试验情况、元件安装过程中是否出现过异常情况。

依据 DL/T 617—2010《气体绝缘金属封闭开关设备技术条件》规定：

（1）各元件试验按 GB50150－相应章节的有关规定进行，但对无法独立进行试验的元件可不单独进行试验。

（2）若金属氧化物避雷器、电磁式电压互感器与母线之间连接隔离开关，在工频耐压试验前进行老练试验时，可将隔离开关合上，加额定电压检查电磁式电压互感器的变比以及金属氧化物避雷器阻性电流和全电流。

（3）若交流耐压试验采用调频电源时，电磁式电压互感器经计算其频率不会引起饱和，经与制造厂协商可与主回路一起进行耐压试验。

3. 气体密封性试验

气体密封性试验又称泄漏检查或检漏，GIS 中 SF_6 气体的绝缘和灭弧能力主要依赖于足够的充气密度（压力）和气体的高纯度，气体的泄漏直接影响设备的安全运行和操作人员的人身安全，SF_6 气体检漏是 GIS 交接验收和运行监督的主要项目之一。

检漏的方法包括定性检漏和定量检漏两大类。

（1）定性检漏。定性检漏作为判断设备漏气与否的一种手段，通常作为定量检漏前的预检。

1）抽真空检漏。设备安装完毕在充入 SF_6 气体之间前必须进行抽真空处理，此时可同时进行检漏。方法为：将设备抽真空到真空度为113Pa，再维持真空泵运转30min后关闭阀门、停泵，30min后读取真空度 A，5h后再读取真空度 B；若 $B-A<133$Pa，则认为密封性能良好。

2）检漏仪检漏。设备充气后，将检漏仪探头沿着设备各连接口表面缓慢移动，根究仪器读数或其声光报警信号来判断接口的气体泄漏情况。一般探头移动速度以10mm/s左右为宜，以防探头移动过快而错过漏点。

（2）定量检漏。定量检漏可以测出泄漏处的泄漏量，从而得到气室的漏气率。定量检漏的方法主要有压降法和包扎法（包括扣罩法和挂瓶法）两种。

依据DL/T 618—2011《气体绝缘金属封闭开关设备现场交接试验规程》，每个气室年漏气率不应大于0.5%。

4. 主回路绝缘试验

GIS出厂后以运输单元的方式运往现场安装工地。运输过程中的机械振动、撞击等可能导致GIS元件或组装件内部紧固件松动或相对位移。安装过程中，在联结、密封等工艺处理方面可能失误，导致电极表面刮伤或安装错位引起电极表面缺陷；空气中悬浮的尘埃、导电微粒杂质和毛刺等在安装现场又难以彻底清理。这些缺陷如未在投运前检查出来，将引发绝缘事故。而主回路绝缘试验即现场耐压试验，对检查这种缺陷比较敏感。GIS的现场耐压可采用交流电压、振荡操作冲击电压和振荡雷电冲击电压等试验装置进行。交流耐压试验是GIS现场耐压试验最常见的方法，能够有效地检查内部导电微粒的存在、绝缘子表面污染、电场严重畸变等故障；雷电冲击耐压试验对检查异常的电场结构（如电极损坏）非常有效。操作冲击电压试验能够有效地检查GIS内部存在的绝缘污染、异常电场结构等故障。目前，由于试验设备和条件所限，现场一般只做交流耐压试验，因此，本节主要介绍GIS的现场交流耐压试验。

GIS现场交流耐压试验设备有工频试验变压器、调感式串联谐振耐压试验装置和调频式串联谐振耐压试验装置。工频试验变压器由于其设备庞大笨重，现场运输困难，在现场很少采用。调感式串联谐振耐压试验装置采用铁芯气隙可调节的高压电抗器，其缺点是噪声大、机械结构复杂、设备笨重，但试验电压一般为工频。调频式串联谐振耐压试验装置采用固定的高压电抗器，由晶闸管变频电源装置供电，频率在一定范围内调节，其特点是尺寸小、质量轻、品质因数高，并且随着电子技术的进步，可靠性大大提高。IEC 517和GB 7674—2008《额定电压72.5kV及以上气体绝缘金属封闭开关设备》均认为试验电压频率在10～300MHz范围内与工频电压试验基本等效。目前国内外大多采用调频式串联谐振耐压试验装置进行GIS现场交流耐压试验。

DL/T 618—2011《气体绝缘金属封闭开关设备现场交接试验规程》规定：如果GIS设备的每个部件均已按选定的试验程序耐受规定的试验电压而无击穿放电，则认为被试 GIS 设备通过试验。

5. **局部放电测量**

GIS 各类缺陷发生过程中几乎都会发生局部放电现象，长期局部放电的存在会使 SF_6 微弱分解、环氧材料腐蚀、绝缘材料电蚀老化。局部放电测量有助于检查气体绝缘金属封闭开关设备内部多种缺陷，因而它是安装后耐压试验很好的补充。

局部放电试验应在耐压试验后，在同一试品上进行，也可以结合交流耐压试验进行。GIS 交接试验中的局部放电测量方法主要有脉冲电流法、超声波法和超高频法。超声波法和超高频法比脉冲电流法对噪声缺乏敏感性，而且可用于局部放电的在线监测。目前脉冲电流法基本在实验室中进行，针对现场的局部放电测量，本节主要介绍超声波法和超高频法。

根据不同的测量原理和方法，可采用不同的检测器。

（1）若采用超声波法可选用超声波局部放电测试仪。超声波法常用的传感器为加速度传感器和 AE 传感器。为了消除其他的声源干扰，监测频率一般选择 1 ~ 20kHz。由于测量频率比较低，采用加速度传感器可能比测超声的声发射传感器有更高的灵敏度，如常用的自振频率为 30kHz 左右的压电式加速度传感器，可以探测到 5 ~ 10g 的加速度值。

（2）若采用超高频法可选用超高频局部放电测试仪。GIS 中发生的局部放电的电磁波特性与空气中发生的不同，具有更高的频率，其波头的时间非常短，从几千赫兹到几千兆赫兹都有分布。可以利用内、外置天线测量 300MHz ~ 1.5GHz 的局放信号，在 1GHz 内能保证信号线性，灵敏度都能达到十几皮库的水平，在某些优化的情况下甚至可以达到 1pC 或更低。

DL/T 618—2011《气体绝缘金属封闭开关设备现场交接试验规程》、DL/T 617—2010《气体绝缘金属封闭开关设备技术条件》均没有给出具体标准，因此，超声波局部放电试验主要依靠测试的数据与测量现场的背景数据、相同位置的以往测试数据、其他位置的测量数据之间相互对照比较来确定；超高频方法只能通过检测过程中的信号波形情况及对应背景信号的对照来确定。

6. **联锁试验**

GIS 的元件试验完成后，还应检查所有管路接头的密封和螺钉、端部的连接，以及接线盒装配是否符合制造厂的图纸和说明书。应全面验证电气、气动、液压和其他联锁的功能特性，并验证控制、测量和调整设备（包括热、光）动作性能。

GIS 的不同元件之间设置的各种联锁应进行不少于 3 次的试验，以检验其功能是否正确。现场应验证以下联锁功能特性：

（1）接地开关与有关隔离开关的相互联锁；

（2）接地开关与有关电压互感器的相互联锁；

（3）隔离开关与有关断路器的相互联锁；

（4）隔离开关与有关隔离开关相互联锁；

（5）双母线接线中的隔离开关倒母线操作联锁。

依据 DL/T 618—2011《气体绝缘金属封闭开关设备现场交接试验规程》规定，对 GIS 的不同元件之间设置的各种联锁与闭锁装置均应进行不少于 3 次的操作试验，其联锁与闭锁应可靠准确。

7. 气体密度装置及压力表校验

采用密度继电器校验台对 GIS 使用的密度继电器和压力表进行校验。

依据 DL/T 618—2011《气体绝缘金属封闭开关设备现场交接试验规程》规定：

（1）气体密度继电器应校验其结点动作值与返回值，并符合其产品技术条件的规定。

（2）压力表示值的误差与变差，均应在表计相应等级的允许误差范围内。

（3）校验方法可以用标准表在设备上进行核对，也可以在标准校验台上进行校验。

8. 温升试验

主回路的温升试验是为了验证组合电器在运行时的温度不超过各类材料的温度耐受能力。试验应该在新设备上进行，如果适用的话，在试验前充以处于最低功能压力（密度）的气体。

试验应该在户内、大体上无空气流动的环境下进行，受试设备本身发热引起的气流除外；当气流速度不超过 0.5m/s 时，可以认为达到这一条件。

对于除辅助设备以外的部分的温升试验，设备在所有重要方面都应该安装得和使用中一样。

按照制造厂的说明书，如果设备可以在不同的位置安装，温升试验应该在最不利的位置上进行。

GIL 温升试验应在试验电流下进行，对于交流 GIL，电源电流应该几乎是正弦的，且频率的偏差不超过 -5% ~2%。

试验应该持续足够长的时间以使温升达到稳定，如果在 1h 内温升不超过 1K，就认为达到这一状态。通常，这一判据在试验持续时间达到受试设备热时间常数的 5 倍时就会满足。

如果记录的试验数据足以能够计算出热时间常数，可以用较大电流预热回路的办法来缩短整个试验的时间。

9. 短时耐受电流和峰值耐受电流试验

该试验可以检验 GIL 主回路和接地回路承载额定峰值耐受电流和额定短时耐受电流冲击的能力。

试验应在有代表性的装配上进行，该装配应包括所有的连接方式（螺栓、焊接、插入或者其他连接段）以验证连接在一起的 GIL 元件的完整性。如果设计包含可更换的元件和布置方式，则应在这些代表性的元件和布置方式处于最严酷的条件下进行试验。

（1）短时耐受电流试验（热稳定试验）。热稳定试验就是给试品施加产品技术条件规定的短时耐受电流的有效值，持续至规定的时间，对试验电压无规定（一般用低电压）。其目的是考核产品的热容量，检验产品是否能承受热效应产生的破坏能力。

（2）峰值耐受电流试验（动稳定试验）。动稳定试验就是给试品施加产品技术条件规定的峰值耐受电流，持续0.3s。其目的是考核产品在短路电流电动力作用下产品的机械强度，检验产品是否能承受电动力产生的破坏能力。

10. 外壳试验

如果外壳或其中一部分的强度未经计算时则应进行验证试验。在内部组件按设计压力的试验条件安装之前，对独立的外壳进行试验。

验证试验根据采用材料的不同进行爆破试验或非破坏性压力试验，外壳的压力试验主要手段为水压试验。

容器水压试验按图2-34进行，试验装置以水为介质，向容器加压，验证外壳的容器的外壳强度。

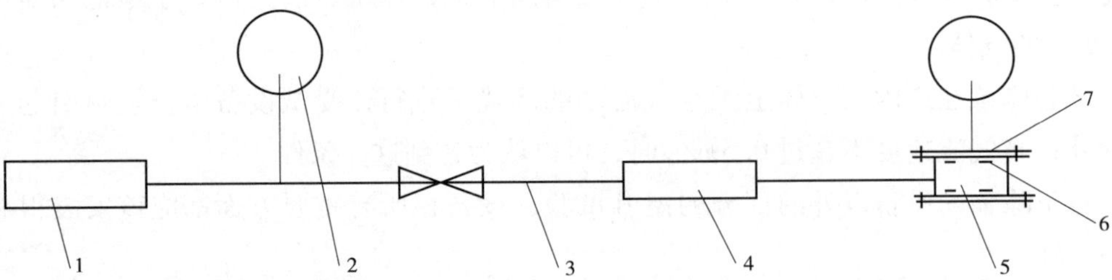

图2-34　压力容器水压试验图

1—水压试验装置；2—压力表；3—管道；4—专用接头；5—容器；6—密封圈；7—工装

11. 气体湿度测量

通常，GIL内的SF_6气体中都含有微量水分，其含量直接影响SF_6气体的使用性能，过量的水分会引起严重不良后果，其危害主要体现在两方面：

（1）大量水分可能在设备内绝缘件表面产生凝结水，附在绝缘件表面，从而造成沿面闪络，大大降低设备的绝缘水平。

（2）水分存在会加速SF_6在电弧作用下的分解反应，并生成多种具有强烈腐蚀性和毒性的杂志，引起设备的化学腐蚀，并危及工作人员的人身安全。

所以，测量并控制SF_6气体湿度对设备安全运行以及保障工作人员人身安全具有重要意义。

依据所使用的仪器不同，气体湿度测试方法目前主要有电解法、露点法和阻容法三种。其中电解法和阻容法主要用于实验室测量，现场气体湿度测试采用露点法，本书主要介绍露点法。

露点法采用露点仪测量SF_6气体湿度，被测气体在恒定压力下，以一定流量流经露点仪测量室中的抛光金属镜面，该镜面的温度可人为降低并精确测量。当气体中的水蒸气随着镜面温度的逐渐降低而达到饱和时，镜面上开始出现露（或霜），此时所测得的镜面温度即为露点。用相应的换算公式或查表即可得到用体积比表示的湿度。

二、试验案例解读

某1000kV GIS开展检修试验，试验结果如下。

（1）断路器机械特性时间测试：合格。

断路器的合、分闸时间及合分时间，辅触头的配合时间应符合制造厂规定；相间分闸不同期不大于5ms，相间分闸不同期不大于3ms，同相各断口间合闸不同期不大于3ms，同相各断口间分闸不同期不大于2ms，见表2－49。

表2－49　断路器机械特性时间测试

试验日期	2017.1.18		环境温度		6℃		空气湿度			50%		
试验项目	机械特性时间测试：											
相别	交接				上次预试				本年预试			
	时间（ms）				时间（ms）				时间（ms）			
	O1	O2	C	CO	O1	O2	C	CO	O1	O2	C	CO
A	20.6	20.5	101.3	31.0					22.3	22.3	100.6	30.4
B	20.5	21.0	99.7	29.9					21.1	21.1	98.7	30.2
C	20.5	20.9	99.7	30.4					20.9	21.3	101.6	30.6
相间不同期	0.1	0.5	1.6	—					1.4	1.2	2.9	—
试验结果	合格											

（2）断路器机械特性速度测试：合格。

断路器速度测试：合闸速度为2.5～3.5m/s、分闸速度为12.6～15.4m/s，见表2－50。

表2－50　断路器机械特性速度测试

试验日期	2017.1.18		环境温度		6℃		空气湿度			50%		
试验项目	机械特性速度测试：											
相别	交接				上次预试				本年预试			
	速度（m/s）				速度（m/s）				速度（m/s）			
	O1	O2	C	C2	O1	O2	C	C2	O1	O2	C	C2
A	13.53	13.53	2.92						13.51	13.51	2.86	
B	12.93	12.93	3.03									
C	12.83	12.83	2.90									
试验结果	合格											

(3) 断路器操作线圈及其动作电压测试：合格。

断路器动作电压应为30%～65%，见表2-51。

表2-51　断路器操作线圈及其动作电压测试

线圈	试验项目	交接			上次预试			本年预试		
		A	B	C	A	B	C	A	B	C
分闸1	直流电阻（Ω）	103.3	103.0	103.1				95.0	95.0	94.6
	最小动作电压（V）							77.0	73.0	73.0
分闸2	直流电阻（Ω）	103.2	103.1	103.0				95.4	95.0	94.6
	最小动作电压（V）							73.0	72.0	76.0
合闸	直流电阻（Ω）	99.9	99.8	99.9				94.8	94.7	94.3
	最小动作电压（V）							75.0	73.0	76.0
备注	交接试验温度：25℃　本年预试线圈温度：4℃									
试验结果	合格									

(4) 辅助和控制回路绝缘测试：合格。

辅助回路与控制回路绝缘电阻不低于2MΩ，采用1000V绝缘电阻表，见表2-52。

表2-52　辅助和控制回路绝缘测试

绝缘电阻	>100MΩ	试验结果	合格
试验人员		审核人员	

第六节　断路器

一、主要试验项目

(一) 试验项目分类

参照GB 1984—2014《交流高压断路器》、GB 50150—2016《电气设备交接试验标准》、GB/T 8905—2012《六氟化硫电气设备中气体管理和检测导则》、DL/T 596—2005《电力设备预防性试验规程》、DL/T 664-2016《带电设备红外诊断应用规范》、DL/T 603—2017《气体绝缘金属封闭开关设备运行及维护规程》及电网企业状态检修规程等规定，断路器试验项目较多，按照以上标准的规定，断路器的试验可以分为型式试验、出厂试验、现场交接试验。

1. 型式试验

断路器的型式试验是为了验证所设计和制造的样机是否符合高压断路器标准和实际运行工况的要求，以确定其能否定型生产和实际使用。型式试验的样机应包括断路器的本体、操动机构、其他辅助和控制设备，以及其配套使用的故障监测、诊断和智能化设备。

2. **出厂试验**

断路器的出厂试验是产品出厂发运之前把控产品技术性能和质量的最后一道关口，试验的目的是发现产品所使用的材料、元器件，以及组装和生产过程中可能存在的缺陷和问题，确保每台出厂的产品的技术性能和质量水平符合技术条件的规定，并与已经通过型式试验的设备相一致，同时作为现场交接试验的依据。

3. **现场交接试验**

断路器的现场交接试验是设备运行部门判断安装部门安装完成后能否验收和投运的关键性试验，以确认断路器经运输、储存、安装和调试后，设备完好无损、装配正确，所有技术性能指标符合技术条件规定，并与其出厂试验数据一致。

断路器型式试验、出厂试验、现场交接试验项目见表2－53。

表2　53　　断路器型式试验、出厂试验、现场交接试验项目

试验项目	型式试验	出厂试验	现场交接试验
绝缘试验	√	√	√
主回路电阻测试	√	√	√
辅助和控制回路的试验	√	√	√
密封试验	√（取决于使用和额定值）	√	√
设计和外观等检查		√	√
机械操作和机械特性试验	√（常温下机械操作试验）	√	√
SF_6气体湿度测试		√	√
电路检查		√	√
绝缘和灭弧用流体的检查		√	√
已充入或补充的操作流体的检查		√	√
电气试验和测量		√	√
现场带电试验			（1）开合空载变压器试验√ （2）开合空载架空线路试验√ （3）开合并联电抗器和电容器组试验√ （4）切、合短路和潜供电流试验√

续表

试验项目	型式试验	出厂试验	现场交接试验
温升试验	√		
短时耐受电流和峰值耐受电流试验	√		
短路电流关合和开断试验	√		
无线电干扰电压试验	√（取决于使用和额定值）		
防护等级验证	√（同上）		
EMC 试验	√（同上）		
特殊使用条件下断路器延长的机械寿命试验	√（同上）		
低温和高温试验	√（同上）		
湿度试验	√（同上）		
端子静负载试验	√（同上）		
临界电流试验	√（同上）		
近区故障试验	√（同上）		
失步关合和开断试验	√（同上）		
电寿命试验（仅适用于额定电压40.5kV及以下）	√（同上）		
严重冰冻条件下的操作验证试验	√（同上）		
单相试验	√（同上）		
异相接地故障试验	√（同上）		
容性电流开合试验	√（同上）		
并联电抗器和电动机的开合试验	√（同上）		
抗震试验	√（同上）		
噪声测试	√（同上）		
淋雨	√（同上）		
其他检查和试验		（1）加热器电阻和控制线圈电阻的测量及电路的完好性检查√ （2）控制柜检查√ （3）储能时间测量√ （4）压力释放阀的功能检验√ （5）各种联锁和信号装置操作√ （6）防跳跃、防慢分、防止三相非同期合闸装置操作√ （7）接地端子及接地线检查√	（1）断路器与隔离开关和接地开关联锁功能校验√ （2）压力表、密度继电器校验√ （3）操动机构泄漏试验√ （4）断路器与继电保护配合试验√

（二）试验项目介绍

根据试验项目的重要性，断路器较为常用的试验项目及其基本原理、检测仪器及检测目的如下。

1. 红外热像检测

设备因故障发热异常，温度升高并且超过正常值时，其强度、稳定性、导电性或绝缘性能都会降低。同时，随着承受高温的时间增长，各有关性能将变差，最终会导致设备的部分或全部功能失效。

生产中使用红外线检测仪进行测量。红外线检测仪是利用红外探测器和光学成像物镜接受被测目标的红外辐射能量分布图形反映到红外探测器的光敏元件上，从而获得红外热像图，红外热像图与物体表面的热分布场相对应。热图像上不同颜色代表被测物体的不同温度，颜色亮表示温度高，颜色暗表示温度低；也可用暖色和冷色表示温度的高低。

依据 DL/T 664—2016《带电设备红外诊断应用规范》，套管在以套管顶部柱头为最热的热像下，热点温度大于 80℃或相对温差大于等于 95% 且热点温度大于 55℃时为紧急缺陷；热点温度大于等于 55℃且小于等于 80℃或相对温差大于等于 80% 但热点温度未达紧急缺陷温度值时为严重缺陷；相对温差大于等于 35% 且热点温度未达到严重缺陷温度值时为一般缺陷。

2. 主回路电阻测量

主回路电阻测量是判断断路器合闸状态下导体接触是否良好、回路电阻是否合格的测试方法，主回路电阻不合格将导致设备异常发热等缺陷，危害设备安全运行，因此需进行设备的主回路电阻测试。

在合闸状态下，测量进、出线之间的主回路电阻。测量电流可取 100A 到额定电流之间的任一值，当红外热像显示断口温度异常、相间温差异常，或自上次试验之后又有 100 次以上分、合闸操作，也应进行本项目。

依据 DL/T 603—2017《气体绝缘金属封闭开关设备运行及维护规程》，主回路的电阻值不得大于设备出厂值的 120%。

3. 断口间并联电容器电容量及介质损耗因数

介质损耗是绝缘材料在电场作用下，由于介质电导和介质极化的滞后效应，在其内部引起的能量损耗。介质损耗会引起介质发热使其温度升高，而温度升高又会使介质的电导增大，泄漏电流增加，进一步加大介质损耗，形成恶性循环。长期的高温作用会加速绝缘的老化过程，直至损坏绝缘。因此，介质损耗的大小是衡量电容型设备绝缘水平的一项重要指标。

介质损耗角在分闸状态下测量。对于瓷柱式断路器，与断口一起测量；对于罐式断路器（包括 GIS 中的断路器），按设备技术文件规定进行。测试结果不符合要求时，可对电容器独立进行测量。

介质损耗采用西林电桥法进行测量，基本原理如图 2－35 所示。

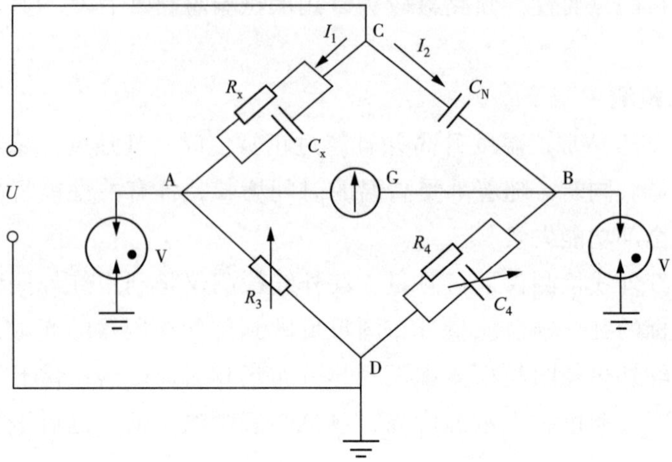

图 2－35　西林电桥测试原理图

图 2－35 中 C_x、R_x 为被测试样的等效并联电容与电阻，R_3、R_4 表示电阻比例臂，C_n 为平衡试样电容 C_x 的标准，C_4 为平衡损耗角正切的可变电容。

依据 Q/GDW 1168—2013《输变电设备状态检修试验规程》，介质损耗因数 tanδ 及电容量应满足表 2－54 的要求。

表 2－54　　不同电压等级下介损及电容量要求（介损电压：10kV）

U_m（kV）	35	126/72.5	252/363	≥550
$\tan\delta$	≤0.035	≤0.008	≤0.007	≤0.006
ΔC	－5% ～ ±5%（警示值）			

4. SF_6 气体湿度检测

SF_6 气体湿度检测是检测 SF_6 气体含水量的重要检测手段，SF_6 气体在生产、使用等过程中不可避免会渗入水分，气体湿度过大会导致绝缘强度下降，导致绝缘击穿等严重后果，因此有必要对 SF_6 气体湿度进行定期检测。

SF_6 气体湿度的常用检测方法有质量法、电解法、阻容法、露点法等，其中露点法应用较广。结合 GB/T 8905—2012《六氟化硫电气设备中气体管理和检测导则》和 DL/T596—2005《电力设备预防性试验规程》等标准及相关规程对运行设备中 SF_6 气体检测的指标要求，SF_6 电气设备内的湿度控制规定见表 2－55。

表 2－55　　SF_6 电气设备的湿度控制指标（20℃）

项目	灭弧气室（μL/L）	非灭弧气室（μL/L）
交接试验值	≤150	≤250
运行值	≤300	≤500

5. SF_6气体分解物检测

SF_6气体分解物检测是检测在运SF_6气体绝缘性能的重要手段，SF_6气体在分闸、合闸等过程中会受到电弧作用产生SO_2、H_2S及CO等分解物，分解物占比过大会降低SF_6气体绝缘性能，因此有必要对SF_6气体分解物进行定期检测。

SF_6气体分解产物的检测项目有SO_2、H_2S、CO和CF_4的含量检测。设备中SF_6气体的不同组分适用的现场检测方法见表2－56。

表2－56　　SF_6气体组分及其现场检测方法

气体组分	现场检测方法
SO_2	电化学传感器法、气体检测管法
H_2S	电化学传感器法、气体检测管法
CO	电化学传感器法、气体检测管法
CF_4	气相色谱法

结合GB/T 8905—2012《六氟化硫电气设备中气体管理和检测导则》、DL/T596—2005《电力设备预防性试验规程》和Q/GDW 1896—2013《SF_6气体分解产物检测技术现场应用导则》等标准及相关规程对运行设备中SF_6气体检测的指标要求，SF_6电气设备内的纯度分解产物评价标准见表2－57。

表2－57　　SF_6气体分解产物的气体组分、检测指标和评价结果

气体组分	检测指标（μL/L）		评价结果
SO_2	≤1	正常值	正常
	1～5*	注意值	缩短检测周期
	5～10*	警示值	跟踪检测，综合诊断
	>10	警示值	综合诊断
H_2S	≤1	正常值	正常
	1～2*	注意值	缩短检测周期
	2～5*	警示值	跟踪检测，综合诊断
	>5	警示值	综合诊断

注　1. 灭弧气室的检测时间应在设备正常开断额定电流及以下电流48h后。
2. CO和CF_4作为辅助指标，与初值（交接验收值）比较，跟踪其增量变化，若变化显著，应进行综合诊断。

*　表示不大于该值。

6. SF_6气体纯度检测

SF_6气体纯度检测是检测SF_6气体纯度是否达标、杂质气体是否过多的重要手段，SF_6气体纯度过低会降低SF_6气体绝缘性能，因此有必要对SF_6气体纯度进行定期检测。

SF_6气体纯度的主要检测方法有电化学传感器法、气相色谱法、声速测量原理、红外光谱技术、高压击穿法和电子捕捉原理法等，应用较多的是电化学传感器检测原理和气相色谱法。

结合 GB/T 8905—2012《六氟化硫电气设备中气体管理和检测导则》、DL/T 596—2005《电力设备预防性试验规程》等标准及相关规程对运行设备中 SF_6 气体检测的指标要求，运行设备中 SF_6 气体的纯度检测指标及其评价结果见表 2－58。

表 2－58　　电气设备 SF_6 气体的纯度检测指标和评价结果

气室类型	体积比（%）	评价结果	备注
灭弧气室	≥97	正常	
	95～97	跟踪	1 个月后复检
	<95	处理	抽真空，重新充气
非灭弧气室	≥95	正常	
	90～95	跟踪	1 个月后复检
	<90	处理	抽真空，重新充气

7. **交流耐压试验**

工频耐压试验是对被试品施加高于运行中可能遇到的过电压数值的交流电压并经历一段时间，以检验设备的绝缘水平。工频耐压试验能有效地发现一些被试品的局部缺陷，更好地模拟被试品在实际运行中承受过电压的情况。交流电压对检查自由导电微粒等杂质比较敏感。大多数情况下能有效地检查异常电极结构。

工频耐压试验电压波形应接近正弦，两个半波应完全一样，且峰值和有效值之比等于$\sqrt{2}\pm0.07$。交流电压频率一般应为 10～300Hz，现场交流耐压试验应为出厂试验时施加电压的 80%。

试验程序可根据试品状况和现场条件，由用户和制造厂商定，从下列程序中选择，但拟优先选用程序 A：

程序 A：交流电压试验，在规定的电压值下耐压 1min。

程序 B：交流电压试验，在电压值不低于 $U_m/\sqrt{3}$（对中性点有效接地系统）或 U_m（对中性点非有效接地系统）下耐压 5min（U_m 为系统最高电压），同时应补充进行冲击电压试验。

（1）相对地及相间的耐压试验。规定的试验电压应施加到每相主回路和外壳之间，每次一相，其他相的主回路应和接地外壳相连，试验电源可接到被试相导体任一方便的部位。

选定的试验程序应使每个部件都至少施加一次试验电压。但在编制试验方案时，必须同时注意要尽可能减少固体绝缘重复耐压的次数，如尽量在断路器主回路的不同部位引入试验电压。

设备安装后不必单独进行相间绝缘试验。

（2）断路器断口间的耐压试验。如怀疑断路器和隔离断路器的断口在运输、安装过程中受到损坏，或经解体，应做该断口间耐压试验。

试验电压应加到断路器和隔离断路器断口间。断口的一侧与试验电源相连，另一侧与其他相导体和接地的外壳相连。如采用程序 A，应避免固体绝缘多次重复耐压，可以在电压均匀升高到规定的电压值下耐压 1min 后迅速降回到零。

（3）老练试验。老练试验是对设备逐步施加交流电压，可以阶梯式地或连续地加压，其目的是：

1）将设备中可能存在的活动微粒杂质迁移到低电场区域里去，在此区域，这些微粒对设备的危险性减低，甚至没有危害。

2）通过放电烧掉细小的微粒或电极上的毛刺，附着的尘埃等。

老练试验的基本原则是既要达到设备净化的目的，又要尽量减少净化过程中微粒触发的击穿，还要减少对被试设备的损害，即减少设备承受较高电压作用的时间，所以逐级升压时，在低电压下可保持较长时间，在高电压下不允许长时间耐压。

老练试验应在现场耐压试验前进行，若最后施加的电压达到规定的现场耐压 U_f 耐压 1min，则老练试验可代替耐压试验。

老练试验时，施加交流电压值与时间的关系可选择以下方案，或与制造厂商定：

方案 1：加压程序是 $U_m/\sqrt{3}$，15min→U_f，1min，如图 2－36 所示。

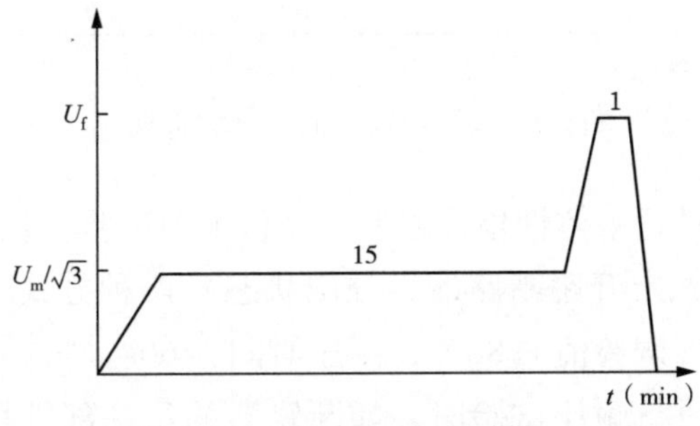

图 2－36　电压与时间关系曲线

方案 2：加压程序是 $0.25U_f$，2min→$0.5U_f$，10min→$0.75U_f$，1min→$1.0U_f$，1min，如图 2－37 所示。

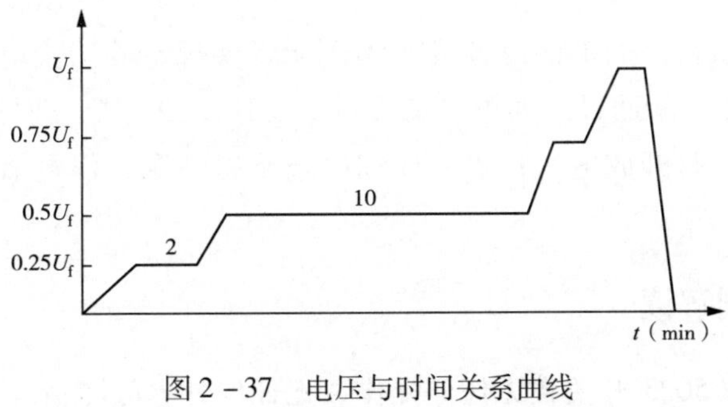

图 2－37　电压与时间关系曲线

方案3：加压程序是 $U_m/\sqrt{3}$，5min→U_m，3min→U_f，1min，如图2－38所示。

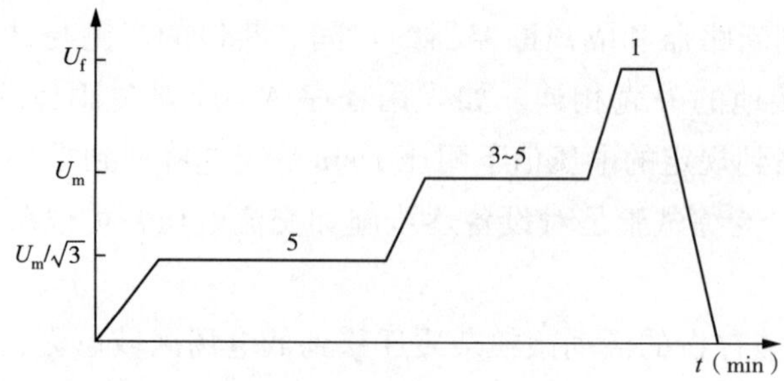

图2－38　电压与时间关系曲线

方案4：加压程序是 $U_m/\sqrt{3}$，3min→U_m，15min→U_f，1min→$1.1U_m/\sqrt{3}$，1min，如图2－39所示。

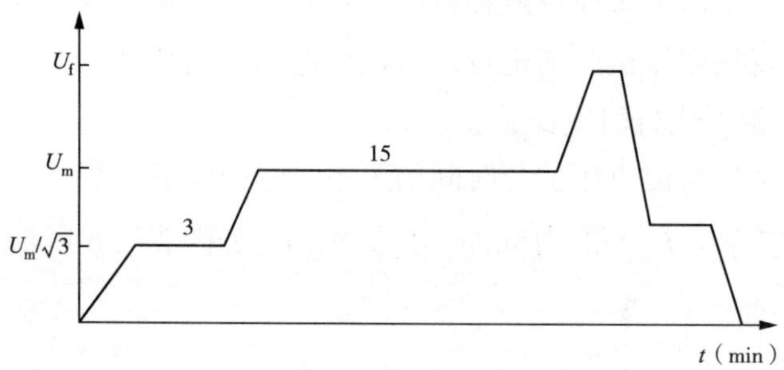

图2－39　电压与时间关系曲线

对核心部件或主体进行解体性检修之后，进行本项试验，包括相对地（合闸状态）和断口间（罐式、瓷柱式定开距断路器，分闸状态）两种方式。试验在额定充气压力下进行，试验电压为出厂试验值的80%，耐压时间为60s。

针对定开距断路器进行耐压试验时，如断路器的每一部件均已按选定的试验程序耐受规定的试验电压而无击穿放电，则认为整个断路器通过试验。在试验过程中如果发生击穿放电，应根据放电能量和放电引起的声、光、电、化学等各种效应及耐压试验过程中进行的其他故障诊断技术所提供的资料，进行综合判断。遇有放电情况，可采取下述步骤：

（1）进行重复试验。如果该设备或气隔还能经受规定的试验电压，则该放电是自恢复放电，认为耐压试验通过。如重复试验再次失败，按（2）进行。

（2）设备解体，打开放电气；隔，仔细检查绝缘情况，修复后，再一次进行耐压试验。

二、试验案例解读

某变电站500kV 5023开关在无任何操作、无任何外界故障情况下，发生爆炸故障，造成5023开关C相支撑绝缘子及灭弧室倒覆，某线路电压互感器、避雷器支持绝缘子损坏。5023开关制造厂家为北京ABB高压开关有限公司，型号为HPL550TB2，出厂编号为1360034172－04，出厂日期为2008年9月，投运日期为2009年5月26日。

1. 现场检查

5023开关C相损坏严重，A、B相绝缘子损伤严重，B相机构箱破损；5033开关A相机构箱被碎片打出一个洞，故障现场周围部分隔离开关、避雷器等设备不同程度受损。

C相本体与操动机构箱完全脱离，灭弧室瓷套完全破碎，支柱瓷瓶碎片散落在方圆约200m范围内。

灭弧室外绝缘子呈从高处坠落破碎形态，部件完整，其内部无故障痕迹，切端口无电弧灼烧痕迹。

支柱绝缘子中法兰内壁釉面因高温已变色，正常应为与瓷套外观釉色一致，上部小瓷片碎块为对比瓷片。

整个绝缘拉杆断为两截，一段（占总长2/5左右）散落在距离C相本体10m处地上，炭化严重，一端呈灰黑色爆竹状。另一段（占总长3/5左右）仍断路器三联箱相连，整段完全炸开、呈灰黑色稻草状。

经查，同现象的故障于2月18日在河南某变电站发生，将故障现场照片对比，判断本次故障与河南某变电站5061开关故障情况类似。

河南某变电站5061开关型号为HPL550B2，北京ABB高压开关设备有限公司2009年5月产品，2009年9月投入运行。

经ABB公司确认，两起故障断路器均采用了瑞典PLAST生产的同型号的绝缘拉杆。

2. 设备返厂检查（或实验室检测）情况

结合现场检查情况，本次故障情况与河南某变电站5061开关故障原因一致。电科院对此开展了分析与实验，情况如下：

（1）局部放电试验。为了比较瑞典PLAST绝缘拉杆本批次与其他批次，及瑞士Tyco绝缘拉杆的电气性能差异，在电科院沙河试验站进行9只（3只陕州、3只瑞典PLAST、3只瑞士Tyco）绝缘拉杆试品的局部放电量测试，试验结果显示无明显差异。

（2）材料特性分析。为了比较瑞典PLAST绝缘拉杆和瑞士Tyco绝缘拉杆的材质差异，在西安交通大学电气工程学院电力设备电气绝缘国家重点实验室，对瑞典PLAST绝缘拉杆和瑞士Tyco绝缘拉杆分别进行材料特性分析。结果显示，瑞典PLAST绝缘拉杆的内界面、外界面存在大量气孔，局部集中特点显著，内外界面气孔尺寸相近，最大达200μm，且有可能在材料内部贯通连接形成更大的气孔，最大达500μm；另外，横切面、纵切面也发现少量气孔。瑞士Tyco绝缘拉杆整体表现良好，除具备了更好的车削加工性能外，其内、外界面，横、纵切面均未发现气孔。

3. 故障原因分析

结合本次故障及河南某变同类故障检查及分析结果，故障原因是绝缘拉杆在制造过程中由于材料和工艺原因导致气隙数量太多，体积太大，在长期运行中发生局部放电造成绝缘劣化，最终导致绝缘拉杆击穿，支持瓷套爆裂。

第七节　隔离开关

一、主要试验项目

（一）试验项目分类

参照 GB/T 1985—2014《高压交流隔离开关和接地开关》及 GB/T 11022—2011《高压开关设备和控制设备标准的共用技术要求》，隔离开关的主要试验类型包括型式试验、交接试验和例行试验，其包含的试验项目如下。

1. 型式试验

为了验证产品能否满足技术规范的全部要求所进行的试验，是新产品鉴定中必不可少的一个环节，主要包括：

（1）绝缘试验；

（2）无线电干扰电压试验；

（3）回路电阻的测量；

（4）温升试验；

（5）短时耐受电流和峰值耐受电流试验；

（6）防护等级验证；

（7）电磁兼容性试验；

（8）辅助和控制回路附加试验；

（9）真空灭弧室的 X 射线试验程序（如有）；

（10）接地开关短路关合能力试验；

（11）操作和机械寿命试验；

（12）严重冻冰条件下的操作；

（13）极限温度下的操作；

（14）位置指示装置正确功能试验；

（15）母线转换电流开合试验；

（16）感应电流开合试验；

（17）小容性电流开合试验；

（18）小感性电流开合试验。

2. 交接试验

交接试验是为了确认产品在经过运输、储存、现场安装和/或调整等过程后：

（1）无损坏及异常；

（2）各个单元的兼容性；

（3）正确的装配及调整；

（4）装配完整的产品符合出厂试验的检验结果。

交接试验的项目见表 2－59。

表 2－59　　交接试验项目

序号	项目	内容
1	设计检查与外观检查	设计与外观检查用以证明产品符合买方的技术要求
2	主回路的绝缘试验	对有机材料支持绝缘子进行绝缘电阻试验； 短时交流耐压试验
3	辅助和控制设备的试验	检查操动机构接触器的最低动作电压测量； 人力操作的操动力矩检查； 绝缘试验（绝缘电阻测试、短时交流耐压试验）
4	主回路电阻的测量	
5	机械操作试验	隔离开关与接地开关闭锁及联锁性能试验
6	支柱绝缘子探伤试验	

3. 例行试验

例行试验是为了获取设备状态量，评估设备状态，及时发现事故隐患，定期进行的各种带点监测和停电试验。其中，停电例行试验需要设备退出运行才能进行。

例行试验的项目和周期见表 2－60。

表 2－60　　例行试验项目和周期

例行试验项目	基准周期
红外热像检测	（1）500kV 及以上：1 月 （2）220kV～330kV：3 月 （3）110（66）kV：半年 （4）35kV 及以下：1 年
例行检查	（1）110（66）kV 及以上：3 年 （2）35kV 及以下：4 年

（二）试验项目介绍

根据隔离开关试验项目的重要性及适用范围，对上述试验项目原理、试验目的、适用仪器及主要关注的试验试验指标进行简单介绍。

1. 绝缘试验

通过工频耐压试验来验证主回路绝缘状态，及时发现设备的绝缘问题。

但是，若隔离开关的绝缘仅由实心绝缘子在大气压力下的空气提供，只要检查了导电部分之间（相间、断口间以及导电部分和接地底架间）的尺寸，工频电压耐受试验可以省略。

尺寸检查的基础是尺寸（外形）图，这些图样是特定的开关设备和控制设备的型式试验报告的一部分（或在型式试验报告中被引用）。因此，这些图样应该给出尺寸检查所需的全部数据，包括允许的偏差。在试验中设备不应发生破坏性放电，在非破坏性放电的情况下，只要表明试验电压值在相应放电发生后的几个周期时间内变化不超过5%，且破坏性放电期间瞬时电压降不超过电压峰值的20%，则认为耐压试验通过。

2. 操动机构接触器低电压特性试验

该试验是为了验证与隔离开关和控制设备的其他部件连接的辅助和控制回路的正确功能。

试验方法为在辅助和控制回路正常工作电压的85%和110%两种情况下，试验设备能否正确工作。

在辅助和控制回路正常工作电压的85%和110%两种情况下，操动机构应该可靠正确动作。在每次操作中，应达到合闸位置和分闸位置，并且有规定的指示和信号。

3. 辅助及控制回路绝缘试验

辅助及控制回路应进行绝缘电阻和工频耐受电压试验，检查辅助回路绝缘是否符合术要求。试验方法如下：

（1）绝缘电阻测量。采用1000V绝缘电阻表测量绝缘电阻。

（2）工频耐受电压试验。耐受工频电压值2000V，持续时间1min。

若辅助及控制回路的绝缘电阻大于等于10MΩ，且辅助及控制回路在耐压试验中未发生破坏性放电，则认为试验合格。

4. 主回路电阻测量

通过主回路电阻测量，可以评估隔离开关触头的接触状况，避免隔离开关在运行过程中出现过热现象。试验方法主要有直流电压降法和回路电阻测试仪法。

（1）直流电压降法。原理是：当在被测回路中通以直流电流时，则在回路接触电阻上将产生电压降，测量出通过回路的电流及被测回路上的电压降，即可根据欧姆定律计算出导电回路的直流电阻值。直流电压降法接线如图2－40所示。

（2）回路电阻测试仪法。测量时，回路通以不小于100A的直流电流，电流用分流器及毫伏电压表1进行测量，导电回路电阻的电压降用毫伏电压表2进行测量，毫伏电压表2应接在电流接线端内侧，以防止电流端头的电压降引起测量误差。

回路电阻测试仪法接线如图2－41所示。测量仪器采用开关电路，由交流电源整流后作为直流电源通过开关转换为高频电流，再经变压器降压和隔离最后整流为低压直流作为测试电源。电流不小于100A，在测量回路中串接一个标准分流器，使其自动调整高频电源的脉冲宽度，达到自动恒定测试电流的目的。在试验接线时，电压线同样应接在电流线端内侧。

所测得的主回路电阻应不大于出厂值的120%或制造厂规定值，按较高要求执行。

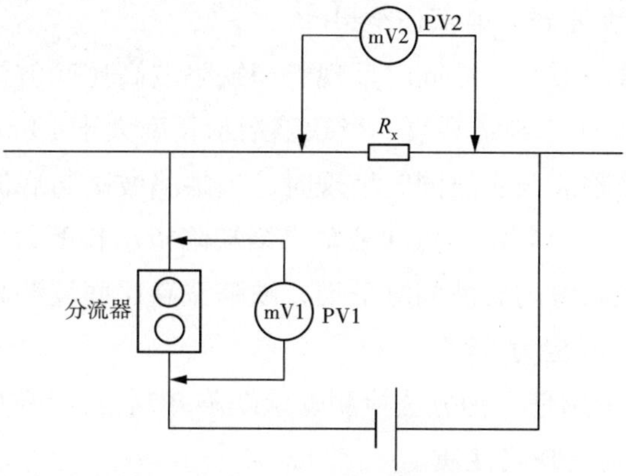

图 2－40　直流电压降法测试隔离开关主回路电阻接线图

PV1、PV2—直流毫伏电压表

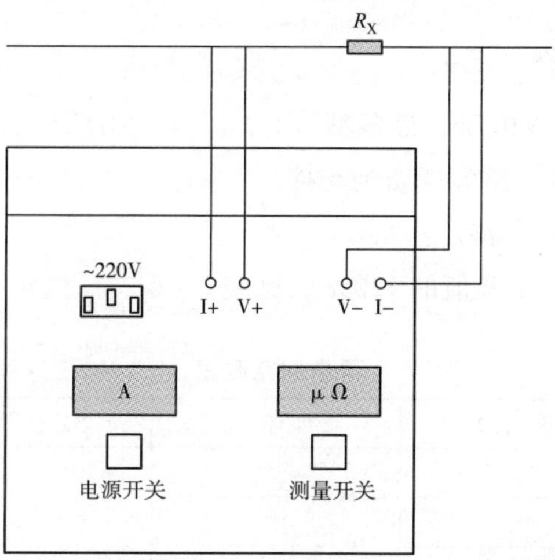

图 2－41　回路电阻测试仪法测试隔离开关主回路电阻接线图

5. **支柱绝缘子探伤试验**

超声波探伤试验是指超声波在被检测材料中传播时，材料的声学特性和内部组织的变化对超声波的传播产生一定的影响，通过对超声波受影响程度和状况的探测了解材料性能和结构变化的试验。

在隔离开关每个瓷套的端部靠近法兰下方处进行超声波检测，不应出现明显的裂纹或点缺陷。

对于隔离开关支柱绝缘子探伤的结果，可采用如下方法进行判断：

（1）爬波探伤结果。

1）缺陷波小于等于深度 2. 0mm 缺陷信号反射波高，此时应测定其指示长度，指示长度大于等于 10mm 时应判定为裂纹，小于 10mm 时应判定为点状缺陷。

2）缺陷波大于深度 2. 0mm 模拟裂纹反射波高时，指示长度大于等于 5mm 应判定为裂纹。

（2）纵波斜入射探伤结果。

1）缺陷波与底波同时呈现，当缺陷波高比底波波高小于6dB，且缺陷指示长度小于10mm时，不判定裂纹。当缺陷指示长度大于10mm时，判定为裂纹。

2）缺陷波与底波同时呈现时，当缺陷波高与底波波高基本相同，且缺陷指示长度小于10mm，可判定为点状缺陷，当缺陷指示长度大于10mm时，判定为裂纹。

3）缺陷波与底波同时呈现，缺陷波高比底波波高大于6dB时，缺陷指示长度小于10mm时，可定为裂纹。

（3）采用任一种方法检测外壁缺陷并判定为裂纹时，应采用另一种方法进行验证。以便最终确定缺陷性质。

（4）凡判定为裂纹的支柱绝缘子应判定为不合格。对于不足以判定为裂纹的信号应做好记录，并对安装位置状况进行记录，便于跟踪复查。

二、试验案例解读

工程名称：某35kV变电所，设备型号GW4－40.5IDW，设备编号100435，额定电压35kV，额定电流630A，试验性质为交接。

（1）导电回路测试：合格。

试验结果不超过出厂试验值的120%，见表2－61。

表2－61　导电回路测试

相别	电阻（μΩ）	结论	温度（℃）	备注
A	39	合格	30	
B	41	合格		
C	40	合格		

（2）绝缘电阻测试：合格。

绝缘电阻未见明显下降，试验结果合格，见表2－62。

表2－62　绝缘电阻测试

相别	整体对地（MΩ）	分闸时断口（MΩ）	结论	温度（℃）	备注
A	2500	2500	合格	30	
B	2500	2500	合格		
C	2500	2500	合格		

（3）交流耐压试验：合格。

通过1min交流耐压试验，合格，见表2－63。

表 2－63　　交流耐压试验

被测端		试验电压（kV）	时间（min）	结论	备注
合闸时	A 相对地	76	1	合格	
	B 相对地	76	1	合格	
	C 相对地	76	1	合格	

第八节　开关柜

一、主要试验项目

（一）试验项目分类

参照 DL/T 617—2010《气体绝缘金属封闭开关设备技术条件》、DL/T 618—2011《气体绝缘金属封闭开关设备现场交接试验规程》、GB 50150—2016《电气装置安装工程电气设备交接试验标准》及 DL/T 664—2016《带电设备红外诊断应用规范》等标准，开关柜试验项目较多，断路器试验可以分为例行试验、诊断性试验及现场交接试验。

1. 例行试验

为获取组合电器状态量，评判设备运行状态，及时发现潜在缺陷和故障隐患，需定期进行例行试验，开关柜例行试验项目见表 2－64。

表 2－64　　开关柜例行试验项目及要求

例行试验项目	基准周期	要求
红外热像检测	1 年	无异常
局部放电检测（带电）	1 年	无异常放电
辅助回路和控制回路绝缘电阻测量	4 年	≥2MΩ
断路器导电回路电阻	4 年	初值差≤20%（注意值）
带电检测装置检查	4 年	应符合制造厂规定
交流耐压试验	4 年	试验电压值符合 DL/T 593—2015《高压开关设备和控制设备的共用技术要求》规定
绝缘电阻测量	4 年	应符合制造厂规定
五防性能检查	4 年	应符合制造厂规定
断路器的合闸时间、分闸时间和三相分、合闸同期性	4 年	应符合制造厂规定
操动机构合闸接触器和分、合闸电磁铁的最低动作电压	4 年	应符合制造厂规定

2. **诊断性试验**

一旦通过巡检、在线监测、例行试验等发现设备状态不良，或经受了不良工况，或受家族缺陷警示，或连续运行了较长时间，为进一步评判设备运行状态，需酌情进行诊断性试验，见表2－65。

表2－65　开关柜诊断性试验项目

诊断性试验项目	要求
主回路流耐压试验	试验电压2kV
断路器机械特性	应符合制造厂规定
超声波法局部放电检测（带电）	无异常放电

3. **现场交接试验**

高压开关柜安装、调试完成后，应进行现场交接试验，以确认经运输储存、安装和调试后，设备完好无损，装配正确，所有技术性能指标符合技术条件规定，并与其出厂试验的数据相一致。现场交接试验是设备运行部门判断安装部门安装完成后能否验收和投入运行的关键性试验，因此运行部门要对交接试验的检测数据对照设备的出厂试验报告进行详细的分析和比较，以给出是否能够验收的合理判断。为了防止发生开关柜带“病”验收和投入运行的事件，运行部门应该派专门技术人员参加设备的全过程安装工作，以掌控设备的安装调试质量，使设备能够顺利地完成交接试验和成功投运。

（二）试验项目介绍

根据试验项目的重要性，开关柜较为常用的现场交接试验项目及其基本原理、检测仪器及检测目的如下。

1. **主回路电阻的测量**

主回路电阻测量方法主要有直流电压降法和回路电阻测试仪法。若采用直流电压降法，直流电源可选用电流大于100A的蓄电池组，分流器应选用100A；直流毫伏表应选用0.5级、多量程的2只；测试导线应选用截面为16mm^{2}的铜线。若采用回路电阻测试仪法，则回路电阻测试仪（微欧仪）测试电流应大于100A。采用回路电阻测试仪测量开关柜主回路电阻比较方便、准确。

现场试验接线主要有直流电压降法和回路电阻测试仪法。直流电压降法接线见图2－42。测量时，回路通以不小于100A的直流电流，电流用分流器及毫伏电压表1进行测量，导电回路电阻的电压降用毫伏电压表2进行测量，毫伏电压表2应接在电流接线端内侧，以防止电流端头的电压降引起测量误差。

试验时，首先用开关柜内部隔离开关将被测部位进行隔离，用接地开关将开关柜被测部位接地放电。

然后，将所要进行测试的开关柜断路器及隔离开关电动合闸。可利用进出线套管

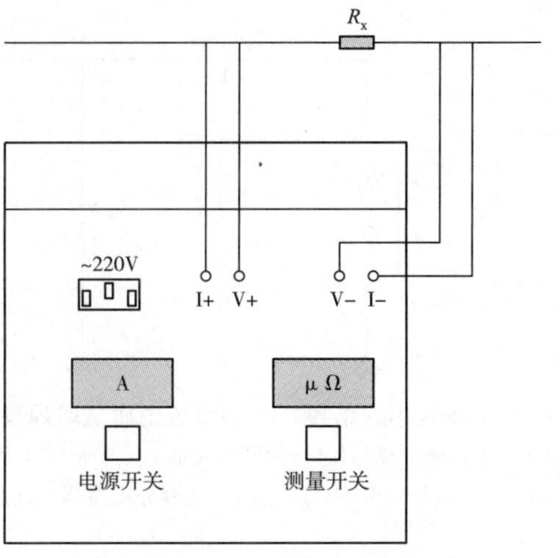

图 2－42　回路电阻测试仪法测试 GIS 主回路电阻接线图

注入电流进行测量，根据被测开关柜的结构，在母线较长并且有较多出线的情况下，应尽可能分段测量，这样能有效地找到缺陷部位。

最后，按直流电压降法或回路电阻测试仪法进行接线，接通仪器电源，调整测试电流应不小于 100A（回路电阻测试仪有的可自动稳定在 100A 不需要调节），电流稳定后读出回路电阻值（或根据欧姆定律计算出回路电阻值）。如发现开关柜主回路电阻增大或超过标准值，可进行分段查找，进行处理。

2. 机械操作试验和测量

试验时主回路不带电，应对开关装置在其操作装置规定的操作电源电压和压力极限范围内分、合动作的正确性进行验证，并测量其机械特性参数和特性曲线。

（1）开关装置和可移开部件。开关装置应按相关技术要求操作 50 次，可抽出部件插入、抽出各 50 次，可移开部件还应推入和移开各 25 次，以验证其操作性能是否符合要求。

（2）联锁。在联锁装置处于可防止开关装置操作和可移开部件插入或抽出的位置时，对开关装置进行 50 次试验操作，对可移开部件进行各 25 次的推入和移开试操作。试验时，应施加正常的操作力，开关装置、可移开部件及联锁装置不得进行调整。对手动操作装置，应使用正规的操作手柄进行试验。

3. 主回路的绝缘试验

目前大多采用调频式串联谐振耐压试验装置进行开关柜现场交流耐压试验。调频式串联谐振开关柜交流耐压试验原理接线见图 2－43。试验电压可接到被试相的合适点上，可以利用隔离开关或三通接上检测套管。

交流耐压试验时，开关柜现场交流耐压试验的第一阶段是“老练净化”，可使可能存在的导电微粒移动到低电场区或微粒陷阱中和烧蚀电极表面的毛刺，使其不再对绝缘起危害作用。第二阶段是耐压试验，即在“老练净化”过程结束后进行耐压试验，

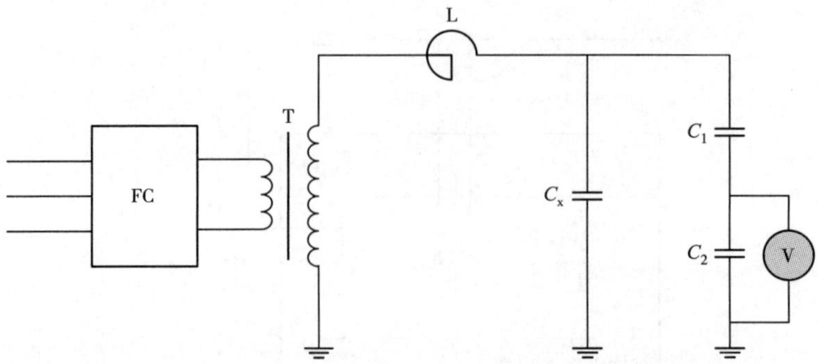

图 2-43　调频式串联谐振开关柜交流耐压试验原理接线图

FC—变频电源；T—励磁变压器；L—串联电抗器；C_x—被试发开关柜对地、相间及分压器等效电容；C_1、C_2—电容分压器高、低压臂

时间为 1min。其中，老练试验施加的电压和时间可与制造厂、用户协商，根据具体情况绘出试验电压 - 试验时间关系图。具体试验步骤如下所示：

（1）核对试验接线无误后，合上电源隔离开关，然后合上变频电源控制开关和工作电源开关，电路稳定后合上变频器主回路开关，设定保护电压为试验电压大小的 1.10 ~1.15 倍。

（2）按规定速度均匀的升压，先旋转电压调节按钮，把输出功率比调节到 2% 或一个较小的电压，通过旋转频率调节按钮改变试验回路频率大小，当励磁电压最小、试验电压最大时的频率即试验回路的谐振频率。

（3）试验回路达到谐振频率时开始升压，达到老练试验电压后，计时并读取试验电压，时间到后，继续升压至下一个老练点。老练结束后，确定设备状态正常即可进行耐压试验。

（4）按规定的升压速度将电压从零开始均匀地升压至耐压试验电压值（为出厂试验电压值的 80%），读取试验电压，并开始计时 1min。试验结束后，将电压降压到零位，切断开关及电源。

4. 辅助、控制回路的绝缘试验

绝缘电阻测量采用 1000V 绝缘电阻表，辅助回路如有储能电机用 500V 绝缘电阻表；工频耐受电压试验，耐受工频电压值 2000V，持续时间 1min。具体试验步骤如下：

（1）绝缘电阻试验。绝缘电阻表测试导线分别接至控制回路端子与外壳（地）之间。

1）试验必须在控制柜中二次线未与主控制室连接前进行。

2）检查绝缘电阻表是否正常。若正常，将绝缘电阻表接地端与地连接，高压端接至辅助回路端子。

3）核对接线是否正确，若正确，驱动绝缘电阻表，读取 60s 时的绝缘电阻值。

4）对控制柜中所有二次回路端子对地进行绝缘电阻测量。

（2）工频耐受电压试验。

1）耐压前，电流互感器二次绕组应短路并与地断开；电压互感器二次绕组应断开。

2）采用电压能达到 2000V 以上小型试验变压器（频率为 50Hz），连接好试验接线，将高压引线牢靠地接至辅助回路端子；

3）接通试验变压器电源，开始进行升压试验，升至 2000V 后，开始计时，耐压 1min 后，迅速均匀降压到 0，然后切断电源。

4）对控制柜中所有二次回路端子对地进行工频耐压，保持 1min。

5. 局部放电带电检测

（1）超声波法局部放电检测（带电）。一般检测频率在 20～100kHz 之间的信号，若有数值显示，可根据显示的 dB 值进行分析。若检测到异常信号可利用超高频检测法、频谱仪和高速示波器等仪器、手段进行综合判断。异常情况应缩短检测周期。

（2）超高频局部放电。适用于非金属法兰绝缘盆子，带有金属屏蔽的绝缘盆子可利用浇注开口进行检测，具备内置探头和其他结构参照执行。

在检测前应尽量排除环境的干扰信号。检测中对干扰信号的判别可综合利用超高频法典型干扰图谱、频谱仪和高速示波器等仪器和手段进行。进行局放定位时，可采用示波器（采样精度至少 1GHz 以上）等进行精确定位，必要时也可通过改变电气设备一次运行方式进行。异常情况应缩短检测周期。

6. “五防”性能检查试验

五防性能检查包括以下内容：

（1）防止误分，误合断路器；

（2）防止带负荷拉、合隔离开关；

（3）防止带电（挂）合接地（线）开关；

（4）防止带接地线（开关）合断路器；

（5）防止误入带电间隔。

检测开关柜及其进出线电气连接处，红外热像图显示应无异常温升、温差和（或）相对温差。对大电流柜酌情考虑。注意与同等运行条件下相同开关柜进行比较。测量时记录环境温度、负荷及其近 3h 内的变化情况，以便分析参考。

二、试验报告案例解读

某变电站 35kV 开关三相跳闸（速断保护，定值 100A/0.2s，TA 变比 100/5），重合闸未投。故障造成开关柜断路器室、母线室严重烧损。

故障发生后，经变电站现场检查及巡线，发现此次故障的短路故障点距变电站 0.5km 处，为馈线电缆内部故障（炸裂造成三相短路）。

故障诊断：

（1）故障开关柜信息。经现场检查，此开关柜原为备用设备，内部未安装断路器。2013 年 8 月后，经采购 VEP 型断路器安装后进行投运。开关柜及其断路器基本信息见表 2－66。

表 2－66　　开关柜及其断路器基本信息

设备/部件	型号	额定电流	开断电流	出厂日期	投运日期
柜体	KYN61－40.5	—	—	2011－8－1	2013－8－8
断路器	VEP40T1225A22P30G	1250A	25kA	2013－5－1	2013－8－8

（2）厂内试验情况。

9 月 4～5 日，对该断路器进行了相关试验，包括断路器外观检查、断路器耐压试验、断路器机械特性试验、回路电阻试验及断路器 X 光成像试验。

1）外观检查。经检查，发现受损后的断路器存在如下特点：

a）A、C 相受损最为严重。主要表现为上触臂弹簧触头完全烧毁、灭弧室固封极柱靠近外壳侧表面涂层烧毁。

b）断路器受损部位主要位于上触臂区域，下触臂较为完好。

c）未发现外壳存在电弧烧蚀点。

d）断路器操作机构完好。

e）上触臂 B 相梅花触头及下触臂三相梅花触头存在不均匀烧蚀现象。

2）耐压试验。对断路器进行断口交流耐压试验，发现断路器仍可承受一定耐压值，但由于 A、C 相外表面涂层已大面积烧毁，且表面积聚了大量碳化粉尘，因此试验电压升至 65kV 后（正常耐压值为 95kV），A、C 相已见明显爬电现象，出于安全考虑，在 65kV 试验电压下持续 30s 后即停止耐压试验。

由此说明，断路器内部绝缘（真空度）仍较高。

3）机械特性试验。对断路器进行机械特性试验，发现断路器可正常进行分合操作，且动作时间、速度等参数均满足出厂要求。

4）回路电阻试验。对断路器进行回路电阻试验，试验值均与出厂试验值相当，具体见表 2－67。

表 2－67　　回路电阻试验结果

相别	A 相	B 相	C 相
测量值（μΩ）	37	37	35

5）X 光成像试验。对断路器进行 X 光可视化探伤试验，未发现内部存在明显异常。

第九节　架空线路

一、主要试验项目

（一）试验项目分类

绝缘子按照材质分为瓷绝缘子、玻璃绝缘子和复合绝缘子 3 种类型。参照 GB/T 1001. 1—2003《标称电压高于 1000V 的架空线路绝缘子　第 1 部分：交流系统用瓷或玻璃绝缘子元件——定义、试验方法和判定准则》及 GB/T 19519—2014《架空线路绝缘子　标称电压高于 1000V 交流系统用悬垂和耐张复合绝缘子定义、试验方法及接收准则》。绝缘子的实验主要有型式试验、抽样试验、逐个试验等。其包含的试验项目如下。

1. 型式试验

（1）瓷、玻璃绝缘子。

1）尺寸检查；

2）雷电冲击电压试验；

3）湿工频电压试验；

4）残留机械强度试验；

5）机电破坏负荷试验；

6）机械破坏负荷试验；

7）热机性能试验。

（2）复合绝缘子。

1）干雷电冲击耐受电压试验；

2）湿工频电压试验；

3）湿操作冲击耐受电压试验；

4）无线电干扰试验；

5）损伤极限验证试验及端部装配件与绝缘子伞套间界面的密封试验。

2. 抽样试验

（1）瓷、玻璃绝缘子。

1）尺寸检查；

2）击穿耐受试验；

3）残留机械强度试验；

4）机电破坏负荷试验；

5）机械破坏负荷试验；

6）轴向、径向和角偏移的检查；

7）锁紧销检查；

8）温度循环试验；

9）热震试验；

10）孔隙性试验；

11）镀锌层试验。

（2）复合绝缘子。

1）尺寸检查；

2）端部装配件检查；

3）端部装配件与绝缘子伞套间界面的密封检查；

4）规定机械负荷试验；

5）镀锌层检查；

6）陡波前冲击耐受电压试验。

3. 逐个试验

（1）瓷、玻璃绝缘子。

1）外观检查；

2）机械试验。

（2）复合绝缘子。

1）外观检查；

2）机械试验。

（二）试验项目介绍

根据绝缘子试验项目的重要性及适用范围，对上述试验项目原理、试验目的、适用仪器及主要关注的试验试验指标进行简单介绍。

1. 瓷或玻璃绝缘子

（1）轴向、径向和角偏移的检查。主要测量瓷绝缘子或玻璃绝缘子的轴向偏差、径向偏差和角偏移，用于反映瓷绝缘子或玻璃绝缘子钢角、钢帽与瓷件或玻璃件的结构特性。通过轴向测量装置、径向测量装置和偏差测量专用规等测量仪器测量。考虑到绝缘子结构形式不同（盘型或长棒形），依据相应的判据来决定是否合格。

（2）锁紧销检查。锁紧销检查主要涉及锁紧销的符合性、锁紧状态的检查、锁紧销的位置（仅对 R 形锁紧销）和操作试验等。

锁紧销的符合性：绝缘子或金属附件制造厂应检验锁紧销是否符合要求。绝缘子制造厂应持有有效的检验合格证书，确认已进行检验。

锁紧状态的检查：对于盘型悬式绝缘子，把绝缘子连接成两个元件的串。对于长棒形绝缘子，绝缘子元件装上相应球头连接件。锁紧装置置于锁紧位置。然后施加与运行所能受到的类似运动，检查绝缘子串或球头连接件，不应有连接脱开。

锁紧销的位置：对于 R 形锁紧销，检查在锁紧位置时锁腿不应伸出窝的入口，并且用具有孔眼直径一半的一个尖形工具插入 R 形销孔眼，检查是否能把 R 形销从销紧位置移动到连接位置。

操作试验：首先使锁紧销处在锁紧位置，对 R 形锁紧销，用合适的装置沿其轴线方向将拉伸负荷 F 施加在 R 形销的孔眼上；对 W 形锁紧销，用一根矩形钢棒，沿轴线方向将负荷 F 施加在 W 形销的两个弧形端头上。然后施加负荷逐渐增大，直至锁紧销移动到连接位置。从锁紧位置移动到连接位置的操作应连续进行 3 次，记录每次使锁紧销从锁紧位置移动到连接位置的负荷 F，当施加标准规定的最大负荷时，锁紧销不应从窝里完全拉脱。

（3）工频击穿耐受试验。工频击穿耐受试验主要考验对瓷或玻璃绝缘子的耐工频电压能力，是衡量瓷或玻璃绝缘子电气性能的有效手段。

试验原理：将清洁干燥的瓷或玻璃绝缘子完全浸泡在盛有合适绝缘介质（如绝缘油）的容器中，主要是防止绝缘子表面放电，放入过程中不能留有气泡，且绝缘子的任何部分与容器壁间的最短距离不小于绝缘子最大伞径的 1.5 倍，保证足够的绝缘距离。然后在绝缘子试品两端施加工频电压，并升高至击穿。按照规定，绝缘子的击穿电压或闪络电压大于规定者，认为合格。

检测仪器：工频耐压装置、盛有绝缘介质的容器、峰值表。

（4）机电破坏负荷试验。机电破坏负荷试验是检测瓷或玻璃绝缘子运行特性的一项重要指标，主要反映瓷或玻璃绝缘子在一定电压作用下的机械强度特性。

试验原理：将清洁干燥的瓷或玻璃绝缘子可靠的连接在机电破坏试验装置中，试验机连接部件的主要尺寸，球窝连接和槽型连接的绝缘子应符合 GB/T 4056—2008《绝缘子串元件的球窝连接尺寸》。然后在绝缘子的两端施加一定的工频电压，并在整个试验过程中保持该电压，施加的电压应等于标准短串规定的工频湿耐受电压值除以标准短串元件数。同时，在绝缘子金属附件之间施加机械拉伸负荷，拉伸负荷应平稳、迅速地从零增加到约为规定机电破坏负荷的 75%，然后以每分钟 100% ~35% 规定机电破坏负荷的速度（相当于在 15 ~45s 时间内达到规定的机电破坏负荷）逐步增加到规定破坏负荷为止，并记录该数值。通过多次试验，计算得出绝缘子试品的机电破坏负荷平均值及偏差，按照标准要求判定其是否合格。

检测仪器：机电破坏负荷试验装置。

（5）机械破坏负荷试验。机械破坏负荷试验是检验瓷或玻璃绝缘子机械强度的重要试验，可有效反映瓷或玻璃绝缘子的抗拉伸能力。

试验原理：对针式绝缘子、线路柱式绝缘子和绝缘子串元件，施加机械负荷，该负荷应平稳、迅速地从零增加到约为规定机械破坏负荷的 75%，然后以每分钟 100% ~ 35% 的规定机械破坏负荷的速度（相当于在 15 ~45s 时间内达到规定的机械破坏负荷）逐步增加。

对于针式绝缘子，增加到规定的机械破坏负荷为止，对于线路柱式绝缘子和绝缘子串元件，增加到破坏负荷为止，应记录线路柱式绝缘子和绝缘子串元件的破坏负荷。

检测仪器：拉力机。

（6）温度循环试验。温度循环试验主要考核瓷或玻璃绝缘子耐温度变化能力。

试验原理：绝缘子应能耐受3次温差为70℃的循环试验而不损坏。试验时，试品的表面温度应接近试验的环境温度，试验用的热水和冷水应有足够的容量，放入试品后水温变化不大于2℃。试品要在热水和冷水中完全浸泡各15min。试品从热水到冷水中浸泡，应在30s内完成。完成三次循环后，检查绝缘子有无裂纹。对于A型绝缘子，应开展1min机械负荷试验，该负荷为规定机械破坏负荷的80%，对于B型绝缘子，应开展1min工频试验。

检测仪器：工频加压装置、温度循环装置、拉力机。

（7）孔隙性试验（仅对瓷绝缘子）。孔隙性试验可用来检验绝缘子瓷件内部气隙情况，反映其瓷质均匀程度。

试验原理：将从绝缘子上敲下来的瓷碎片浸入压力不小于15×106N/m^{2}的1%品红酒精溶液中，试验时间以小时计，压力与时间（h）的乘积应不小于180×106N/（m^2·h）。达到试验时间后，将碎片从溶液中取出，洗涤、干燥，接着再敲碎。用肉眼检查新敲碎的表面，应无任何染色渗透，渗入最初敲取小碎片时形成的小裂纹除外。

检测仪器：孔隙性测试仪。

针对上述试验项目，试验指标的判断标准见表2－68和表2－69。

表2－68　　试验指标判断标准

分样试验类型		E1［√］　　E2［　］	分样编号	
序号	测试项目	标准要求	检测结果	结论
1	轴向、径向和角偏移检查（E1＋E2）	轴向变化量：绝缘子标称直径的4%；径向变化量：绝缘子标称直径的3%	轴向：4.8% 径向：3.5%	不合格
2	温度循环试验（E1＋E2）	瓷件应能耐受三次温度循环试验而不损坏，其试验温度差为70℃，用击穿耐受电压检验是否通过温度循环试验	温度循环试验后，工频火花隙试验不合格	不合格
3	机电破坏负荷试验（E1）	先对绝缘子施加工频湿耐受电压，同时增加拉伸负荷，拉伸负荷先增加到额定机电破坏负荷的75%，然后增加到试品破坏为止	当机械负荷低于75%时，绝缘子发生破坏，或破坏负荷低于额定机械负荷	不合格
4	孔隙性试验（E1）	孔隙性试验的压力不低于15×106Pa，压力（Pa）与时间（h）的乘积不应低于180×106瓷件剖面应均质致密，经孔隙性试验后不应有任何渗透现象	瓷质发生渗透	不合格
5	击穿耐受电压试验（E2）	在低于规定的击穿电压120kV时不应发生击穿	—	—
6	镀锌层试验（E2）	≥600g/m^2＝85μm	—	—
试验结论：上述试验，有一项试验不满足要求，即为不合格				

表 2-69　　试验指标判断标准

分样试验类型		E1 [　]　　E2 [√]	分样编号	
序号	测试项目	标准要求	检测结果	结论
1	轴向、径向和角偏移检查（E1+E2）	轴向变化量：绝缘子标称直径的4%；径向变化量：绝缘子标称直径的3%	轴向：2.4% 径向：1.6%	合格
2	温度循环试验（E1+E2）	瓷件应能耐受三次温度循环试验而不损坏，其试验温度差为70℃，用击穿耐受电压检验是否通过温度循环试验	温度循环试验后用工频火花试验检验结果合格	合格
3	机电破坏负荷试验（E1）	先对绝缘子施加工频湿耐受电压，同时增加拉伸负荷，拉伸负荷先增加到额定机电破坏负荷的75%，然后增加到试品破坏为止	—	—
4	孔隙性试验（E1）	孔隙性试验的压力不低于15×106Pa，压力（Pa）与时间（h）的乘积不应低于180×106 瓷件剖面应均质致密，经孔隙性试验后不应有任何渗透现象	—	—
5	击穿耐受电压试验（E2）	在低于规定的击穿电压时不应发生击穿	发生击穿	不合格
6	镀锌层试验（E2）	不小于600g/㎡ =85μm	平均值低于85μm	不合格
试验结论：上述试验，有一项试验不满足要求，即为不合格				

2. **复合绝缘子**

（1）憎水性试验。憎水性试验主要用来检测复合绝缘子的憎水性和憎水迁移性，反映复合绝缘子的防污能力。

试验原理：憎水性试验主要采用喷水分级法，该方法将防污闪涂料表面的憎水性状态分为7级，分别为HC1 、HC2 、HC3 、HC4 、HC5 、HC6、HC7，其中HC1对应最佳憎水性，HC7对应最差憎水性，即完全亲水性。

喷水装置采用质量较好的喷壶，应可以方便、稳定地调节出雾状水流，每次喷水量为0.7~1mL；喷射角为50°~70°。喷射角的校验方法为：在距喷水装置的喷嘴25cm处立一张纸，喷射方向垂直于该纸，喷水10~15次，形成的湿斑直径25~35cm为合适。

检测仪器：喷水装置、照相机。

（2）密封性能试验。密封性能试验可有效检测端部金属附件与伞裙护套件的密封性，是反映复合绝缘子安全可靠运行的重要指标。

试验原理：随机地从抽样样品中取一只绝缘子，在外套与金属附件界面的全部区域及有效延伸区按GB/T 18851.1—2012《无损检测　渗透检测　第1部分：总则》GB/T 18851.4—2005《无损检测　渗透检测　第4部分：设备》用着色渗透试验进行开裂检查。按如下方法进行：

1）用清洁器对表面进行全部适当的清洗；

2）渗透剂于清洁过的表面上作用20min；

3）渗透结束后5min内应在环境温度下对绝缘子金属附件施加70%额定拉伸负荷，拉伸负荷应迅速平稳地从零增加到70%的额定负荷，并保持此负荷1min；

4）清除多余的渗透剂并使其干燥，可施加显影剂；

5）检查其表面；

6）70%额定拉伸负荷1min试验后，如果出现裂纹，可在表面裂纹最宽的中部，垂直于裂纹将外套、金属附件及芯棒切开两部分，检查裂纹深度。

同时满足下列条件则绝缘子通过本试验：

1）在70%额定拉伸负荷的1min耐受试验中绝缘子均未破坏；

2）经染色渗透试验未发现开裂；

3）经染色渗透试验的试品在检查切开两部分时，清楚地显示出开裂未达到芯棒。

检测仪器：拉力机、秒表、切割机。

（3）机械破坏负荷试验。机械破坏负荷试验是用来衡量复合绝缘子的机械强度，反映复合绝缘子抗拉伸的力学性能。

试验原理：在环境温度下对未经染色渗透试验的抽样绝缘子施加拉伸负荷，迅速平稳地从零上升到75%的额定拉伸负荷，然后在30～90s的时间内增加到额定拉伸负荷。如果少于90s的时间内达到了额定拉伸负荷，此负荷应维持90s的剩余时间（此实验等同于在额定拉伸负荷下的1min耐受试验）。

如果在额定拉伸负荷（SML）的1min耐受试验中绝缘子未破坏，说明绝缘子通过该试验。

检测仪器：拉力机、秒表。

（4）陡波前冲击耐受电压试验。陡波前冲击耐受电压试验是有效评价复合绝缘子内绝缘性能的关键试验项目。

试验原理：首先复合绝缘子按照GB/T 22079—2008《标称电压高于1000V使用的户内和户外聚合绝缘子　一般定义、试验方法和接收准则》施加水浸渍预应力作用，然后进行陡波前冲击耐受电压试验。在试品上布置具有尖锐边缘的电极，形成沿轴向长30～50cm的区段，冲击电压应分别施加于两个相邻电极之间，冲击电压陡度控制在1000～1500kV/μs，每个区段应经受正负极性冲击各25次。

每次冲击都应在两电极间发生外部闪络，绝缘子的任何部分都不应出现击穿，说明绝缘子通过该试验。

检测仪器：冲击发生器、陡波装置、水煮试验装置。

针对上述试验项目，试验指标的判断标准见表2－70和表2－71。

表 2-70　　试验指标判断标准

分样试验类型		E1 [√]　　E2 [ ]	分样编号	
序号	测试项目	标准要求	检测结果	结论
1	憎水性试验（E1+E2）	根据喷水分级法进行检测	HC5 或 HC6	不合格
2	水煮后的陡波前冲击电压耐受试验（E2）	施加电压陡度 1000～1500kV/μs，每个区段应分别承受 25 次正极性冲击和 25 次负极性冲击。每次冲击应引起电极间的外部闪络	—	—
3	密封性能试验（E1 取 1）	所述染色渗透法试验显示无裂痕；在 1min 70%额定机械负荷耐受试验中无破坏（比如芯棒断裂、完全拉脱、端部装配件破坏）发生	芯棒发现明显裂痕或芯棒发生断裂等	不满足要求
4	机械破坏负荷试验（E1）	在 1 分钟 100%额定机械负荷耐受试验中无破坏（比如芯棒断裂、完全拉脱、端部装配件破坏）发生	绝缘子 1 分钟额定机械负荷耐受未发生破坏，或未达到额定机械负荷发生破坏	不满足要求
试验结论：有一项试验不满足标准要求，即为不合格				

表 2-71　　试验指标判断标准

分样试验类型		E1 [ ]　　E2 [√]	分样编号	
序号	测试项目	标准要求	检测结果	结论
1	憎水性试验（E1+E2）	根据喷水分级法进行检测	HC5-HC6	不满足要求
2	水煮后的陡波前冲击电压耐受试验（E2）	施加电压陡度 1000～1500kV/μs，每个区段应分别承受 25 次正极性冲击和 25 次负极性冲击。每次冲击应引起电极间的外部闪络	绝缘子的某一部分发生击穿	不满足要求
3	密封性能试验（E1 中取 1）	所述染色渗透法试验显示无裂痕；在 1min 70%额定机械负荷耐受试验中无破坏（比如芯棒断裂、完全拉脱、端部装配件破坏）发生	—	—
4	机械破坏负荷试验（E1）	在 1 分钟 100%额定机械负荷耐受试验中无破坏（如芯棒断裂、完全拉脱、端部装配件破坏）发生	—	—
试验结论：有一项试验不满足标准要求，即为不合格				

二、试验案例解读

1. 瓷绝缘子抽样检测案例

对某变电站 XWP2－70 型悬式瓷绝缘子进行运行性能分析试验，结果见表 2－72 和表 2－73。

表 2－72　瓷绝缘子电气性能分析结果

序号	试验项目				检测结论
	绝缘电阻	工频耐压试验（耐受 90kV）	机电破坏负荷试验（施加 42kV）	孔隙性试验	
1	1.07GΩ	—	耐受	未通过	未通过
2	1.1GΩ	—	瓷件击穿	未通过	未通过
3	382MΩ	—	瓷件击穿	未通过	未通过
4	278MΩ	—	瓷件击穿	未通过	未通过
5	23.2MΩ	40kV 击穿	—	未通过	未通过
6	13.5MΩ	45kV 击穿	—	未通过	未通过
7	75.1MΩ	45kV 击穿	—	未通过	未通过
8	661kΩ	25kV 击穿	—	未通过	未通过

表 2－73　温度循环试验后绝缘电阻测量结果

样品编号	试验前绝缘电阻值	试验后绝缘电阻值	备注
9	3.56GΩ	726MΩ	正常
10	430MΩ	110MΩ	低值
11	2.4MΩ	3MΩ	零值
12	1.96GΩ	3GΩ	其他厂家完好绝缘子

选取该站同型号的 XWP2－70 型瓷绝缘子中 267 片样本开展绝缘电阻测试，分析站内同型号绝缘子劣化情况。检测发现 149 片绝缘子低（零）值，绝缘子劣化率为 55.8%。

2. 复合绝缘子抽样检测案例

某线 7 支 110kV 复合绝缘子于 2016 年 7 月开展运行性能分析试验，结果见表 2－74。

表 2－74　复合绝缘子抽样检测案例

绝缘子来源	外观检查	憎水性	机械负荷破坏试验（kN）	密封性能试验	陡波前冲击电压耐受试验
××723 线（1）	无明显异常	HC3	141kN 时绝缘子拉脱	—	—
××723 线（2）	无明显异常	HC2	—	无明显裂痕，密封性良好	—

续表

绝缘子来源	外观检查	憎水性	机械负荷破坏试验（kN）	密封性能试验	陡波前冲击电压耐受试验
××723 线（3）	伞裙护套、金属端部、均压环等处有放电烧蚀痕迹	HC3	144kN 时绝缘子拉脱		—
××723 线（4）	无明显异常	HC2	—	—	
××723 线（5）	无明显异常	HC2	—	—	通过
××723 线（6）	无明显异常	HC3	—	—	—
××723 线（7）	无明显异常	HC3	—	—	—

（1）××723 线 3 号抽样绝缘子憎水性试验结果见表 2－75。

表 2－75　　3 号抽样绝缘子憎水性试验结果

部位	结果
上	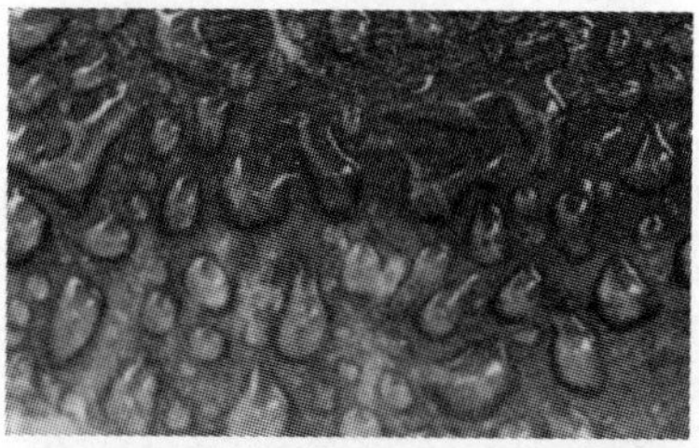
中	
下	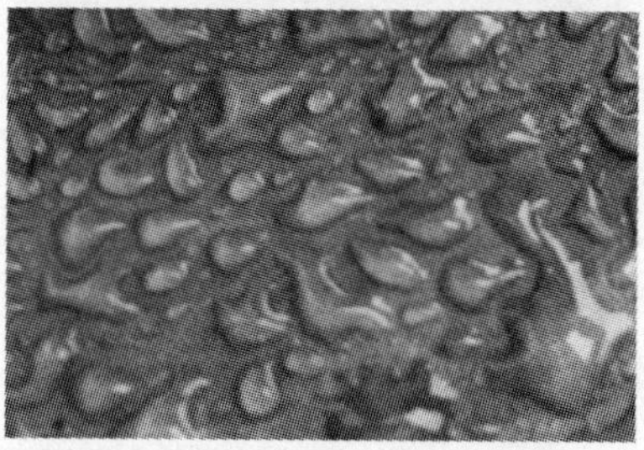

（2）绝缘子密封性试验结果，密封性能良好。

（3）水煮后陡波冲击波试验。

第十节　电缆

一、主要试验项目

（一）试验项目分类

参照 GB/T 3048—2007（所有部分）《电线电缆电性能试验方法》及 GB 2951—2008（所有部分）《电缆和光缆绝缘和护套材料通用试验方法》，根据试验项目的重要性，电缆较为常用的试验项目及其基本原理、检测仪器及检测目的如下所示。

1. 抽样试验

根据国家标准，针对 1 ~ 35kV 电力电缆的抽检试验项目见表 2 – 76 和表 2 – 77。

表 2 – 76　　1 ~ 35kV 电力电缆抽检项目

设备材料类别	序号	检测试验项目	执行的标准编号及名称
电力电缆	1	外观检查	GB/T 12706—2008（所有部分）《额定电压 1kV（U_m = 1.2kV）到 35kV（U_m = 40.5kV）挤包绝缘电力电缆及附件》 GB/T 2951—2008（所有部分）《电缆和光缆绝缘和护套材料通用试验方法》 GB/T 3956—2008《电缆的导体》 GB/T 11091—2014《电缆用铜带》 GB/T 9330.3—2008《塑料绝缘控制电缆　第 3 部分：交联聚乙烯绝缘控制电缆》 国家电网公司 35kV 及以下 XLPE 绝缘电力电缆相关技术规范
	2	导体直流电阻	
	3	绝缘主绝缘热延伸	
	4	绝缘偏心度	
	5	绝缘厚度	
	6	屏蔽层厚度	
	7	阻水电缆阻水试验	
	8	局部放电试验	
	9	4h 工频电压试验	
	10	绝缘热收缩试验	

表 2 – 77　　110 ~ 500kV 电力电缆抽检项目

设备材料类别	序号	检测试验项目	执行的标准编号及名称
电力电缆	1	导体检查	GB/T 11017—2014（所有部分）《额定电压 110kV（U_m = 126kV）交联聚乙烯绝缘电力电缆及其附件》 GB/T 18890—2015（所有部分）《额定电压 220kV（U_m = 252kV）交联聚乙烯绝缘电力电缆及其附件》 GB/T 22078—2008（所有部分）《额定电压 500kV（U_m = 550kV）交联聚乙烯绝缘电力电缆及其附件》
	2	导体电阻测量	
	3	绝缘和非金属护套厚度测量	
	4	金属套厚度测量	
	5	外径测量	
	6	XLPE 绝缘的热延伸试验	
	7	电容测量	
	8	雷电冲击电压试验和随后的工频电压试验	
	9	透水试验	

2. 型式试验

根据国家标准，针对 1～500kV 电力电缆的电气型式试验项目见表 2－78 和表 2－79。

表 2－78　　1～35kV 电力电缆电气型式试验项目

电缆类型	序号	试验项目	执行的标准编号及名称
具有导体屏蔽和绝缘屏蔽的电缆	1	弯曲试验	GB/T 12706—2008（所有部分）《额定电压 1kV（U_m = 1.2kV）到 35kV（U_m = 40.5kV）挤包绝缘电力电缆及附件》
	2	局部放电试验	
	3	tanδ 测量	
	4	加热循环试验及随后的局部放电试验	
	5	冲击电压试验及随后的工频电压试验	
	6	4h 电压试验	
	7	半导电屏蔽电阻率	
无绝缘屏蔽的电缆	1	环境温度下的绝缘电阻	
	2	电缆正常运行时导体最高温度下的绝缘电阻	
	3	4h 电压试验	

表 2－79　　110～500kV 电力电缆电气型式试验项目

设备材料类别	序号	检测试验项目	执行的标准编号及名称
电力电缆	1	弯曲试验，随后安装试验终端及局部放电试验	GB/T 11017—2014（所有部分）《额定电压 110kV（U_m = 126kV）交联聚乙烯绝缘电力电缆及其附件》 GB/T 18890—2015（所有部分）《额定电压 220kV（U_m = 252kV）交联聚乙烯绝缘电力电缆及其附件》 GB/T 22078—2008（所有部分）《额定电压 500kV（U_m = 550kV）交联聚乙烯绝缘电力电缆及其附件》
	2	tanδ 测量	
	3	加热循环试验及随后的局部放电试验	
	4	雷电冲击电压试验及随后的工频电压试验	
	5	环境温度下的局部放电试验	
	6	上述各项试验完成时对电缆的检验	
	7	电缆半导电屏蔽电阻率	
	8	直埋接头外保护层试验	

在上述电缆试验项目中，部分试验项目涉及电缆出厂、抽检等各个环节。针对 110kV 及以上电力电缆，各环节的试验项目情况见表 2－80。

表 2－80　　电力电缆出厂、抽检等环节检测项目

试验项目	出厂试验	抽检试验
导体检验		√
导体和金属屏蔽电阻测量		√
绝缘厚度测量		√
铜丝屏蔽的检查（适用时）		√
金属套厚度测量		√

续表

试验项目	出厂试验	抽检试验
非金属外护套厚度测量		√
直径测量（要求时进行）		√
XLPE 绝缘热延伸试验		√
电容测量		√
雷电冲击电压试验（适用时）		√
具有与外护套黏结的纵包金属带或纵包金属箔的电缆组件的试验（适用时）		√
局部放电试验	√	
电压试验	√	
非金属外护套的电气试验	√	

（二）试验项目介绍

根据电力电缆试验项目的重要性及适用范围，对上述试验项目原理、试验目的、适用仪器及主要关注的试验试验指标进行简单介绍。

1. 导体直流电阻测量

GB/T 3048.4—2007《电线电缆电性能试验方法　第 4 部分：导体直流电阻试验》对电力电缆导体直流电阻测量做了相应规定。电线电缆的直流电阻须以每千米的导体电阻作为比较的基准，所测得的电线电缆的直流电阻数据必须先换算成 20℃ 的温度下每千米的直流电阻值。将测得的直流电阻数值换算成 20℃ 条件下的直流电阻值后，其数值若小于规定的标准值，那么该电线电缆样品即为合格产品，反之则属于不合格产品。

电线电缆的直流电阻须以每千米的导体电阻作为比较的基准，所测得的电线电缆的直流电阻数据必须先换算成 20℃ 的温度下每千米的直流电阻值。将测得的直流电阻数值换算成 20℃ 条件下的直流电阻值后，其数值若小于规定的标准值，那么该电线电缆样品即为合格产品，反之则属于不合格产品。

2. 绝缘电阻测试

GB/T 3048.5—2007《电线电缆电性能试验方法　第 5 部分：绝缘电阻试验》对电力电缆绝缘电阻测量做了相应规定。影响电缆绝缘电阻测量值的因素有电缆本体的绝缘强度、湿度和电缆绝缘的表面状况等，通过测量电缆的绝缘电阻可以达到如下目的：

（1）了解电缆绝缘结构的绝缘性能；由优质绝缘材料组成合理的绝缘结构或绝缘系统，应该具有良好的绝缘性能和较高的绝缘电阻值。

（2）了解电缆绝缘受潮及受污染情况；当电气设备的绝缘受潮及受污染后，其绝缘电阻通常会明显下降。

（3）检验电缆绝缘是否承受耐电压试验；若在电缆的绝缘电阻低于某一限值时进行耐压试验，将会产生较大的试验电流，造成热击穿而损坏甚至击穿电缆的绝缘。

在对电缆进行绝缘测试时，通常会使用绝缘电阻表。绝缘电阻表在工作时，自身产生高电压，而测量对象又是电气设备，所以必须正确使用，否则就会造成人身事故或设备事故。测量前必须将被测设备电源切断，并对地短路放电，绝不允许电缆带电进行测量。对可能感应出高压电的电缆，必须消除这种可能性后，才能进行测量。被测物表面要清洁，减少接触电阻，确保测量结果的正确性。

3. 介质损耗角正切试验

GB/T 3048.11—2007《电线电缆电性能试验方法　第11部分：介质损耗角正切试验》对电力电缆介质损耗角正切试验做了相应规定。介质损耗角正切试验是检测绝缘缺陷的有效方法。在试验时，通过在绝缘上施加交流电压可以检测绝缘的损耗大小，如果电缆的绝缘出现老化变质或受潮等现象时，通过检测电缆电流有功分量变大的现象可以判断绝缘损耗的增大。同时，因为损耗和有功电流以及电缆绝缘的体积均有直接关系，因此不同大小的绝缘其损耗也不同，为了排除该因素的影响，在实际中一般采用另一个指标 $\tan\delta$ 来衡量。$\tan\delta$ 的大小可以用很多种方法来进行测量，可采用西林电桥（或电流比较仪式电桥）和标准电容器测量电阻的介损角正切。

4. 局部放电试验

GB/T 3048.12—2007《电线电缆电性能试验方法　第12部分：局部放电试验》对电力电缆局部放电试验做了相应规定。试验回路包括高压电源、高压电压表、测量回路、放电量校准器、双脉冲发生器等组成。必要时还包括终端阻抗或反射抑制器。试验设备所有部件的噪声水平应足够低，以得到所要求的灵敏度。电缆局放试验的特点包括：试品电容量大；电缆试品占空间大；电缆的等效电路是电容分布参数电路，在进行脉冲电流的检测中有高频脉冲的传播，反射，叠加等传输特性反映到显示器上，影响检测结果；交联聚乙烯是优质绝缘材料，允许放电量要求比其他设备或其他品种绝缘低，要求试验灵敏度高，即背景噪声水平小。

二、试验案例解读

某8.7/15kV预制式电缆T形插接件开展检测试验，试验结果如下。

1. 局放试验

截取3m长10kV电缆单相，剥去外护套至铜带屏蔽，采用电缆分支箱环氧树脂套管、10kV电力电缆与T形接头固定连接。将电缆终端剥去铜屏蔽及外半导电层，使用油杯处理终端，终端与加压装置相连。采用局放测试装置测量环境放电量，参照GB/T 12706.4—2008《额定电压1kV（U_m = 1.2kV）到35kV（U_m = 40.5kV）挤包绝缘电力电缆及附件　第4部分：额定电压6kV（U_m = 7.2kV）到35kV（U_m = 40.5kV）电力电缆附件试验要求》，对试品加工频电压，逐渐升至15kV，检测放电量是否不大于10pC，分析放电量与环境放电量差异。

对T形接头进行局放试验，试验前后局放量如图2-44所示，加压前后局放量均

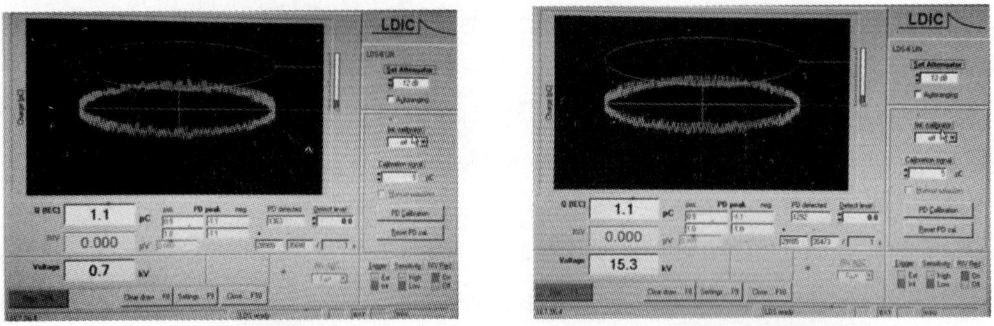

(a) 加压前局放量　　(b) 加压后局放量

图 2－44　T 形接头局放试验

为 1. 1pC，且加压过程中局放量一直保持 1. 1pC，说明该试品无局放缺陷。

2. **工频耐压试验**

参照 GB/T 12706. 4—2008《额定电压 1kV（U_m = 1. 2kV）到 35kV（U_m = 40. 5kV）挤包绝缘电力电缆及附件　第 4 部分：额定电压 6kV（U_m = 7. 2kV）到 35kV（U_m = 40. 5kV）电力电缆附件试验要求》，对于 8. 7/15kV 电缆附件要求在 39kV 工频电压下持续 5min，附件无闪络无击穿现象时判定绝缘性能良好。预制式电缆 T 形插接件工频耐压试验，T 形接头及环氧套管金属部分做好接地处理，防止尖端放电。

电缆末端通过油杯与德国海沃 LDV－6 工频耐压设备连接，进行 T 形接头工频耐压试验。加压 39kV 工频电压 5min 后 T 形接头无闪络及击穿现象，工频耐压试验合格。

3. **冲击耐压试验**

参照 GB/T 12706. 4—2008《额定电压 1kV（U_m = 1. 2kV）到 35kV（U_m = 40. 5kV）挤包绝缘电力电缆及附件　第 4 部分：额定电压 6kV（U_m = 7. 2kV）到 35kV（U_m = 40. 5kV）电力电缆附件试验要求》，对于 8. 7/15kV 电缆附件要求在加标准雷电波冲击电压幅值 39kV，正负冲击电压各 10 次，附件无闪络无击穿现象时判定绝缘性能良好。预制式电缆 T 形插接件工频耐压试验，T 形接头及环氧套管金属部分做好接地处理，防止尖端放电。

电缆末端通过油杯与冲击耐压设备连接，进行 T 形接头冲击耐压试验。加压 39kV 正负冲击雷电波各 10 次，T 形接头无闪络及击穿现象，冲击耐压试验合格。

第十一节　铁塔

一、主要试验项目

（一）试验项目分类

输电线路铁塔主要包括角钢结构和钢管结构，其中钢管结构包括钢管杆、钢管塔、钢管构支架。相应的标准为 GB/T 2694—2018《输电线路铁塔制造技术条件》、DL/T 646—2012《输变电钢管结构制造技术条件》。

角钢结构塔检验项目包括钢材质量（包括钢材外观、外形尺寸、物理性能及化学成分）、零部件尺寸（包括下料长度、切断面垂直度、角钢端部垂直度、清根、铲背、切角、开合角、孔形、孔位、制弯、挠曲等）、锌层质量（包括锌层外观、厚度、附着性及均匀性）、焊接件装配质量、焊接质量（包括焊缝外观、外形尺寸及内部质量）、试组装（包括部件就位率、同心孔通孔率、控制尺寸）。

钢管结构检验项目主要包括原材料外观质量、外形尺寸、力学性能试验及化学成分分析，零部件尺寸偏差，焊缝内外部质量，试组装，锌层外观质量、厚度、附着性（采用热喷锌防腐的部件应检验锌层结核性）、均匀性、标志和包装。

（二）试验项目介绍

根据铁塔试验项目的重要性及适用范围，对上述试验项目原理、试验目的、适用仪器及主要关注的试验试验指标进行简单介绍。

1. 钢材质量

钢材应按设计文件要求的规格和等级选用，其各项质量指标应符合 GB/T 699—2015《优质碳素结构钢》、GB/T 700—2006《碳素结构钢》、GB/T 702—2017《热轧钢棒尺寸、外形、重量及允许偏差》、GB/T 706—2016《热轧型钢》、GB/T 709—2006《热轧钢板和钢带的尺寸、外形、重量及允许误差》、GB/T 1591—2018《低合金高强度结构钢》、GB/T 3091—2015《低压流体输送用焊接钢管》、GB/T 8162—2018《结构用无缝钢管》、GB/T 13793—2016《直缝电焊钢管》等标准要求，且应具有出厂质量合格证明书，并经抽检合格后使用。钢材取样批次、数量应满足相关标准的要求。

钢材的性能包括机械性能、耐腐蚀性能等，都和化学成分息息相关，可以说化学成分是钢材性能的基础，化学成分不合格，可能会导致钢材性能不符合使用要求。譬如，硫的存在会加大钢材的热脆性，降低钢材的各种机械性能，也使钢材的可焊性、冲击韧性、耐疲劳性和抗腐蚀性等均降低。而锰具有很强的脱氧去硫能力，能消除或减轻氧、硫所引起的热脆性，大大改善钢材的热加工性能，同时能提高钢材的强度和硬度。钢材化学成分分析方法主要有化学分析法和光谱分析法。

光谱分析法一般采用直读式光谱仪，直读式光谱仪的工作原理是通过样品和电极之间放电形成的高能电火花产生能量来激发原子，导致样品中各原子的核外电子发生跃迁，并在跃迁过程中形成发射光谱。直读光谱仪通过分析接收到的元素特征谱线种类及其强度，能够得出关于材料成分组成及各元素精确含量的分析结果。

其不同等级的钢材化学成分的要求见表 2 – 81。

表 2-81　不同等级钢材化学成分要求值

牌号	质量等级	化学成分(质量分数,%)													
		C	Si	Mn	S	P	Nb	V	Ti	Cr	Ni	Cu	N	Mo	B
Q345	A	0.20	0.50	1.70	0.035	0.035	0.07	0.15	0.20	0.30	0.50	0.30	0.012	0.10	—
	B				0.035	0.035									
	C				0.030	0.030									
	D	0.18			0.030	0.025									
	E				0.025	0.020									
Q390	A	0.20	0.50	1.70	0.035	0.035	0.07	0.20	0.20	0.30	0.50	0.30	0.015	0.10	—
	B				0.035	0.035									
	C				0.030	0.030									
	D				0.030	0.025									
	E				0.025	0.020									
Q420	A	0.20	0.50	1.70	0.035	0.035	0.07	0.20	0.20	0.30	0.80	0.30	0.015	0.20	—
	B				0.035	0.035									
	C				0.030	0.030									
	D				0.030	0.025									
	E				0.025	0.020									
Q460	C	0.20	0.60	1.80	0.030	0.030	0.11	0.20	0.20	0.30	0.80	0.55	0.015	0.20	0.004
	D				0.030	0.025									
	E				0.025	0.020									
Q500	C	0.18	0.60	1.80	0.030	0.030	0.11	0.12	0.20	0.60	0.80	0.55	0.015	0.20	0.004
	D				0.030	0.025									
	E				0.025	0.020									

续表

牌号	质量等级	化学成分(质量分数,%)													
		C	Si	Mn	S	P	Nb	V	Ti	Cr	Ni	Cu	N	Mo	B
Q550	C	0. 18	0. 60	2. 00	0. 030	0. 030	0. 11	0. 12	0. 20	0. 80	0. 80	0. 80	0. 015	0. 30	0. 004
	D				0. 030	0. 025									
	E				0. 025	0. 020									
Q620	C	0. 18	0. 60	2. 00	0. 030	0. 030	0. 11	0. 12	0. 20	1. 00	0. 80	0. 80	0. 015	0. 30	0. 004
	D				0. 030	0. 025									
	E				0. 025	0. 020									
Q690	C	0. 18	0. 60	2. 00	0. 030	0. 030	0. 11	0. 12	0. 20	1. 00	0. 80	0. 80	0. 015	0. 30	0. 004
	D				0. 030	0. 025									
	E				0. 025	0. 020									

钢材的机械性能直接关系到铁塔的安全运行，机械性能不合格可能会直接导致倒塔等严重事故。钢材的机械性能主要包括拉伸性能、冲击性能、弯曲性能。

材料的机械性能试验是指测定材料在一定环境条件下受力或能量作用时所表现出的特性的试验，又称为材料力学性能试验。试验的内容主要是测量材料的强度、硬度、刚性、塑性和韧性等。进行机械性能试验的设备称为材料试验机。

拉伸试样根据横截面的不同，有矩形试样和圆形试样，试样的选择应根据钢材的尺寸而定，试样的规格应满足 GB/T 228.1—2010《金属材料　拉伸试验第 1 部分：室温试验方法》的规定，拉伸速率的控制有应力控制和应变控制两种方式，具体速率的大小应根据钢材性能参数而定。

钢材必须满足一定的韧性要求，否则易发生脆性断裂事故，在性能上用夏比冲击试验来表征。不同规格的钢材冲击性能要求见表 2-82。

表 2-82　　钢材的夏比冲击试验

<table>
<tr><th rowspan="3">牌号</th><th rowspan="3">质量等级</th><th rowspan="3">试验温度（℃）</th><th colspan="3">冲击吸收能量（J）</th></tr>
<tr><th colspan="3">公称厚度（直径、边长）</th></tr>
<tr><th>12～150mm</th><th>>150～250mm</th><th>>250～400mm</th></tr>
<tr><td rowspan="4">Q345</td><td>B</td><td>20</td><td rowspan="4">≥34</td><td rowspan="4">≥27</td><td rowspan="2">—</td></tr>
<tr><td>C</td><td>0</td></tr>
<tr><td>D</td><td>-20</td><td rowspan="2">27</td></tr>
<tr><td>E</td><td>-40</td></tr>
<tr><td rowspan="4">Q390</td><td>B</td><td>20</td><td rowspan="4">≥34</td><td rowspan="4">—</td><td rowspan="4">—</td></tr>
<tr><td>C</td><td>0</td></tr>
<tr><td>D</td><td>-20</td></tr>
<tr><td>E</td><td>-40</td></tr>
<tr><td rowspan="4">Q420</td><td>B</td><td>20</td><td rowspan="4">≥34</td><td rowspan="4">—</td><td rowspan="4">—</td></tr>
<tr><td>C</td><td>0</td></tr>
<tr><td>D</td><td>-20</td></tr>
<tr><td>E</td><td>-40</td></tr>
<tr><td rowspan="3">Q460</td><td>C</td><td>0</td><td rowspan="3">≥34</td><td>—</td><td>—</td></tr>
<tr><td>D</td><td>-20</td><td>—</td><td>—</td></tr>
<tr><td>E</td><td>-40</td><td>—</td><td>—</td></tr>
<tr><td rowspan="3">Q500、Q550、Q620、Q690</td><td>C</td><td>0</td><td>≥55</td><td>—</td><td>—</td></tr>
<tr><td>D</td><td>-20</td><td>≥47</td><td>—</td><td>—</td></tr>
<tr><td>E</td><td>-40</td><td>≥31</td><td>—</td><td>—</td></tr>
</table>

钢材的弯曲性能在需方要求时进行。

2. 紧固件性能

紧固件的力学性能试验主要包括螺栓抗拉强度、楔负载试验和螺母保证载荷试验。

抗拉强度、楔负载强度测试方法：将螺栓放在固定物内，在螺栓头部及螺母或夹具之间加上负荷，螺母或夹具其中任何一个都要有足够的螺纹啮合长度，以便产品整体受力。产品装在螺母或夹具上后，夹柄内应留下 6 个全牙。如果不能保证 6P 试验方法，由供需双方协议。当试验拉力达到规定的最小拉力载荷时不得断裂。当载荷增大直至拉断，断裂应发生在杆部或螺纹部分，而不应发生在头与杆部的交接处。螺栓头部可自由横向活动，加载速度不超过 25mm/min。楔负载强度检测时，应按规定加上楔型块测试。螺栓和螺母的机械性能应满足表 2－83 和表 2－84 的要求。

表 2－83　螺栓的机械性能

机械性能	性能等级					
	4.8	5.6	5.8	6.8	8.8	
					≤M16	>M16
抗拉强度（N/mm^2）	420	500	520	600	800	830
楔负载强度	数值等于最小抗拉强度					

表 2－84　螺母的机械性能

机械性能	性能等级							
	4		5		6		8	
	≤16	>16	≤16	>16	≤16	>16	≤16	>16
抗拉强度（N/mm^2）	—	510	610	630	700	720	800	920

将螺母拧入螺纹芯棒测试，仲裁时，以拉伸试验为准。进行试验时，夹头的移动速度不应超过 3mm/min。对螺母施加表 2－85 规定的保证载荷，持续 15s，螺母不应脱扣或断裂。当去除载荷后，应用手将螺母旋出或者借助扳手松开螺母，但不得超过半个螺距。在试验中，如螺纹芯棒损坏，则试验作废。

表 2－85　粗牙螺纹的保证载荷

螺纹直径（mm）	螺距（mm）	公称应力面积（mm^2）	性能等级			
			4	5	6	8
			保证载荷（N）			
12	1.75	84.3	—	51400	59000	70800
14	2.00	115	—	70100	80500	96600

续表

螺纹直径（mm）	螺距（mm）	公称应力面积（mm^2）	性能等级			
			4	5	6	8
			保证载荷（N）			
16	2.00	157	—	95800	110000	132000
18	2.50	192	97900	121000	138000	177000
20	2.50	245	125000	154000	176000	225000
22	2.50	303	155000	191000	218000	279000
24	3.00	353	180000	222000	254000	325000
27	3.00	459	234000	289000	330000	422000
30	3.50	561	286000	353000	404000	516000

3. 镀锌层质量

镀锌层在铁塔中主要起防腐作用，镀锌质量不好，则铁塔易腐蚀，影响其使用寿命。镀锌层质量包括锌层外观、镀锌厚度、锌层均匀性、锌层附着性。

镀锌层厚度测量有称重法、磁性法、横截面显微镜法、阳极溶解库伦法等。以磁性法为例，磁性法是非破坏性试验方法，测量时，其基本测量面应置于能够为称量法所选中作为基本测量面的典型区域内。在每个不小于 $1000mm^2$ 的基本测量面内采用磁性法测厚时，应至少取 5 个测量点测厚，其算术平均值即为该基本测量面的镀层局部厚度。该平均值应不低于表 2－86 的要求。

表 2－86　钢材镀锌层厚度最小值

制件厚度（mm）	镀锌层局部厚度（μm）	镀锌层平均厚度（μm）
≥6	70	85
3～<6	55	70
1.5～<3	45	55
<1.5	35	45

只要镀锌层与基体的附着力能满足制件在使用和一般操作条件下的要求，通常不需专门测试镀锌层和基体之间的结合力。

锌层均匀性应经受 4 次，每次 1min、浸入标准硫酸铜溶液的试验，试件上应无金属附着物。在每 100mL 的蒸馏水中加入 35g 化学纯的硫酸铜（$CuSO_4 \cdot 5H_2O$）制成硫酸铜溶液。在每 100mL 的硫酸铜溶液中加入约 1g 碳酸铜充分搅拌。将配置好的溶液静置 24h，溶液相对密度在 20℃时应为 1.170±0.010。试验用容器的内部尺寸应使试件浸入溶液中与容器内壁的最小距离不小于 25mm。在整个试验过程中，硫酸铜潜液的温度保持在 20℃±4℃。必要时可加热以促进晶体的溶解，待其冷却后使用。

二、试验案例解读

2016 年 6 月 8 日，220kV 及以上线路材料集中巡检（抽检）过程中开展某铁塔材料检测试验，试验结果见表 2－87～表 2－94，结论为铁塔材料的化学元素含量不符合要求。

注：检测方法与检测结果判定参照相应标准执行，目前案例表中部分标准已更新，检测工作参照最新标准执行。

表 2－87　　材料拉伸试验报告

任务名称/编号	220kV 及以上线路材料集中巡检（抽检）		
试件名称/编号	铁塔材料 板材 JSST－1		
规格（mm）	－20	材　质	Q420B
运行时间（h）	0	检测日期	2016. 6. 8
取样部位	本体	取样方向	纵向
执行标准	GB/T 228. 1—2010《金属材料 拉伸试验 第 1 部分：室温试验方法》		
检测条件：			
仪器型号及编号	MTS810. 25（1092649）	试验温度（℃）	23
试样类型	矩形截面试样	控制模式及速率	GB/T 228B
检测结果：			

试样编号	试样温度（℃）	R_{el}（N/mm^2）	R_m（N/mm^2）	A（%）	Z（%）	备注
JSST－1	23	420	566	36. 0	—	

备　注：	
GB/T 1591—2008《低合金高强度结构钢》要求：屈服强度 R_{el}≥400 N/mm^2；抗拉强度 R_m＝520～680 N/mm^2；断后伸长率 A≥19%	
检测结果说明	检测样品的屈服强度、抗拉强度、断后伸长率符合标准要求

表 2－88　材料冲击试验报告

任务名称/编号	220kV 及以上线路材料集中巡检（抽检）		
试件名称/编号	铁塔材料 板材 JSST－1		
检测部位	本体	环境温度（℃）	23
试样尺寸（mm×mm×mm）	55×10×10	材　料	Q420B
试验机型号/编号	NI500C/110707020	打击能量（J）	500
试样类型	V2	检测日期	2016. 6. 8
执行标准	GB/T 229—2007《金属材料 夏比摆锤冲击试验方法》		

检测结果：

试样组编号	试样温度（℃）	冲击吸收能量（J）				备注
		1	2	3	平均	
JSST－1	23	115. 6	118. 1	120. 8	118. 2	

备　注：

GB/T 1591—2008《低合金高强度结构钢》要求：冲击吸收能量不小于 34J

检验结果说明	符合标准要求

表 2－89　材料弯曲试验报告

任务名称/编号	220kV 及以上线路材料集中巡检（抽检）		
试件名称/编号	铁塔材料 板材 JSST－1		
检测日期	2016. 6. 8	试验温度（℃）	23
试样尺寸（长×宽×厚，mm×mm×mm）	200×20×20	材质牌号	Q420B
试验机型号/编号	MTS810. 25（1092649）	试样取样方法	纵向
试验装置类型	支辊式	支辊间距（mm）	120
压头或弯心直径（mm）	60	弯曲角度	180°
执行标准	GB/T 232—2010《金属材料 弯曲试验方法》		

检测结果：

样品编号	试验合格要求	结果评定
JSST－1	弯曲试验后，试样弯曲外表面无肉眼可见裂纹为合格	合格

续表

备 注：	
GB/T 1591—2008《低合金高强度结构钢》要求：180°弯曲试验不开裂	
检验结果说明	符合标准要求

表 2－90　光谱分析试验报告

任务名称/编号	220kV 及以上线路材料集中巡检（抽检）		
试件名称/编号	铁塔材料 板材 JSST－1		
检测地点	实验室	检测日期	2016. 6. 8
执行标准	DL/T 991—2006《电力设备金属光谱分析技术导则》		
仪器型号及编号	OBLFQSN750－Ⅱ/1139	检测面状况	机械打磨、清洁

检测结果：

测点部位/部件	材料牌号	数量	主要元素含量（质量分数,%）										备注
			C	Si	Mn	P	S	Cr	Ni				
JSST－1	Q420B	1	0. 193	0. 35	1. 46	0. 008	0. 003	0. 016	0. 012				相符

备 注：	
GB/T 1591—2008《低合金高强度结构钢》要求：C≤0. 20%，Si≤0. 50%，Mn≤1. 70%，P≤0. 035%，S≤0. 035%，Cr≤0. 30，Mo≤0. 10，Ni≤0. 80，V≤0. 20，Ti≤0. 20	
检验结果说明	符合标准要求

表 2－91　材料拉伸试验报告

任务名称/编号	220kV 及以上线路材料集中巡检（抽检）		
试件名称/编号	铁塔材料 角钢 JSST－2		
规格（mm）	∟125×10mm	材　　质	Q345B
运行时间（h）	0	检测日期	2016. 6. 8
取样部位	本体	取样方向	纵向
执行标准	GB/T 228. 1—2010《金属材料 拉伸试验 第 1 部分：室温试验方法》		
检测条件：			
仪器型号及编号	MTS810. 25（1092649）	试验温度（℃）	23

续表

试样类型	圆形截面试样		控制模式及速率	GB/T 228B		
检测结果：						
试样编号	试样温度（℃）	R_{el}（N/mm²）	R_m（N/mm²）	A（%）	Z（%）	备注
JSST－2	23	381	532	37.0		
备　注：						
GB/T 1591—2008《低合金高强度结构钢》要求：屈服强度 $R_{el}\geqslant 340\ N/mm^2$；抗拉强度 $R_m=470\sim 630\ N/mm^2$；断后伸长率 $A\geqslant 20\%$						
检测结果说明	检测样品的屈服强度、抗拉强度、断后伸长率符合标准要求					

表 2－92　　材料冲击试验报告

任务名称/编号	220kV 及以上线路材料集中巡检（抽检）		
试件名称/编号	铁塔材料 角钢 JSST－2		
检测部位	本体	环境温度（℃）	23
试样尺寸（mm × mm × mm）	55 × 10 × 7.5	材　　料	Q345B
试验机型号/编号	NI500C/110707020	打击能量（J）	500
试样类型	V2	检测日期	2016.6.8
执行标准	GB/T 229—2007《金属材料 夏比摆锤冲击试验方法》		

检测结果：

试样组编号	试样温度（℃）	冲击吸收能量（J）				备注
		1	2	3	平均	
JSST－2	23	41.7	41.4	43.7	42.3	
备　注：						
GB/T 1591—2008《低合金高强度结构钢》要求：冲击吸收能量不小于 34J						
检验结果说明	符合标准要求					

表 2-93　**材料弯曲试验报告**

任务名称/编号	220kV 及以上线路材料集中巡检（抽检）		
试件名称/编号	铁塔材料 角钢 JSST-2		
检测日期	2016.6.8	试验温度（℃）	23
试样尺寸（长×宽×厚，mm×mm×mm）	200×20×10	材质牌号	Q345B
试验机型号/编号	MTS810.25（1092649）	试样取样方法	纵向
试验装置类型	支辊式	支辊间距（mm）	50
压头或弯心直径（mm）	20	弯曲角度	180°
执行标准	GB/T 232—2010《金属材料 弯曲试验方法》		

检测结果：

样品编号	试验合格要求	结果评定
JSST-2	弯曲试验后，试样弯曲外表面无肉眼可见裂纹为合格	合格

备　注：

GB/T 1591—2008《低合金高强度结构钢》要求：180°弯曲试验不开裂

检验结果说明	符合标准要求

表 2-94　**光谱分析报告**

任务名称/编号	220kV 及以上线路材料集中巡检（抽检）		
试件名称/编号	铁塔材料 角钢 JSST-2		
检测地点	实验室	检测日期	2016.6.8
执行标准	DL/T 991—2006《电力设备金属光谱分析技术导则》		
仪器型号及编号	OBLFQSN750-II/1139	检测面状况	机械打磨、清洁

检测结果：

测点部位/部件	材料牌号	数量	主要元素含量（质量分数,%）					备注
			C	Si	Mn	P	S	
JSST-2	Q345B	1	0.214	0.40	1.52	0.017	0.018	不相符

续表

备注：	
GB/T 1591—2008《低合金高强度结构钢》要求：C≤0.20%，Si≤0.50%，Mn≤1.70%，P≤0.035%，S≤0.035%	
检验结果说明	C 含量不符合标准要求

第十二节　水泥杆塔

一、主要试验项目

（一）试验项目分类

根据 GB/T 4623—2014《环形混凝土电杆》，水泥杆塔的主要试验类型包括出厂试验、型式试验，其包含的试验项目如下。

1. 出厂试验

对正式生产的产品在出厂时必须进行的最终检验，用以评定已通过型式检验的产品在出厂时是否具有型式检验中确认的质量，是否达到良好的质量特性的要求。主要包括：

（1）混凝土抗压强度；

（2）外观质量；

（3）尺寸偏差；

（4）力学性能（包括抗裂、裂缝宽度和开裂检验弯矩时的挠度）。

2. 型式试验

为了验证产品能否满足技术规范的全部要求所进行的试验，是新产品鉴定中必不可少的一个环节，主要包括：

（1）混凝土抗压强度；

（2）外观质量；

（3）尺寸偏差；

（4）力学性能；

（5）保护层厚度。

（二）试验项目介绍

根据混凝土电杆试验项目的重要性及适用范围，对上述试验项目原理、试验目的、适用仪器及主要关注的试验试验指标进行简单介绍。

1. **混凝土抗压强度**

GB/T 4623—2014《环形混凝土电杆》规定钢筋混凝土电杆用混凝土强度等级不应低于 C40，预应力混凝土电杆、部分预应力混凝土电杆用混凝土强度等级不低于 C50。混凝土的强度等级是指混凝土的抗压强度，即在外力的作用下，单位面积上能够承受的压力，亦是指抵抗压力破坏的能力。混凝土的强度等级应以混凝土立方体抗压强度标准值划分。采用符号 C 与立方体抗压强度标准值（以 N/mm^2 或 MPa 计）表示。混凝土抗压强度指标直接关系到混凝土电杆的整体力学性能，如混凝土抗压强度不合格，可能会引起混凝土电杆在使用过程中发生弯折等事故。

混凝土抗压强度试验采用的设备为压力试验仪。根据 GB/T 50081—2002《普通混凝土力学性能试验方法标准》，混凝土抗压强度试验所用试块应采用 150mm × 150mm × 150mm 的标准试块，试块成型脱模后应在标准养护室中养护 28d，试验过程中应持续均匀的加荷，混凝土强度等级为 C30 ~ <C60 时，加荷速度 0.5 ~ 0.8MPa/s。

2. **力学性能**

混凝土电杆的力学性能由开裂检验弯矩和承载力检验弯矩时的裂缝宽度、挠度、混凝土破坏程度来表征。力学性能是混凝土电杆的最关键指标，直接关系到混凝土电杆的安全使用，力学性能不合格，可能直接导致混凝土电杆在施工或者运行直接断杆，十分危险。GB/T 4623—2014《环形混凝土电杆》中规定，对于钢筋混凝土电杆，加荷至开裂检验弯矩时，裂缝宽度应不大于 0.20mm，锥形杆长度小于 10m 时，杆顶挠度应不大于 $(L_1+L_3)/35$；杆长为 10 ~ 12m 时，杆顶挠度应不大于 $(L_1+L_3)/32$；杆长 >12 ~ 18m 时，杆顶挠度应不大于 $(L_1+L_3)/25$。加荷至承载力检验弯矩（开裂检验弯矩时的 2 倍）时，不得出现以下情况：受拉区混凝土裂缝宽度达到 1.5mm 或受拉钢筋被拉断；受压区混凝土破坏；杆顶挠度大于 $(L_1+L_3)/10$。

由于预应力钢筋混凝土电杆和部分预应力混凝土电杆基本不再应用，因此对预应力混凝土电杆和部分预应力混凝土电杆的要求不再赘述。

力学性能的试验装置如图 2-45 所示，加荷程序为：

第一步，由零按开裂检验弯矩的 20% 的级差加荷至开裂检验弯矩的 80%，然后按开裂检验弯矩的 10% 的级差继续加荷至开裂检验弯矩，每次静停 3min，测量并记录裂缝宽度及挠度值。

第二步，由开裂检验弯矩卸荷至零，卸荷后静停 3min，测量并记录残余裂缝宽度及挠度值。

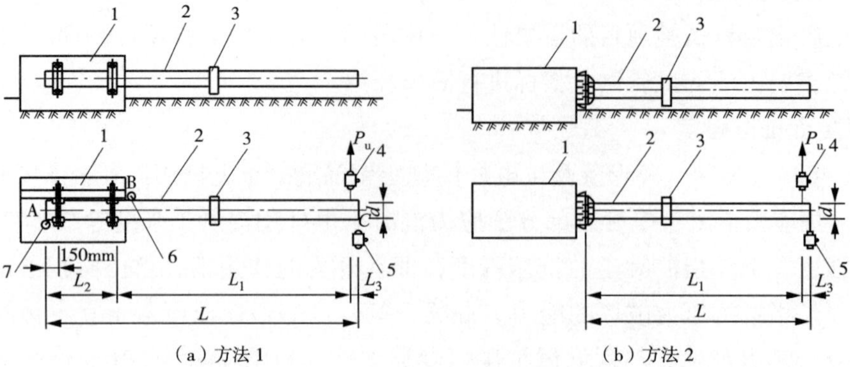

（a）方法 1　　（b）方法 2

图 2－45　力学性能试验装置示意

1—钢筋混凝土（或钢制）台座；2—电杆；3—滚动支座；4—荷载测力仪；5—挠度仪（或直尺）；6—B 测点位移仪（或百分表）；7—A 测点位移仪（或百分表）；P_u—荷载；L—杆长；L_1—荷载点高度；L_2—支持点高度；L_3—梢端至荷载点距离；A、B—支座（宽 150mm 硬木制成的 U 形垫板）

注：U 形垫板放置位置：A 支座处于垫板中心线到电杆根端的距离等于 150mm；B 支座处于右端面到电杆根端面的距离等于 L_2。

第三步，由零按开裂检验弯矩 20% 的级差加荷至开裂检验弯矩，测量并记录裂缝宽度及挠度值，递增至开裂检验弯矩的 160% 后，按开裂检验弯矩 10% 的级差继续加荷至承载力检验弯矩，每次静停 3min，观察并记录各项读数。

3. **保护层厚度**

混凝土保护层是指混凝土构件中起保护钢筋，避免钢筋直接裸露的那部分混凝土从混凝土表面到最外层钢筋公称直径外边缘之间的最小距离。保护层厚度不足，则混凝土电杆内部的钢筋易产生腐蚀，钢筋一旦腐蚀，则混凝土电杆的性能将直线下降，严重威胁电杆的安全运行，因此，保护层厚度是影响混凝土电杆使用周期的关键指标。

GB/T 4623—2014《环形混凝土电杆》规定，混凝土保护层厚度应不小于 15mm，偏差不允许超过（－2mm，＋8mm）。

保护层厚度应用深度游标卡尺测量三个点，每个断面测 1 点，锥形杆第 1 点在 B 支座处，第 2 点在距梢端 0.6m 处，第 3 点在前面两点中任一处，精确至 1mm。

二、试验案例解读

某环形混凝土电杆于 2014 年 11 月 7 日开展检测试验，试验结果见表 2－95，结论为抗裂弯矩时挠度不符合 GB/T 4623—2014《环形混凝土电杆》及设计图纸要求。

表 2－95　**某环形混凝土电杆检测报告**

规格型号				GΦ190×15m×M		制造单位		
检测项目				类别	单位	技术指标	检测结果	判定
外观质量	1	表面裂缝		A	mm	预应力和部分预应力电杆不得有裂缝。普通电杆不得有纵向裂缝，环向裂缝宽度不得大于0.05mm	纵向：无 环向：0.02	√
	2	漏浆	模边合缝处	A		模边合缝处不应漏浆。但如漏浆深度不大于10mm、每处漏浆长度不大于300mm、累计长度不大于杆长的10%、对称漏浆的搭接长度不大于100mm时，允许修补	最长：无 最深：无 累计：无 最长搭接：无	√
			钢板圈（或法兰盘）与杆身结合面	A		钢板圈（或法兰盘）与杆身结合面不应漏浆。但如漏浆深度不大于10mm、环向长度不大于1/4周长、纵向长度不大于50mm时，允许修补	无此项	—
	3	局部碰伤		B		局部不应碰伤。但如碰伤深度不大于10mm、每处面积不大于50cm²时，允许修补	深度：无 面积：无	√
	4	内、外表面露筋		A		不允许	未见	√
	5	内表面混凝土塌落		A		不允许	未见	√
	6	蜂窝		A		不允许	未见	√
	7	麻面、粘皮		B		不应有麻面或粘皮。但如每米长度内麻面或粘皮总面积不大于相同长度外表面积的5%时，允许修补	未见	√
	8	钢板圈坡口至混凝土端面距离		B	mm	大于钢板厚度的1.5倍且不小于20mm	无此项	—

续表

规格型号				GΦ190×15m×M			制造单位	
检测项目				类别	单位	技术指标	检测结果	判定
尺寸允许偏差	1	杆长	整根杆	B	mm	+20、-40	+1	√
			组装杆杆段	B	mm	±10	无此项	—
	2	壁厚		A	mm	+10、-2	+7	√
	3	外径		B	mm	+4、-2	+2	√
	4	弯曲度		A	mm	≤L/800=18.75	2	√
	5	端部倾斜	杆底	B	mm	≤5	1	√
			钢板圈	B	mm	≤3	无此项	—
			法兰盘	B	mm	≤2	无此项	—
保护层厚度	1	B处		A	mm	18^{+8}_{-2}、17^{+8}_{-2}	19.7	√
	2	杆中		A	mm	18^{+8}_{-2}、17^{+8}_{-2}	16.2	√
	3	距C点0.6m处		A	mm	17^{+8}_{-2}	24.0	√
配筋检查	1	主筋数量		A	根	20	20	√
	2	主筋内径		A	mm	13.4±0.4	13.4	√

续表

规格型号				GΦ190×15m×M		制造单位		
检测项目				类别	单位	技术指标	检测结果	判定
力学 性能	1	抗裂弯矩检验	普通杆	A	mm	加荷至100%时，裂缝宽度不大于0.20	0.16	√
						100%归零时，残余裂缝宽度不大于0.05	0.00	√
			预应力杆	A	mm	加荷至100%时，不得出现裂缝	无此项	—
			部分预应力杆	A	mm	加荷至80%时，不得出现裂缝	无此项	—
						加荷至100%时，裂缝宽度不大于0.1	无此项	—
						100%归零时，残余裂缝宽度不大于0.05	无此项	—
	2	挠度	抗裂弯矩	A	mm	<500	521	×
			承载力弯矩			<1250	1107	√
	3	承载力检验		A	kN·m	$M_u^0 \geqslant \beta M_k = 147$	>147	√

第十三节　电容器

一、主要试验项目

（一）试验项目分类

根据 GB/T 11024.1—2010《标称电压 1kV 以上交流电力系统用并联电容器　第 1 部分：总则》及 DL/T 840—2016《高压并联电容器使用技术条件》，电容器的主要试验类型包括例行试验、型式试验、验收试验和特殊试验，其包含的试验项目如下。

1. 例行试验

（1）电容测量；

（2）电容器损耗角正切（$\tan\delta$）测量；

（3）端子间电压试验；

（4）端子与外壳间交流电压试验；

（5）内部放电器件试验；

（6）密封性试验；

（7）内部熔丝的放电试验。

2. 型式试验

（1）热稳定性试验；

（2）高温下电容器损耗角正切（$\tan\delta$）测量；

（3）端子与外壳间交流电压试验；

（4）端子与外壳间雷电冲击电压试验；

（5）短路放电试验；

（6）电容器配用的外部熔断器的试验；

（7）内部熔丝的隔离试验。

3. 验收试验

（1）外观检查；

（2）绝缘电阻测量；

（3）电容测量；

（4）电容器损耗角正切（$\tan\delta$）测量；

（5）端子间电压试验；

（6）端子与外壳间交流电压试验；

（7）耐压后复测电容值。

4. 特殊试验

主要为耐久性试验。

（二）试验项目介绍

根据变压器试验项目的重要性及适用范围，对上述试验项目原理、试验目的、适用仪器及主要关注的试验试验指标进行简单介绍。

1. **电容测量**

电容器电容测量主要基于电压、电流表法或电桥法，目前主要采用电容测试仪进行测试，主要用于检查电容器介质是否受潮、元件是否击穿、是否缺油等。原理见图2－46。

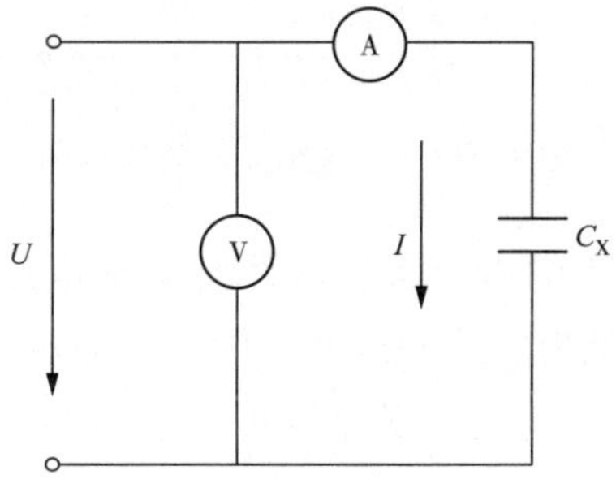

图2－46　电压电流法测量电容量原理图

电容器的电容测量应在电压试验之后进行，为了揭示是否有诸如一个元件击穿或一根内部熔丝动作所导致的电容变化，应在其他电气例行试验之前进行电容初测，初测应在不高于0.15 U_N的电压下进行。例行试验中，电容和额定电容的相对误差应不超过：对于电容器单元，±5%；对于总容量在3Mvar及以下的电容器组，±5%；对于总容量在3Mvar以上的电容器组，0～+5%。

三相单元中任何两线路端子之间测得的电容的最大值和最小值之比应不超过1.08。

三相电容器组中任何两线路端子之间测得的电容的最大值和最小值之比应不超过1.02。

2. **电容器损耗角正切（tanδ）测量**

油纸绝缘在交变电场作用下产生极化损耗和电导损耗，因此，当对油纸绝缘外施交流电压时，绝缘中的视在功率可分为有功损耗和无功损耗，其比值称为介质损耗因数，同时，流过绝缘的电流（含电容电流和电阻性电流）滞后于电容电流，这个电流滞后角称为介质损耗角。介质损耗因数是油纸绝缘材料的基本特征之一，一定程度上可以反映电容器内部绝缘是否良好。

电容器的介质损耗因数一般采用高压电桥或介质损耗测试仪，电容器在工频交流额定电压下，20℃时损耗角正切值应符合：纸膜复合介质电容器应不大于0.08%；全膜介质电容器应不大于0.05%；无放电电阻和内熔丝的应不大于0.03%。

3. **端子间（极间）电压试验**

电容器端子间（极间）电压试验可采用交流电压也可采用直流电压，主要用于考核电容器端子间的绝缘强度，试验时的耐受时间为10s（从电压达到额定耐受电压值计起）。原理见图2－47。

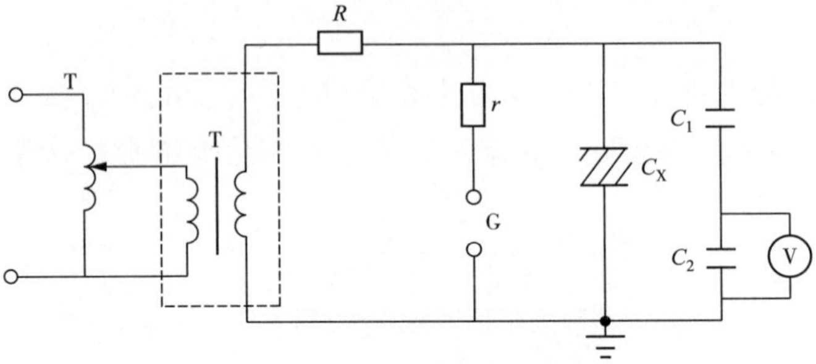

图2－47　工频耐压试验原理图

试验时，特别是对高电压的电容器，应注意施加电压时可能出现的过渡过电压。为此，对试品施加电压时应从电容器额定电压的一半或更低处开始，在2～10s内均匀地升高到额定耐受电压值。在此电压下保持规定的时间之后，当用交流电压试验时，应迅速地降至零，然后切断电源；当用直流电压试验时，放电后应将端子保持短接一段时间，以便充分消除内部剩余电荷。

4. 端子与外壳间交流电压试验

端子与外壳间交流电压试验是对电容器的电极引线与其外壳之间施加其耐受电压，主要检查外包油纸绝缘、油面下降、瓷套污染等缺陷。

端子与外壳间交流电压试验回路由电源、试验变压器、被试品、保护系统和测试系统等部分构成。试验过程中，各电压等级电容器的端子与外壳间外施耐压试验电压应被施加于被试品的所有连接在一起的端子与外壳之间，例行试验的加压时间为10s，型式试验加压时间为1min。试验过程中，若试验电压不出现突然下降，则试验合格。验收试验中，试验电压为例行试验电压的75%。

5. 内部放电器件试验

并联电容器的介质有很高的绝缘电阻，电容器自网路断开后，如果没有和芯子（或元件）并接的放电器件（电阻或放电线圈），那么电能的释放只能通过自身的漏导——绝缘电阻进行，这要持续很长的时间，少则几个小时或几天，多则长达数月。只要在电容器的出线端子间并接一个放电器件，那么电容器介质所储存的电能就能通过放电器件释放，通过合理选择放电器件的参数，使能量释放的过程按预定的要求进行。

内部放电器件试验一般在电压试验之后进行，主要用于检查内部放电器件缺陷。对装有内部放电器件的电容器，直接以直流电将电容器充电到电压等于$2U_N$，经历有关产品标准中规定的放电时间后，用测量电容器端子上的剩余电压的方法进行试验，推荐使用其内阻比电容器内阻大得多的电压表（如静电电压表）进行测量。如果已知放电器为电阻型的，可以采用测量电容器端子间的直流电阻的方法来检验。

6. **密封性试验**

电容器的密封性试验主要检查外壳及套管上是否存在渗漏缺陷，试验时将未通电的电容器单元通体加热至少2h，使各个部位均达到不低于表2－96所列最高值加20℃，不发生渗漏，则试验合格。

表2－96　　温度范围上限用字母代号

代号	环境温度（℃）		
	最高	24h平均最高	年平均最高
A	40	30	20
B	45	35	25
C	50	40	30
D	55	45	35

注　这些温度值可在安装地区的气象温度表中查得，该表是以电容器不影响环境空气温度的使用条件（如户外装置）为前提确定的。

7. **热稳定性试验**

热稳定性试验是用来确定电容器在过负载条件下的热稳定性及电容器获得损耗测量再现性的条件。

试验时将被试电容器单元放置于另外两台具有相同额定值并施加与被试电容器相同电压的单元（陪试单元）之间。也可采用两台装有电阻器的模型电容器作为陪试单元，应调节电阻器的损耗使得模型电容器的内侧面靠近顶部的外壳温度等于或高于被试电容器相应处的温度。单元之间的间距应等于或小于正常间距，试验组应放置于静止空气的加热封闭箱中，其相对位置及放置方式应符合制造厂对现场安装的规定。环境空气温度应保持或高于表2－97所示的相应温度，该温度应以具有热时间常数约1h的温度计来检验，应对温度计屏蔽，使其受到三个通电试品热辐射的可能性最小。

表2－97　　热稳定试验时的环境空气温度

代号	环境温度（℃）
A	40
B	45
C	50
D	55

对被试电容器应施加实际正弦波的交流电压，历时至少48h。在试验的最后24h期间内应调整电压大小，使根据实测电容计算得到的容量至少为1.44倍额定容量。

在最后6h内，应测量外壳接近顶部处的温度至少4次。6h内温升的增加应不大于1K。如果变化较大，则应继续进行试验直到在6h内的连续4次测量满足要求为止。

试验前后应在温度5～35℃时测量电容，并将两次测得值校正到同一介质温度。两次测得值之差应小于相当于一个元件击穿或一根内部熔丝动作之量。

8. **端子与外壳间雷电冲击电压试验**

雷电冲击试验主要通过人为模拟雷击过电压波形，标准的雷电冲击电压波形应为（1.2～5）/50μs、幅值为表2－98所列对应值，用于考核电容器耐受雷击过电压的绝缘性能。

雷电冲击电压试验适用于拟用于中性点绝缘的电容器组中的电容器单元以及与架空线相连接的电容器单元。所有端子均与外壳绝缘且外壳接地的单元应承受下列试验：在连接在一起的端子与外壳之间施加15次正极性冲击之后，接着再施加15次负极性冲击。改变极性后，在施加试验冲击前允许先施加几次较低幅值的冲击。如果满足下列要求，则认为电容器通过了试验：未发生击穿；在每一极性下未发生多于两次的外部闪络；波形未显示不规则性，或与在降低了的试验电压下记录的波形无显著差异。

另一种方法是单元承受3次正极性冲击，除不允许发生闪络外，以上验收准则均适用。

如果不知道端子与外壳绝缘的单元是否用于外壳接地场合，则应进行雷电冲击电压试验（购买方应说明是否需要以上试验）。有一个端子固定连接到外壳上的单元，不作此项试验。

表2－98　绝缘水平　kV

<table>
<tr><th>系统标称电压
（方均根值）</th><th>设备最高电压
（方均根值）</th><th>额定雷电冲击耐受电压
（峰值）</th></tr>
<tr><td>3</td><td>3.5</td><td>40</td></tr>
<tr><td>6</td><td>6.9</td><td>60</td></tr>
<tr><td>10</td><td>11.5</td><td>75</td></tr>
<tr><td>15</td><td>17.5</td><td>105</td></tr>
<tr><td>20</td><td>23.0</td><td>125</td></tr>
<tr><td>35</td><td>40.5</td><td>185</td></tr>
<tr><td rowspan="2">66</td><td rowspan="2">72.5</td><td>325</td></tr>
<tr><td>350</td></tr>
<tr><td>110</td><td>126</td><td>450</td></tr>
<tr><td rowspan="2">220</td><td rowspan="2">252</td><td>850</td></tr>
<tr><td>950</td></tr>
<tr><td rowspan="2">330</td><td rowspan="2">363</td><td>1050</td></tr>
<tr><td>1175</td></tr>
<tr><td rowspan="3">500</td><td rowspan="3">550</td><td>1425</td></tr>
<tr><td>1550</td></tr>
<tr><td>1675</td></tr>
</table>

注　对同一设备最高电压给出两个绝缘水平者，在选用时应考虑到电网结构及过电压水平、过电压装置的配置及其性能，可接受的绝缘故障率等。

9. 短路放电试验

单元应以直流充电，然后通过尽可能靠近电容器放置的间隙放电。电容器应在10min内承受5次这样的放电，试验电压应为2.5U_N，在试验后的5min内应对单元进行一次端子间电压试验。

在放电试验前和电压试验后均应测量电容，两次测得值之差应小于相当于一个元件击穿或一根内部熔丝动作之量。

在上述电容器试验项目中，电容测量、电容器损耗角正切（tanδ）测量、交流耐压试验等项目涉及电容器例行、型式及验收等各个环节。各环节的试验项目情况见表2－99。

表2－99　　电容器例行、型式及验收等环节检测项目

试验项目	例行试验	型式试验	验收试验
电容测量	√		√
电容器损耗角正切（tanδ）测量	√	√	√
端子间电压试验	√		√
端子与外壳间交流电压试验	√	√	√

二、试验案例解读

某7.2/$\sqrt{3}$kV电容器验收试验结果见表2－100。

表2－100　　7.2/$\sqrt{3}$kV电容器验收试验报告

变电站	某35kV变电站		试验日期	2016年9月8日	温度	6℃
设备名称	并联电容器		试验性质	验收试验	湿度	42%
型号	BAM7.2/$\sqrt{3}$－334－1W		额定电压	7.2/$\sqrt{3}$kV	绝缘水平	42/75kV
厂家			额定容量	334kvar	生产日期	2016年5月
电容值测量（μF）	A相		B相		C相	
	编号	耐压前/后	编号	耐压前/后	编号	耐压前/后
	0903092003	62.93/62.90	0903092001	62.54/62.55	0903092018	62.87/62.88
	0903092008	62.90/62.94	0903092016	62.58/62.58	0903092015	62.84/62.85
	0903092014	62.73/62.77	0903092006	63.12/63.10	0903092011	62.85/62.85
绝缘电阻（MΩ）	A		B		C	
	10000		10000		10000	
交流耐压（kV/min）	A		B		C	
	31		31		31	

续表

<table>
<tr><td rowspan="2">外观</td><td>A</td><td>B</td><td>C</td></tr>
<tr><td>良好</td><td>良好</td><td>良好</td></tr>
<tr><td>结论</td><td colspan="3">合格</td></tr>
</table>

第十四节　避雷器

一、主要试验项目

（一）试验项目分类

根据 GB/T 11032—2010《交流无间隙金属氧化物避雷器》，避雷器的主要试验类型包括例行试验、型式试验、验收试验和抽样试验，其包含的试验项目如下。

1. 例行试验

（1）持续电流试验；

（2）标称放电电流残压试验；

（3）工频参考电压试验；

（4）直流参考电压试验；

（5）0.75 倍直流参考电压下漏电流试验；

（6）密封性试验；

（7）局部性能试验；

（8）多柱避雷器电流分布试验。

2. 型式试验

（1）避雷器外套的绝缘耐受试验；

（2）残压试验；

（3）长持续时间冲击电流耐受试验；

（4）动作负载试验量；

（5）避雷器脱离器/故障指示器的试验；

（6）短路试验；

（7）内部局部放电试验；

（8）弯曲负荷试验；

（9）环境试验；

（10）密封泄漏试验；

（11）无线电干扰（RIV）试验；

（12）人工污秽试验；

（13）持续电流试验；

（14）工频参考电压试验；

（15）直流参考电压试验；

（16）0.75 倍直流参考电压下泄漏电流试验；

（17）多柱避雷器电流分布试验；

（18）大电流冲击耐受试验。

3. 验收试验

（1）标准验收试验。包括持续电流试验、工频参考电压试验、直流参考电压试验、0.75 倍直流参考电压下漏电流试验、残压试验、局部放电试验、密封试验。

（2）特殊热稳定试验。

4. 定期试验

（1）残压试验；

（2）长持续冲击电流冲击耐受；

（3）动作负载试验；

（4）工频电压耐受时间特性试验。

5. 抽样试验

（1）方波冲击电流耐受试验；

（2）大电流冲击耐受试验；

（3）加速老化试验。

（二）试验项目介绍

根据避雷器试验项目的重要性及适用范围，对上述试验项目原理、试验目的、适用仪器及主要关注的试验试验指标进行简单介绍。

1. 避雷器外套的绝缘耐受试验

避雷器外套的绝缘耐受试验应在整只避雷器外套上进行，用来验证避雷器外套的外绝缘的电压耐受能力。避雷器外套应能耐受下述电压：

（1）雷电耐受电压等于 1.3 倍避雷器的雷电冲击保护水平。

（2）对于额定电压为 288kV 及以上的 10000A 和 20000A 的避雷器操作耐受电压等于 1.25 倍的避雷器操作冲击保护水平。

（3）对于额定电压低于 288kV 的 10000A 和 20000A 的避雷器外套应耐受 1min 工频电压，其电压峰值等于 1.06 倍的操作冲击保护水平。

（4）对于户外用避雷器外套应进行湿工频电压耐受试验，对于户内用避雷器外套应进行干工频电压耐受试验。

（5）1500A、2500A 及 5000A 的避雷器和强雷电负载的避雷器外套应耐受 1min 工频电压，其电压峰值等于 0.88 倍雷电冲击保护水平。

注：避雷器的雷电电流保护水平是在标称放电电流下的最大残压，避雷器的操作冲击保护水平是在规定的操作冲击电流下的最大残压。

2. **雷电冲击电压试验**

避雷器应按照 GB/T 16927.1—2011《高电压试验技术　第 1 部分：一般定义及试验要求》进行干状态下的标准雷电冲击电压试验。每种极性连续施加 15 次冲击试验电压，如果内部不发生闪络，且每 15 次冲击中外部闪络不超过 2 次时，则认为避雷器通过了试验。

3. **操作冲击电压试验**

额定电压 288kV 及以上的 10kA 和 20kA 等级的避雷器应按照 GB/T 16927.1—2011《高电压试验技术　第 1 部分：一般定义及试验要求》进行标准操作冲击电压试验。户外用避雷器应作湿试验，户内用避雷器应作干试验。每种极性连续施加 15 次冲击试验电压，如果内部不发生闪络，且每 15 次冲击中外部闪络不超过 2 次时，则认为避雷器通过了试验。

4. **残压试验**

型式试验残压试验目的是获得各种规定冲击电流下残压与例行试验中所检验的电压水平的比值，后者可用参考电压或者 0.01 倍 ~2 倍标称放电电流范围内任一适当的雷电冲击电流下的残压，该电流值可依据制造厂例行试验程序来选定。避雷器在陡波、雷电、操作冲击电流下残压值应不大于表 2-101 和表 2-102 的规定。

表 2-101　　单位额定电压下 20000A 和 10000A 等级避雷器残压

额定电压 U_r（有效值，kV）	20000A 时 U_r（峰值，kV）			10000A 时 U_r（峰值，kV）		
	陡波	雷电波	操作波	陡波	雷电波	操作波
3~29				2.6~4.0	2.3~3.6	2.0~2.9
30~132	2.6~3.1	2.3~2.8	2.0~2.3	2.6~3.7	2.3~3.6	2.0~2.6
144~342	2.6~3.1	2.3~2.8	2.0~2.3	2.6~3.7	2.3~3.3	2.0~2.6
360~756	2.6~3.1	2.3~2.8	2.0~2.3	2.6~3.1	2.3~2.8	2.0~2.3

注　表中给出通常可用的最大残压范围，残压值低者通常相应于放电等级高的避雷器，反之亦然。

表 2-102　　单位额定电压下 5000A、2500A 和 1500A 等级避雷器残压

<table>
<tr><th rowspan="2">额定电压 U_r（有效值，kV）</th><th colspan="2">5000A 时 U_r（峰值，kV）</th><th colspan="2">2500A 时 U_r（峰值，kV）</th><th colspan="2">1500A 时 U_r（峰值，kV）</th></tr>
<tr><th>陡波</th><th>雷电波</th><th>陡波</th><th>雷电波</th><th>陡波</th><th>雷电波</th></tr>
<tr><td>0.175~2.9</td><td>2.7~4.0</td><td>2.4~3.6</td><td>2.7~5.0</td><td>3.3~4.5</td><td rowspan="3">4.5~6.7</td><td rowspan="3">4.0~6.0</td></tr>
<tr><td>3~29</td><td>2.7~4.0</td><td>2.4~3.6</td><td>4.0</td><td>3.6</td></tr>
<tr><td>30~132</td><td>2.7~3.7</td><td>2.4~3.3</td><td>4.0</td><td>3.6</td></tr>
</table>

注　表中给出通常可用的最大残压范围。

5. **内部局部放电试验**

型式试验应在整只避雷器上进行，并应按实际运行情况安装。试验时，施加在试品上的工频电压应升至额定电压，保持 2～10s，然后降到 1.05 倍持续运行电压，在该电压下，按照 GB/T 7354—2018《高电压试验技术　局部放电测量》规定测量局部放电，测得的内部局部放电值不应超过 10pC。

例行试验时，内部局部放电试验可以在整个避雷器或避雷器元件上进行，也可采用其他方法检验每个避雷器或避雷器元件的局部放电。

6. **工频参考电压试验**

对避雷器（或避雷器元件）施加工频电压，当通过试品的阻性电流等于工频参考电流时，测出试品上的工频电压峰值。参考电压等于该工频电压峰值除以$\sqrt{2}$，如参考电压与极性有关时，取低值。

7. **直流参考电压试验**

对整个避雷器（或避雷器元件）测量直流参考电流下的直流参考电压值，如参考电压与极性有关时，取低值，其值应不小于表 2－103 中的规定值。直流电压脉动部分应不超过 ±1.5%。

8. **0.75 倍直流参考电压下漏电流试验**

对避雷器施加 0.75 倍直流参考电压，测得通过避雷器的漏电流，如漏电流与极性有关取高值。0.75 倍直流参考电压下漏电流一般不超过 50μA。多柱并联和额定电压 216kV 以上的避雷器漏电流由制造厂和用户协商规定。

9. **多柱避雷器电流分布试验**

试验应对所有并联的电阻片组进行，一个并联电阻片组是指各柱间没有中间电连接装配的一部分。制造厂应规定多柱避雷器中单柱的最大电流值。电流的最大值应不高于制造厂规定的电流值上限，电流分布最大不均匀系数不大于 1.10。

例行试验时，测量每柱的平均参考电流值下参考电压值（直流或交流）和平均标称放电电流下的残压值。各柱平均参考电流值下的参考电压的偏差不得大于参考电压规定值的 ±1%，平均标称放电电流下的残压的偏差由制造厂规定。

10. **大电流冲击耐受试验**

应从同批被试电阻片中抽取工频参考电压（或直流参考电压）最高者 5 片，进行此试验。试品应耐受两次冲击，不应有击穿、闪络等损坏。两次之间间隔应能使电阻片冷却到环境温度。

二、试验案例解读

对 500kV 某变电站一台金属氧化锌避雷器进行试验时，发现 B 相上节避雷器 75% U_{1mA} 泄漏电流偏大，数据见表 2－104。

表 2－103　典型的线路避雷器参数

避雷器额定电压 U_r	避雷器持续运行电压 U_c	标称放电电流 20kA 等级				标称放电电流 10kA 等级				标称放电电流 5kA 等级				系统标称电压
		陡波冲击电流残压	雷电冲击电流残压	操作冲击电流残压	直流 1mA 参考电压	陡波冲击电流残压	雷电冲击电流残压	操作冲击电流残压	直流 1mA 参考电压	陡波冲击电流残压	雷电冲击电流残压	操作冲击电流残压	直流 1mA 参考电压	
（有效值）		（峰值）≤			≥	（峰值）≤			≥	（峰值）≤			≥	（有效值）
17	13.6									57.5	50	42.5	25	10
51	40.8									154	134	114	73	35
54	43.2									163	142	121	77	
96	75					288	250	213	140	288	250	213	140	66
108	84					315	281	239	157	323	281	239	157	110
114	89					341	297	252	165					
216	168.5					630	562	478	314					220
312	237					847	760	643	442					330
324	246					880	789	668	459					
444	324	1238	1106	907	597	1137	1015	900	597					500
468	330	1306	1166	956	630	1198	1070	950	630					

表 2-104　　现场试验时试验数据

项目		相别		
		A	B	C
现场试验	U_{1mA}（kV）	208.0	208.8	209.3
	$I_{75\% U1mA}$（μA）	40	90	40
交接值	U_{1mA}（kV）	212	212	213
	$I_{75\% U1mA}$（μA）	30	30	30

拆下换到无干扰源条件下试验，数据见表 2-105，进一步确认该节避雷器 75% U_{1mA}泄漏电流偏大。

表 2-105　　现场试验与拆下后无干扰源条件下试验数据

项目		相别 B
现场试验	U_{1mA}（kV）	208.8
拆下后无干扰源条件下试验	$I_{75\% U1mA}$(μA）	90
	U_{1mA}（kV）	207.0
	$I_{75\% U1mA}$（μA）	85

经厂家试验解体后发现，B 相上节避雷器内部确有放电现象，因此更换了一节新避雷器，避免了一起可能发生的设备事故，保证了电网安全运行。

第十五节　计量终端

计量终端（特指电能表和用电信息采集终端）检测涵盖供货前、到货后、运行中等各环节，通过全过程质量监督管理，有效防范和控制质量风险。

一、主要试验项目

（一）电能表

用来测量电路中消耗电能的仪表称为电能表。按工作原理分为感应式电能表和电子式电能表；按所测电流类型分为交流电能表和直流电能表；按其用途可分为有功电能表、无功电能表、复费率电能表、最大需量电能表、标准电能表、多功能电能表、智能电能表；按准确度等级可分为普通安装式电能表和携带式精密级电能表。

近年来，电网企业完成智能电能表的规模化集中招标，并统一规范了智能电能表标准。智能电能表是由测量单元、数据处理单元、通信单元等组成，具有电能计量、信息存储及处理、实时监测、自动控制、信息交互等功能的电能表。

电能表属于国家强制检定的工作计量器具，必须经过法定计量检定机构检定合格后才能使用。法定计量检定机构是指县级以上人民政府计量行政部门所属的计量检定机构和授权有关部门建立的专业性、区域性计量检定机构。

参照 JJG 596—2012《电子式交流电能表》、JJG 569—2014《最大需量电能表》、JJG 691—2014《多费率交流电能表》、Q/GDW 1364—2013《单相智能电能表技术规范》、Q/GDW 1827—2013《三相智能电能表技术规范》，电能表出厂检验、型式检验和全性能试验的试验项目明细见表 2 - 106。

表 2 - 106　　试验项目明细表

序号	试验项目		全性能试验	抽样验收试验
1	外观、标志、通电检查△		•	•
2	准确度要求试验	电流变化引起的百分误差	•	•
3		电能表常数试验	•	•
4		起动试验	•	•
5		潜动试验	•	•
6		环境温度影响△	•	•
7		影响量试验	•	
8		计度器总电能示值误差△	•	•
9		日计时误差	•	•
10		环境温度对日计时误差的影响△	•	•
11		测量重复性试验	•	
12		误差变差试验	•	•
13		误差一致性试验	•	•
14		负载电流升降变差试验	•	•
15	电气要求试验	功率消耗△	•	•
16		电源电压影响	•	
17		短时过电流影响试验	•	
18		自热试验	•	
19		温升试验	•	
20		短时过电压试验	•	
21		电流回路阻抗测试	•	
22		通信模块接口带载能力测试	•	
23		通信模块互换能力试验	•	
24	绝缘	脉冲电压试验△	•	•
25		交流电压试验	•	•

续表

序号	试验项目		全性能试验	抽样验收试验
26	电磁兼容试验	静电放电抗扰度试验△	•	•
27		射频电磁场抗扰度试验△	•	•
28		快速瞬变脉冲群抗扰度试验△	•	•
29		浪涌抗扰度试验△	•	•
30		射频场感应的传导骚扰抗扰度△	•	•
31		无线电干扰抑制	•	
32	气候影响试验	高温试验	•	
33		低温试验	•	
34		交变湿热试验	•	
35		阳光辐射防护试验	•	
36		极限工作环境试验	•	
37	机械试验	防尘试验	•	
38		防水试验	•	
39		弹簧锤试验	•	
40		冲击试验	•	
41		振动试验	•	
42		耐热和阻燃试验	•	
43		接线端子压力试验	•	
44	费控安全试验	费控功能试验	•	
45		密钥更新试验	•	
46		参数更新试验	•	
47		远程控制试验	•	
48		安全认证试验	•	
49	通信规约一致性检查		•	
50	功能检查		•	

注 在抽样验收试验中，带△项目从抽样中随机抽取6个进行试验。

根据试验项目的重要性，电能表准确性、费控、电气要求的试验原理、试验项目、检测仪器及检测目的如下。

测试原理是标准表和被检表对同一程控功率源同时进行电能计量，实现了被检电能表与已知电能表的直接比较，测量误差的大小，如图2－48所示，主要试验设备见表2－107。

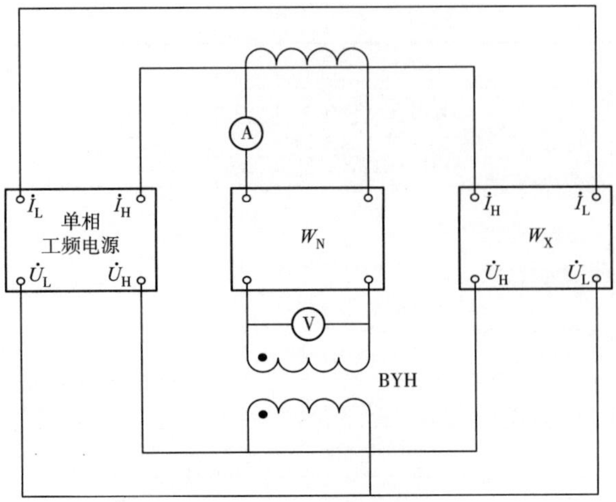

图 2－48　测试原理图

W_N —标准电能表或功率表；W_X —被检电能表；A—电流表；V—电压表；BYH—标准电压互感器

表 2－107　　主要试验设备

序号	仪器名称	型号	数　量
1	全自动电能表标准装置	DJ－101	1 台
2	耐压测试仪	CJ2671S	1 台
3	导线	—	若干

1. 准确度要求试验

（1）基本误差试验。电能表在参比条件下，电流变化引起的百分误差应为 JJG 596—2012《电子式交流电能表》中准确度等级对应标准规定误差限的 60%。

（2）电能表常数试验。电能表测试输出与显示器指示的电能表变化之间的关系，应与铭牌标志的常数一致。

（3）起动试验。起动试验主要考察电能表在小电流情况下是否能够正常启动并工作。电能表加参比电压，且功率因数为 1 时，电流线路通以电能表能起动并连续记录的最小电流的情况称为起动。

在起动电流条件下，仪表应能起动并连续记录。若为双向计量仪表，应对每个计量方向进行试验。起动电流见表 2－108。

表 2－108　　起动电流

类别	有功电能表准确度等级				无功电能表准确度等级	
	0.2S	0.5S	1	2	2	3
	起动电流（A）					
直接接入的电能表	—	—	$0.004I_b$	$0.005I_b$	$0.005I_b$	$0.01I_b$

续表

类别	有功电能表准确度等级				无功电能表准确度等级	
	0.2S	0.5S	1	2	2	3
	起动电流（A）					
经互感器接入的电能表	$0.001I_n$	$0.001I_n$	$0.002I_n$	$0.003I_n$	$0.003I_n$	$0.005I_n$

注　经互感器接入的宽负载电能表（$I_{max} \geqslant 4I_b$）[如 3×1.5（6）A]，接 I_b 确定起动电流。

（4）潜动试验。潜动试验主要考察电能表在只有参比电压的情况下，是否发生电量走字。在电能表电压回路通以 115% U_n，电流回路无电流，在规定时间内电能表输出不应产生多于一个的脉冲。

（5）需量示值误差。在指定的时间周期内（一般取 15min）测得的平均功率值称为电能需量。

在电压线路通以参比电压、电流线路通以电流 $0.1I_b$（$0.1I_n$）、I_b（I_n）和 I_{max}，且功率因数为 1 条件下，仪表连续运行 15min 以上，读取仪表的最大需量，并计算需量示值误差。需量示值误差应不大于规定的准确度等级。

（6）日计时误差。日计时误差主要用于检测被检电能表晶振时钟的计时准确性。电压线路施加参比电压 1h 后，用标准时钟测试仪测电能表时基频率输出，连续测量 5 次，每次测量时间为 1min，取其算术平均值，时钟准确度不应超过 0.5s/d。

2. 费控安全试验

费控安全试验是测试电能表费控、密钥更新、参数更新、远程控制、安全认证等功能是否符合要求。费控安全试验包括费控功能验证试验，密钥更新试验、参数更新试验、远程控制试验、安全认证试验，总共 5 项试验。费控安全试验可以全部利用费控安全功能检定装置自动完成，应按照 Q/GDW 1365—2013《智能电能表信息交换安全认证技术规范》的规定执行。

（1）费控功能试验。本地费控电能表是在本地实现费控功能的智能电能表。本地费控电能表支持 CPU 卡、射频卡等固态介质进行充值及参数设置，同时也支持通过虚拟介质远程实现充值、参数设置及控制功能的电能表，即本地预付费与远程预付费是本地费控电能表所应具有的两种预付费方式，本地费控电能表的费控功能都是在智能电能表内部实现的。

远程费控电能表，本地主要实现计量功能，不支持本地计费功能；计费功能应由远程的主站/售电系统完成，当用户欠费时由远程主站/售电系统发送跳闸命令，给用户断电；当用户充值后，远程主站/售电系统再发送合闸命令，为用户合闸。

（2）密钥更新试验。电能表应支持密钥更新功能，密钥更新实现密钥状态的切换，包括密钥的下装与恢复，电能表内所有密钥只能通过远程方式更新。

（3）参数更新试验。电能表应既支持本地参数更新功能，又支持远程参数更新功能。本地参数更新应支持参数预置卡更新和用户卡更新两种方式。

（4）远程控制试验。电能表应支持远程控制功能，远程控制包括跳闸、合闸允许、直接合闸、报警、报警解除、保电和保电解除。

（5）安全认证试验。智能电能表均应支持安全认证功能，应通过电能表内嵌安全模块采用加密保护方式进行身份认证、红外认证、对传输数据进行加密保护和 MAC 验证，做到数据机密性和完整性保护，有效防止重放攻击和非法操作。

3. **交流电压试验**

新生产和检修后电能表应先进行交流耐压试验，经受不住耐压的电能表无须进行下一步检定。试验电压应在 5 ~ 10s 内由零升到规定值，并保持 1min，随后试验电压以同样速度降到零。电流线路和电压线路以及参比电压超过 40V 的辅助线路连接在一起为一点，另一点接地，试验电压施加于该两点间，试验接线示意见图 2 – 49。试验后，在参比电压、参比电流和 $\cos\varphi = 1$ 条件下测量仪表百分数误差，结果应满足准确度等级要求。

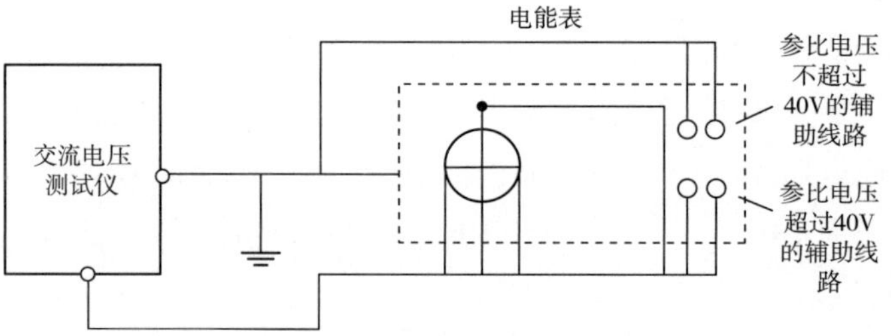

图 2 – 49　线路对地的试验接线示意

注：辅助端子中拉闸信号输出及报警信号输出实际应用中接强电，参比电压超过 40V。应通过设定试验设备的跳闸电流来判断试验结果，跳闸电流设为 5mA，当通过试验设备两端的电流大于跳闸电流时，设备报警，即认为仪表产生闪络或击穿现象。

（二）用电信息采集终端

用电信息采集终端是对各信息采集点用电信息采集的设备，简称采集终端，可以实现电能表数据的采集、数据管理、数据双向传输以及转发或执行控制命令的设备。用电信息采集终端按应用场所分为专变采集终端、集中抄表终端（包括集中器、采集器）、分布式能源监控终端等类型。

参照 Q/GDW 1373—2012《电力用户用电信息采集系统功能规范》、Q/GDW 1374. 1—2012《电力用户用电信息采集系统技术规范 第 1 部分：专变采集终端技术规范》、Q/GDW 1374. 2—2012《电力用户用电信息采集系统技术规范 第 2 部分：集中抄表终端技术规范》，检验分为验收检验、型式检验、全性能检验。出厂检验由生产厂家对所生产的每个产品按标准进行检验，检验合格后施加出厂封印并出具质量合格证明。当终端新产品或老产品恢复生产以及设计和工艺有重大改进时，应进行型式试验。验收检验、型式试验和出厂试验的试验项目明细见表 2 – 109。

表 2-109 试验项目明细表

建议顺序	检验项目	型式试验	验收检验	出厂检验
1	结构	√	√	√
2	功能	√	√*	√c
3	数据传输信道	√	√*	
4	通信协议一致性	√	√*	
5	电源影响（电源断相、电压变化）	√	√*	
6	功率消耗	√	√*	√
7	接地故障能力	√		
8	连续通电稳定性	√	√*	
9	高温	√	√*	
10	低温	√	√*	
11	温升	√	√*	
12	电压暂降和短时中断	√		
13	工频磁场抗扰度	√		
14	射频电磁场辐射抗扰度	√		
15	射频场感应的传导骚扰抗扰度	√		
16	静电放电抗扰度	√		
17	电快速瞬变脉冲群抗扰度	√		
18	阻尼振荡波抗扰度	√		
19	浪涌抗扰度	√		
20	无线电干扰抑制	√		
21	绝缘电阻	√	√*	
22	绝缘强度	√	√*	
23	冲击电压	√	√*	
24	机械振动	√		√
25	湿热	√		

注 1. 功能和性能中数据采集功能。
2. 通信单元性能可按 B 类不合格分类进行判定。
3. 出厂检验中，c 表示功能检验时只检数据通信和参数配置功能。
4. 验收检验中√表示应做的项目，√* 表示批次抽查的项目。

采集终端功能试验项目包括终端功能（包括数据采集、数据管理和存储、参数设置和查询、事件记录、数据传输、本地功能和终端维护）、计量准确度试验、测量准确度试验。

电磁兼容试验是指集中器、采集器应能承受传导的和辐射的电磁骚扰以及静电放电的影响，设备无损坏，并能正常工作。电磁兼容试验项目包括电压暂降和短时中断、工频磁场抗扰度、射频电磁场辐射抗扰度、射频场感应的传导骚扰抗扰度、静电放电抗扰度、电快速瞬变脉冲群抗扰度、阻尼振荡波抗扰度、浪涌抗扰度、无线电干扰抑制。试验具体要求见 Q/GDW 1379.3—2013《电力用户用电信息采集系统检验技术规范 第3部分：集中抄表终端检验技术规范》。

采集终端可靠性试验包括电源影响试验、功率消耗试验、接地故障能力试验、连续通电稳定性试验和温升试验。绝缘性能试验包括绝缘电阻、绝缘强度试验以及冲击电压试验。气候影响试验是指在高温、低温以及湿热状况下，终端能正常工作，且存储的信息无变化。

二、试验案例解读

某有功2.0级单相智能电能表检定结果如下：2.0级电能表在参比条件下，相应技术规范规定的电流变化引起的百分误差限的60%为1.2%，该表计化整后相对误差均在误差限范围内。时钟日计时误差为0.05s/d，小于规定值0.5s/d。起动、潜动试验均符合要求。检定结果见表2-110。

表2-110　　检定结果

平衡负载试验					
量程		输入量			相对误差（%）
电压（V）	电流（A）	电压（V）	电流	功率因数	
220	5（60）	220	I_{max}	1.0	0.0
单相正向有功		220	I_{max}	0.5	0.0
—	—	220	50% I_{max}	1.0	-0.0
—	—	220	50% I_{max}	0.5	-0.0
—	—	220	100% I_b	1.0	-0.0
—	—	220	100% I_b	0.5	0.0
—	—	220	20% I_b	0.5	0.0
—	—	220	10% I_b	1.0	0.0
—	—	220	10% I_b	0.5	0.0
—	—	220	5% I_b	1.0	0.0

外观检查：	合格	交流电压试验：	>4kV
起动试验：	合格	潜动试验：	合格
输出与显示：	合格	电能示值组合误差：	0.0000 kWh
仪表常数试验：	1.4%	时钟日计时误差：	-0.05 s/d

第三章　电能质量技术监督

当前大量非线性和冲击性负荷的广泛应用，对供电系统电能质量造成了严重污染，恶化了电气设备的电磁环境。而以微电子技术、数字控制技术为核心的高度自动化和智能化设备因其敏感度高、抗扰度能力不足，对电能质量的要求越来越高。在此背景下，电能质量问题受到越来越多的关注。便携式电能质量测试装置和电能质量监测装置能够对各种电能质量指标进行测量、统计、分析，对电能质量进行指标判断。电能质量测试是电能质量技术监督的基本手段。

第一节　电能质量指标分类

一、电能质量分类

理想状态的电力系统是以恒定频率、正弦波形和标准电压对用户连续供电。在三相交流系统中，还要求各相电压和电流的幅值应大小相等、相位对称且互差120°。但由于系统中的发电机、变压器、输电线路和各种用电设备的非线性或不对称性，以及运行操作、外来干扰和各种故障等原因，这种理想状态并不存在。因此在电网运行、电力设备和供用电环节中出现了各种问题，从而产生了电能质量的概念。

电能质量含义可以从以下两种角度进行理解：

1. 从电能的物理属性角度考虑

（1）电压质量。从电网角度看，由于电网主要提供的是满足用户需要的电动势，用户接入电网后，经相关阻抗表现为一定的电压值，因此，通过定义理想电压，并用实际电压与理想电压之间的偏差来度量供电系统给用户提供的电能是否合格，是较容易考虑到的直接方法，从该角度度量的问题被称为电压质量问题。

电压质量主要有电压偏差、电压频率偏差、电压不平衡、电压波动与闪变、电压暂降（暂升）与中断、电压谐波与间谐波、电压陷波等。以上电压指标中，长时间、较平稳、周期性变化属于电压变化；突然发生，持续时间短，幅值变化较大的非平稳现象属于电压事件。

（2）电流质量。严格意义来讲，交流电不能以自身能量形态存储，用户设备接入电网后，从电网吸收电能的具体表现形式是汲出电流，因此，对用户而言，用电流指标度量电能质量更合理，因此，提出了电流质量的概念。电流质量与电压质量密切相关，两者间的联系主要取决于设备用电特性，具体参数可描述为相关阻抗特征，包括系统阻抗和设备阻抗等，具体值取决于所关注的问题的动力学特性和物理参数。

为提高整个系统电能传输和转换效率，除了要求用户的电流保持正弦波形外，还应尽量保持电流与电压波形同相位。电流质量主要有电流谐波、间谐波、负序电流、功率冲击、电流相位超前或滞后相位角等。

2. 从电能的供需角度考虑

（1）供电质量。如果说电压质量、电流质量是分别从系统侧、用户侧出发考察电能质量，那么，供电质量则是对两者的统一。供电质量概念的外延更大，是从较全面角度提出的概念，既包含技术含义，又包含非技术含义，综合考核电压质量、电流质量、服务质量等。

供电质量的技术内涵主要有电压质量和供电可靠性，其中供电可靠性包括连续性与可靠性；非技术内涵主要涉及供电服务质量、用户满意程度、满足社会需要和可持续发展程度等，其内容随着社会进步和人们认识水平的提高不断充实。在智能电网框架下，还涉及用户满意度、社会满意度、电能量转换与传输效率、低碳排放与低石化能源消耗等，具体表现为用户抱怨、投诉响应速度、应对方式、计量方式、电量电费透明度、电能利用效率等。

（2）用电质量。考核供电质量目的是考核供电企业提供的电能能否满足需要。由于电能质量是供用电的兼容性问题，不少电能质量扰动指标取决于用户设备，同时涉及供用电双方，因此，考核电能质量对用户用电设备的影响与考核用户设备、其他设备接入系统后可能产生的扰动同等重要。为此，提出了用电质量的概念，包括用户设备从系统中获取电能时的电流质量和相关非技术含义，如用户是否按时如数缴纳电费、是否按照协议容量用电、用电性质与协议是否相符等。

二、电能质量定义

上述关于电能质量的定义与解释反映了供用电双方的作用和影响以及责任和义务，虽然含义较为工程化，但对理解和认识电能质量很有实用价值。电能质量相关术语之间的关系如图 3－1 所示。

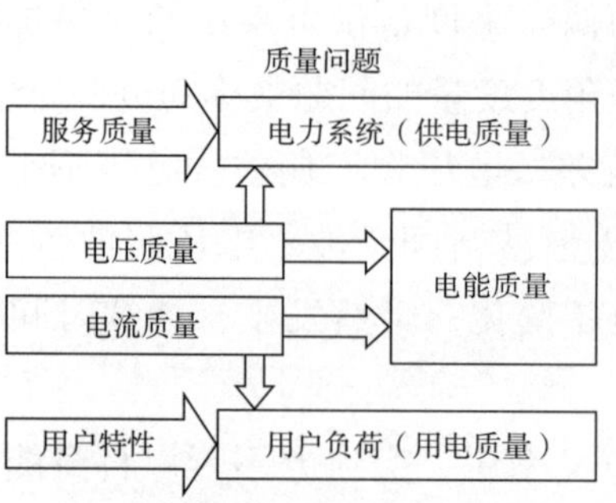

图 3－1　电能质量相关术语关系

国际电气工程师协会（IEEE）对电能质量的定义是：“合格的电能质量，是指提供给敏感设备的电力和为其设置的接地系统是适合与该设备正常工作的”，并正式采用“Power Quality”（电能质量，PQ）这一术语。在许多情况下，接地系统对电能质量的确存在很大的影响，而过去并没有引起足够的重视。但这个定义的缺点是不够直接和简明。

国际电工委员会（IEC）没有采用“Power Quality”这一术语，而是提出使用“EMC”（电磁兼容）的概念，它对电磁兼容的定义是：“系统或设备在所处的电磁环境中能正常工作，同时不对其他系统和设备造成干扰”。该定义强调设备与设备之间、电源与设备之间的相互作用和影响。EMC 采用“排放”反映电流质量问题，表示设备产生的电磁污染；采用“抗扰”反映电压质量问题，表示设备免除电磁污染的能力。

尽管定义不同，但研究电能质量问题，是 21 世纪人类生产、生活所必须面临的问题，而这个问题归根结底主要包括两个方面，其一为电压和供电可靠性问题，涉及电压暂降、三相不平衡、电压波动和长时闪变等供电侧电压问题；其二为电流问题，涉及谐波、间谐波等，主要来源于用户。为此，我国国标将电能质量定义为：关系到供用电设备正常工作（或运行）的电压、电流的各种指标偏离规定范围的程度。

三、电能质量标准

按照电能质量扰动的时间特性来分，电能质量指标主要分为稳态电能质量指标和暂态电能质量指标。稳态电能质量指标包括谐波和间谐波、电压波动和闪变、三相不平衡、电压偏差、频率偏差；暂态电能质量指标包括电压暂降和暂升、电压中断等。不同指标有不同的定义，国内外大多取 95% 概率值作为衡量依据。

国家标准针对稳态电能质量的主要内容也给出了相应的规定，这些规定是进行供电电能质量综合评估的主要依据。电压偏差对应于 GB/T 12325—2008《电能质量　供电电压偏差》，频率偏差对应于 GB/T 15945—2008《电能质量　电力系统频率偏差》，三相电压不平衡对应于 GB/T 15543—2008《电能质量　三相电压不平衡》，电压谐波对应于 GB/T 14549—1993《电能质量　公用电网谐波》，三相电压波动和闪变对应于 GB/T 12326—2008《电能质量　电压波动和闪变》。

第二节　电能质量测试方法

一、电能质量测试仪

便携式电能质量测试仪是多功能电能质量测试分析仪器，用于测量分析公用电网供到用户受电端的交流电能质量，其测量分析的指标为供电频率偏差、供电电压偏差、供电电压波动和闪变、供电三相电压允许不平衡度、电网谐波应用小波变换测量分析非平稳时变信号的谐波。便捷式电能质量测试仪支持 5.5in 大屏幕液晶显示屏，由主机、电压测试线、交流电流钳等部分组成，操作方便，结构简单，性能高。

1. 电能质量测试仪主要用途

（1）测量分析公用电网供到用户端的交流电能质量，包括频率偏差、电压偏差、三相电压允许不平衡度、电网谐波。

（2）应用小波变换测量分析非平稳时变信号的谐波。

（3）测量分析各种用电设备在不同运行状态下的公用电网电能质量。

（4）负荷波动监视定时记录和存储电压、电流、有功功率、无功功率、视在功率、频率、相位等电力参数的变化趋势。

（5）电力设备调整及运行过程动态监视，帮助用户解决电力设备调整及投运过程中出现的问题。

（6）测试分析电力系统中断路器动作、变压器过热、电机烧毁、自动装置误动作等故障原因。

（7）测试分析电力系统中无功补偿及滤波装置动态参数并对其功能和技术指标作出定量评价。

（8）便携、多参数、大容量、高精度及近代信号分析理论的应用等特点，使其可广泛地应用于输配电、电力电子、电机拖动等领域。

2. 电能质量测试仪主要功能及特点

（1）安全可靠。电压输入采用高电压隔离模块（2000V、响应时间不大于 2μs），电流输入采用交流电流钳（0～50kHz，0～5A）安全隔离输入信号和测量系统，使用安全、可靠、方便，抗干扰能力大大提高。

（2）使用方便。便携式结构尺寸小、质量轻、一个人即可携带仪器到现场测试；内置高性能锂电池，在无外接电源的情况下可连续工作 8h。

（3）精度高。符合国标 A 级仪器要求。对谐波、三相不平衡度均采用基准算法，无近似计算，采用高精度 A/D（16 位），同时采样，采集速率 12.8 kHz。

（4）通信接口。电能质量测试仪提供 USB 接口，便于存储数据到 U 盘、与笔记本电脑进行通信传输数据。

（5）测试参数多。系统频率、电网谐波、三相电压不平衡度、电压偏差、电压基波有效值和真有效值、电流基波有效值和真有效值、基波有功功率、有功功率、基波视在功率、2～50 次谐波、真功率因数等全部电能质量五大国标规定的参数。

（6）实时谐波数据判断。实时判断当前测试的电压谐波、电流谐波数据正常或超标。

二、测试前准备

1. 准备工作安排

根据工作安排合理开展准备工作，准备工作内容标准见表3-1。

表3-1 准备工作安排

序号	内容	标准	备注
1	组织作业人员学习作业指导书，使全体作业人员熟悉作业内容、作业标准、安全注意事项	不缺项、漏项	
2	根据现场工作时间和工作内容填写工作票	工作票填写正确	
3	准备试验用仪器仪表，所用仪器仪表良好，有校验要求的仪表应在校验周期内	仪器良好	
4	编制危险源点预控卡		

2. 劳动组织及人员安排

表3-2明确了测试工作所需人员类别、人员职责和作业人员数量。

表3-2 劳动组织

序号	人员类别	职责	作业人数
1	工作负责人	（1）对工作全面负责，在测试工作中要对作业人员明确分工，保证工作质量； （2）对安全作业方案及测试正确性负责； （3）工作前对工作班成员进行危险点告知，交待安全措施和技术措施，并确认每一个工作班成员都已知晓	1
2	工作班成员	（1）识别现场作业危险源，组织落实防范措施； （2）对作业过程中的安全进行监护	1~2
3	厂方人员	指导和协助测试工作，使其保证测试的准确性	

3. 人员要求

表3-3明确了工作人员的精神状态，工作人员的资格包括作业技能、安全资质和特殊工种资质的要求。

表3-3 人员要求

序号	内容	备注
1	现场作业人员应身体健康、精神状态良好	
2	具备必要的电气知识和高压试验技能，能正确操作试验设备，了解被试设备有关技术标准要求，能正确分析试验结果，具有一定的变压器专业理论知识	
3	熟悉现场安全作业要求，并经电网企业《电力安全工作规程》培训，考试合格通过	

4. 现场环境要求

表3-4规定了电能质量测试时的环境要求。

表 3－4　　现场环境要求

序号	内容	要求
1	温度	－10～55℃
2	相对湿度	10%～98%，无结露

5. 材料

根据测试项目确定所需的辅助材料，见表 3－5。

表 3－5　　材料

序号	名　称	型　号	单 位	数 量	备 注
1	绝缘胶布		卷	1	
2	自粘胶带		卷	1	

6. 工器具与仪器仪表

工器具与仪器仪表主要包括专用工具、常用工器具、防护器具、仪器仪表及电源设施等，见表 3－6。

表 3－6　　工器具与仪器仪表

序号	名　称	型　号	单 位	数 量	备 注
1	绝缘手套	低压	副	1～2	
2	电源盘	AC220V	个	1	剩余电流动作保安器
3	绝缘垫	低压	块	1	
4	接线板	AC220V	个	1～2	
5	一字螺丝刀	2″、4″、6″、8″	套	1	金属裸露部要外包绝缘
6	十字螺丝刀	2″、4″、6″、8″	套	1	金属裸露部要外包绝缘
7	活动扳手	8″、10″、12″	套	1	把手外包绝缘
8	验电笔		支	1	
9	试验导线	≥2.5mm^2	根	4	每台仪器，黄、绿、红、黑各 1 根
10	鳄鱼夹		个	4	每台仪器
11	试验叉（针）		个	4	每台仪器，黄、绿、红、黑各 1 个
12	线手套		副	1	
13	电能质量测试仪		台	1	
14	万用表		只	1	

7. 技术资料

表 3－7 为要求的技术资料，主要包括电能质量测试仪使用说明书。

表 3 – 7 技术资料

序号	名称	备注
1	电能质量测试仪使用说明书	
2	测试点基本情况表	

8. **危险点分析与预防控制措施**

表 3 – 8 规定了电能质量测试工作的危险点及预防控制措施。

表 3 – 8 危险点分析与预防控制措施

序号	防范类型	危险点	预防控制措施
1	人身事故	（1）工作任务和安全措施不清	严格遵守规章制度，严格执行工作许可制度，采取安全措施，杜绝违章
2		（2）违反现场作业纪律	（1）工作负责人应及时提醒和制止影响工作的不安全行为
3			（2）工作负责人应注意观察工作班成员的精神和身体状态，必要时可对作业人员进行适当的调整
4			（3）工作中严禁打闹、嬉戏
5		（3）不使用安全器具	使用绝缘垫，戴绝缘手套，穿绝缘鞋
6		（4）误碰带电设备	（1）身体不得直接接触裸露的交、直流带电部分
7			（2）螺丝刀等工具金属裸露部分除刀口外包绝缘
8			（3）试验范围内的一、二次设备应悬挂标示牌和装设遮栏（围栏）
9	设备损坏	（1）电压回路短路	鳄鱼夹、螺丝刀等金属裸露部分外包绝缘
10		（2）电流回路开路	使用电流钳，使用前检查电流回路接线是否牢固
11		（3）万用表档位错误	使用前，检查万用表档位、量程

三、电能质量测试流程

电能质量测试依据标准有 GB/T 12326—2008《电能质量　电压波动和闪变》、GB/T 14549—1993《电能质量　公用电网谐波》、GB/T 15543—2008《电能质量　三相电压不平衡》、GB/T 12325—2008《电能质量　供电电压偏差》、GB/T 15945—2008《电能质量　电力系统频率偏差》、GB/T 24337—2009《电能质量　公用网间谐波》、DL/T 1028—2006《电能质量测试分析仪检定规程》、《国家电网公司电力安全工作规程（变电部分）》（国家电网安监〔2009〕664 号）。

根据电能质量测试及作业环境，将测试作业的全过程优化为最佳的测试步骤顺序，形成测试流程图，见图 3 – 2。

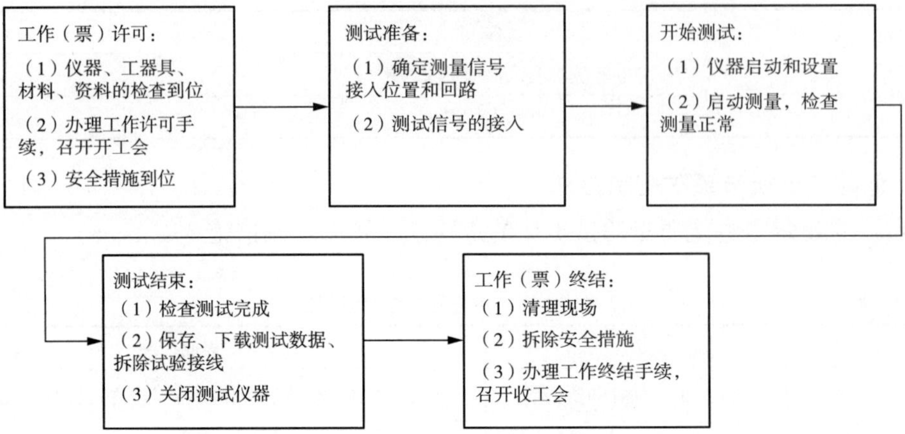

图3－2　电能质量测试流程图

1. 开工

办理开工许可手续前应检查落实的内容，见表3－9。

表3－9　开工前需检查落实的内容

序号	内容
1	作业负责人按照规定办理好工作（票）许可手续
2	作业负责人全面检查现场安全措施是否与工作票一致，是否与现场设备相符
3	作业负责人对工作人员进行明确分工，并在开工前检查确认所有工作人员正确使用劳保用品，检查确认作业工具安全性能
4	作业负责人在工作现场向所有工作人员详细交待作业任务、安全措施和安全注意事项，全体工作人员应明确作业内容、范围、要求等

2. 设备电源的使用

表3－10规定了电源的接取位置、接取电源的注意事项和对导线的要求等内容。

表3－10　测试电源的使用

序号	内容	标准
1	接电源	（1）选择与测试仪相适应的电源盘（线）或电缆； （2）保证电源容量和电压等级符合测试要求； （3）在配电箱、检修箱内使用测试电源，确保在此回路中无其他施工设备接入
2	拆电源	拆除设备电源接线，恢复配电箱、检修箱原始状态

3. 测试作业工序及技术安全要求

表3－11明确了测试工作的前后工序，提出了测试技术及安全要求。

表 3-11 测试作业工序及技术安全要求

序号	作业工序	技术及安全要求	备注
1	测试前的准备		
1.1	仪器仪表与工器具到位		
1.2	确定测量信号接入位置和回路	应从计量或测量回路接入电压、电流信号	
1.3	测试信号的接入	(1) 根据现场接线形式选择正确的接线方式，先进行仪器侧相应的接线； (2) 仪器侧的接线完成后进行信号接入，电流接线应注意正负方向规定，测试电流应小于检测设备的电流互感器最大允许值； (3) 鳄鱼夹金属裸露部要外包绝缘，避免 TV 二次回路短路，检查电流回路连接是否牢固，使用电流钳，避免 TA 二次回路开路； (4) 接线路径避免裸露导体和尖锐的物体，应采取固定措施	
2	开展测试工作		
2.1	仪器启动和设置（参见仪器的使用说明书）	(1) 开启仪器电源； (2) 与计算机联机（LEM PQPT1000、Fluke1760 需要）； (3) 设置仪器接线形式与现场和仪器外部接线一致； (4) 设置额定电压（一次值，相电压或线电压，根据接线形式）； (5) 设置 TA 和 TV 变比、测量间隔（要求不大于 1min）； (6) 仪器初始化，开始测量	
2.2	启动测量，检查测试的正确性	(1) 通过相量图（六角图）或数值检查接线的正确性； (2) 可能存在问题：接线错误、相序错误、接触不良、电流钳钳口未完全闭合、变比错误或变比输入错误； (3) 如需要，重新设置，重新开始测量，重复 1.3 和 2.1； (4) 确认测量已开始（检查有无数据记录）	
3	测试结束		
3.1	检查测试完成	(1) 根据电能质量国家标准，电能质量测量需持续 24h 以上； (2) 某些测量，如查找故障、长期稳定负荷（如化工、电解整流负荷）的测量可测较短时间，要求最少持续 30min，不需间断	
3.2	测试结束，保存、下载数据	及时保存测试数据，联机下载数据或将数据复制至存储卡	
3.3	拆除试验接线	先拆除屏端试验接线，后拆除仪器端接线	
3.4	关闭测试仪器		

4. 测试记录

测试过程中，按照要求填写测试记录，见表 3-12。

表 3－12　　测试情况记录

测试仪器		测试时间	
运行方式	（设备投入、切除等）	测试线路名	
测试母线	（Ⅰ母或Ⅱ母）	TA 变比	
接线方式	（三相三线或三相四线等）	用户用电容量（MVA）	
数据文件（夹）名及保存位置			

注　采用多台仪器或进行多次测试时可相应增加表格；增加电能质量测试统计表即构成简单的电能质量测试报告。

5. 竣工

表 3－13 规定了测试工作结束后的注意事项。

表 3－13　　竣工注意事项

序号	内容	备注
1	检查被试设备上无遗留工器具和测试材料	
2	清点工具，清理试验现场，拆除安全围栏	
3	办理工作（票）终结手续	

6. 后期工作

表 3－14 规定了测试工作结束后的后期工作。

表 3－14　　后期工作

序号	内　容	要　求	备注
1	数据浏览分析，选取有效数据	通过时间段的选取，去除因接入和拆除信号引起的无效数据（在开始和结束时间段）	
2	报表生成	（1）将有效数据转换成报表软件需要的数据； （2）生成报表	
3	电能质量测试报告编写	测试记录和统计报表综合形成电能质量测试报告	

第三节　电能质量监测系统

一、电能质量监测目的和设计

电能由于其产品形式单一，生产、输送和消耗的全过程独具特色，决定了其质量含义也与众不同，主要有以下 6 个显著特点：电能质量现象的动态性、电能质量影响的互动性、电能质量扰动的潜在性和传播性、电能质量责任的特殊性、电能质量评估的复杂性和电能质量控制的整体性。

这些特点决定了对电能质量监测的目的，主要归纳为以下三方面：

（1）对各种电能质量指标进行实时更新测量与数据采集，保证对电力系统基本运行工况的观察、记录及动态分析。

（2）根据各种电能质量指标的具体特征对电能质量问题进行分层监测，完成对多种扰动信息的识别、提取和分析，并具有事故诊断能力。为制定改善电能质量和治理电网污染的具体措施提供可信的依据。

（3）完整了解电网安全、稳定、优质运行的技术经济条件，对电能质量各项指标进行综合评价。优化整个系统的监测，实现数据共享与交流。

因此，电能质量监测系统由监测终端（信号采集）、通道（信息转送）、主站和客户端以及相关软件（数据处理分析）组成。

一个完整的电能质量监测系统应该包括监测终端、前端监测子站、通信网络、数据中心和后台分析评估主站。

（1）监测终端。监测终端是指用于对电能质量一项或多项指标进行监测的装置总称，如电能质量监测终端、电压监测仪等。

（2）前端监测子站。前端监测子站一般由监测终端设备厂商开发，与监测终端配套使用。通常一个前端监测子站负责管理多个监测终端，完成监测数据集中采集，将监测数据打包形成电能质量数据交换格式的数据文件，通过通信网络系统上传给后台数据中心。

（3）通信网络。通信网络可以采用不同形式。目前，电力系统普遍采用电力调度数据网或电力综合业务数据网传输电力业务数据信息。电能质量监测数据多数采用综合业务数据网进行传输，由于大部分综合业务数据网只能覆盖到110kV变电站，因此110kV以下的变电站监测点可以通过基于GPS的无线传输方式连接到综合业务数据网。而安装在用户侧的电能质量监测装置的数据采集可以采用无线公网或SMS方式。

（4）数据中心。数据中心建设是实现主站功能的基础。只有实现数据共享，才能够实现覆盖整个电网的电能质量分析和高级应用功能。

（5）后台分析评估主站。主站系统是电能质量监测系统的核心。监测网采集上传的监测数据只有通过主站系统的分析、评估，才能辅助进行电能质量管理。与电能质量前端监测设备相比，电能质量监测系统主站系统更多地体现了软件的应用功能。

监测点布点原则为：

（1）变电站的重要供电母线及出线：跨省计量关口点（必须设置），枢纽变电站高低压母线（可选设置）等。

（2）直流受端落点换流站（必须）及受其影响的变电站高低压母线（可选）。

（3）向干扰源用户供电的母线及出线：电气化铁路（必需），电弧炉、中频炉、轧机、轨道交通、电动汽车充电站、电焊机、变频调速设备、起重设备、电加热和电解设备、大型储能电站、大型电梯、变频空调、节能照明、逆变电源、开关试验站等（可选）。

（4）向敏感、重要、高危用户供电的母线及出线：半导体制造、精密加工，党政机关、医院、交通枢纽、机场、金融、数据中心，危险化学品、易燃易爆品制造等（可选）。

（5）电源接入点：10kV 及以上风电场、光伏电站等新能源发电专线接入变电站相关母线及出线（必须），其他发电厂（场、站）接入点（可选）。

（6）其他监测点：装设 FACTS 设备（如 SVC、STATCOM 等）的系统变电站（换流站）母线及出线（必须）、现场测试中超标较严重或用户投诉较多的变电站母线及出线等（可选）。

二、电能质量在线监测装置

电能质量监测装置普遍采用采集计算模块加上管理系统的双 CPU 硬件结构。一片 CPU 负责数据采集的控制、计算和处理，另一片 CPU 负责数据的存储、显示以及和上位机的通信等，两片 CPU 之间通过 CAN 总线实现通信。电能质量监测装置硬件结构主要分为数据采集模块、数据管理模块和数据分析模块，见图 3－3。

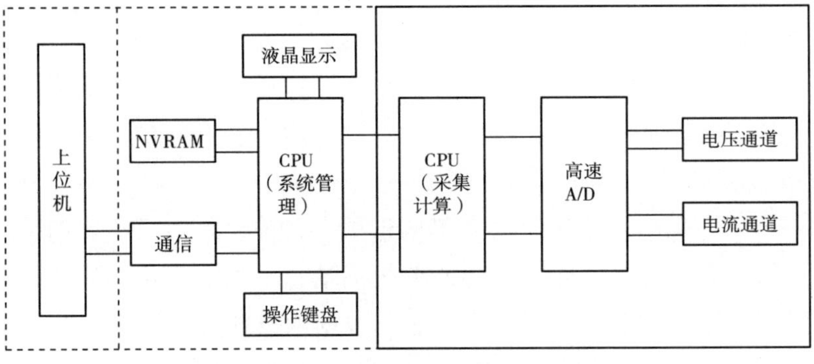

图 3－3　电能质量监测装置硬件结构

（1）数据采集。电压电流信号通过交流 TV 和 TA 转换为小低压信号提供给模数转换器件 AD7606，协处理器通过总线方式触发 AD7606 转换，按照相应采样率进行采样，之后将采样数据进行处理，计算出相关指标后送给主 CPU 模块进行存储以及往后台传输通信。

（2）数据管理。负责数据管理、通信及外设的控制。

（3）数据分析。用户在远端可以对电能质量监测装置进行实时监测，并提供统计分析处理、数据存储于删除、数据查询、数据通信处理等系统管理模块。

电能质量在线监测装置所要达到的性能及技术指标：

（1）电能质量数据处理要求。分析数据，谐波、电压幅值、三相不平衡测量时，采样窗口应满足 GB/T 17626. 30—2012《电磁兼容　试验和测量技术电能质量测量方法》的要求，一般取 10 个周波，一个基本记录周期为 3s，其分析数据为各窗口测量值的方均根值。

统计数据，以统计间隔时间为基础，对各种分析数据进行最大值、最小值、平均值、95%概率值的统计。其时间点应为整点时间开始。

定期报表数据，以分析数据或统计数据为基础，定期对各种分析数据进行最大值、最小值、平均值、95%概率值的统计。其时间点应为整点时间开始。

事件数据，描述短期电压变动事件特征值，包括电压暂降、电压暂升和电压短时中断的开始时间、持续时间、特征幅值等。

（2）允许偏差。应满足DL/T1028—2006《电能质量测试分析仪检定规程》、GB/T19862—2016《电能质量监测设备通用要求》的要求。具体为：电压偏差0.5%，频率偏差0.01Hz，三相电压不平衡度0.2%，三相电流不平衡度1%，闪变5%，电压波动5%，谐波偏差分为A、B级，具体规定见表3－15。

表3－15　电能质量检测装置谐波偏差允许条件

等级	被测量	条件	允许条件
A	电压	$U_h \geq 1\% U_N$ $U_h < 1\% U_N$	$5\% U_h$ $0.05\% U_N$
	电流	$I_h \geq 3\% I_N$ $I_h < 3\% I_N$	$5\% I_h$ $0.15\% I_N$
B	电压	$U_h \geq 3\% U_N$ $U_h < 3\% U_N$	$5\% U_h$ $0.15\% U_N$
	电流	$I_h \geq 10\% I_N$ $I_h < 10\% I_N$	$\pm 5\% I_h$ $0.5\% I_N$

（3）电气性能要求。

1）电源电压：交流220V，允许±20%的偏差，50Hz±0.5Hz，谐波畸变率不大于8%；直流220V、110V，允许±20%的偏差，波纹系数不大于5%。

2）功率消耗：在额定输入电压、电流参数下，电压回路（通道）消耗的视在功率应不大于0.5VA/回路（通道），电流回路（通道）消耗的视在功率应不大于3VA/回路（通道）。

3）气候环境条件：环境温度－10℃～+45℃（户内型）、－25℃～+55℃（户外型）；年平均相对湿度不大于75%。

三、电网电能质量在线监测系统

电网电能质量监测网系统采用J2EE应用服务器作为底层支撑平台，具有可伸缩性、可扩展性、高可靠性等优点。根据J2EE规范和系统各个组成部分在功能上的区别，将整个系统划分为数据展现、存储与处理、数据传输及解析和数据采集等四层结构。数据库部署在64位的IBM DB2 9.5环境下，使用1386代码页；基于J2EE平台开发的Web应用程序部署在32位WindowsServer2003及以上平台、BEA WebLogic 9.2、

JDK 1.6 环境下。分层分布式电能质量监测系统总体架构见图 3－4。

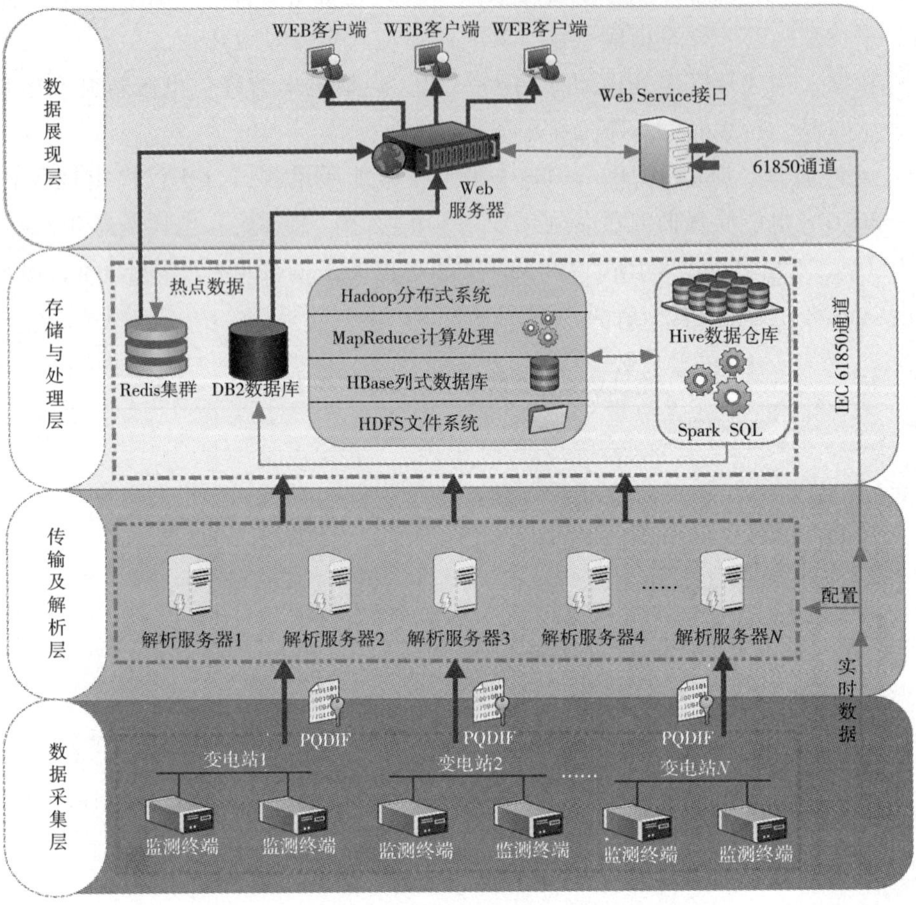

图 3－4　分层分布式电能质量监测系统总体架构

（1）数据采集。数据采集是整个平台数据的来源，由部署在母线或线路上的监测终端组成，采集各种电能质量指标值。电能质量数据包括准实时数据和 3s 实时数。准实时数据中的电能质量指标分为稳态数据与暂态数据两大类。稳态数据周期性地进行采集，采集周期一般可设为 1～10min。暂态数据只有在事件发生时才进行采集。由于提供监测终端的厂家众多，为了解决兼容性问题，平台采用国际上通用的 PQDIF 格式对数据进行存储和传输，并以此作为设备入网检测标准之一。数据在监测终端进行缓存，每隔 1h 以 FTP 方式将 PQDIF 格式文件批量传送至解析服务器。3s 实时数据利用 IEC61850 报告控制方式进行单点传输，实时采集监测终端的电能质量数据。

（2）传输及解析。分别从两方面传输及解析监测终端的数据。针对准实时数据，负责解析监测点传输上来的 PQDIF 报文，并将其写入数据库。3s 实时数据方面，配置通道的名称、厂站和数据传输通道，接收下发的页面请求命令和定时取数据任务，连接电能质量监测设备、传输电能质量监测系统所需的统计数据和实时数据。

（3）存储与处理。电能质量监测的原始数据量大、监测点多，数据库性能存在着较大的瓶颈。因此采用按月分区、缓冲入库、后台运算等策略，提高系统的实时性和可扩展性。为了保证系统的可靠性，采用数据库服务器双机热备机制，并定期将数据备入虚拟磁带库中。在数据处理层面，通过后台程序定期对原始数据进行计算，产生报表等汇总信息。另外，还设计了预警和评估算法，对海量数据进行有效的挖掘，为人工决策提供了重要的辅助信息。

（4）数据展现。平台采用富客户端可视化技术，并以 WEB 方式提供了友好的访问界面。平台提供可以选择订阅所感兴趣的事件，如报表统计、超标预警等。在使用权限控制方面采用统一认证框架，角色定位更为准确。为了实现与其他平台的资源共享，采用 WebService 的方式对外开放数据接口，并与电能质量终端进行点对点实时数据通信。

监测主站系统作为电能质量专职日常办公使用的系统，整体界面应注重实用性和易用性，采用列表、图表、报表以及各类波形图，并提供波形图的编辑、导出、筛选等界面操作。

系统首页宜包含装置运行状态、装置在线率、指标统计列表、柱状图等形式，应具备按日、按月、按年等查询功能，统计报表导出功能，让使用者从整体上了解实时的电能质量水平以及装置在线率情况，为各地区各单位电能质量诊断治理、线路检修和装置运维提供数据支撑，如图 3－5 所示。

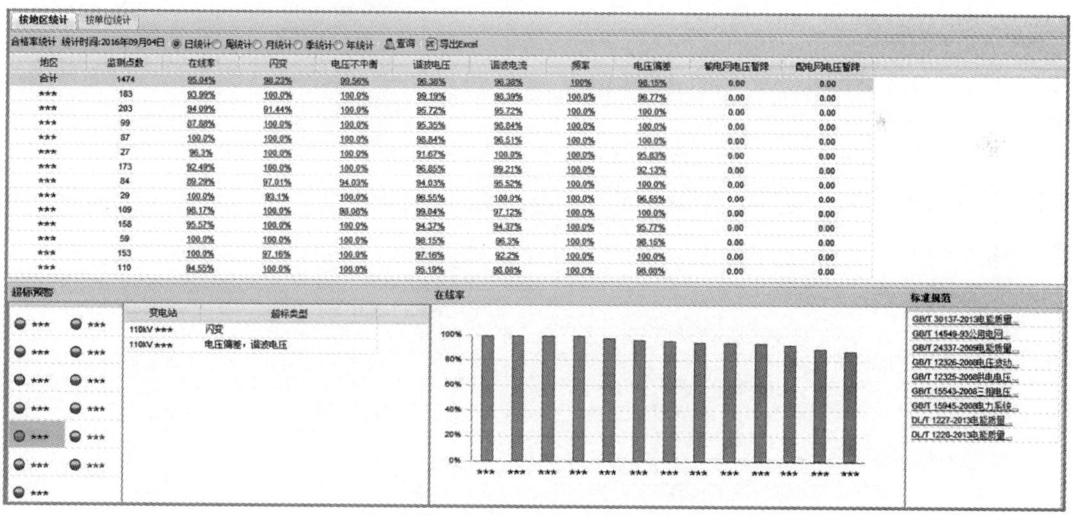

图 3－5　监测主站系统界面

系统涵盖了省级概况、市级概况、稳态数据、稳态波形、暂降数据、暂态波形、ITIC、SARFI 指数、统计报表、监测点报表、区域报表、用户信息、电能质量评估、全局指标评价、负荷建模、事件分析、光伏监测、风电监测、电铁监测、优质园区监测、设备运维、系统管理等功能界面。波形图界面提供丰富的图形编辑功能、各类图表切换、波形图导出、自定义波形样式等功能操作，如图 3－6 所示。报表类界面从实际应用出发，设计多样指标报表，并提供一键式导出功能，如图 3－7 所示。管理型界面由按钮栏、组织结构树栏、查询栏及信息列表组成，每个功能模块都按照“输入—业务处理—输出”的模块化思想，以充分满足人机交互的需要。

图 3－6　指标数据图形

查询　导出

报表类型：谐波电压统计报表　　相别：所有

时间设置：◉日　○周　○月　○年

时间：2016-06-28

谐波电压统计报表

参数		A相					B相					C相					国标值
		最小值	最大值	平均值	95%值	结论	最小值	最大值	平均值	95%值	结论	最小值	最大值	平均值	95%值	结论	
基波电压(kV)		20.18	21.00	20.62	20.95	—	20.20	21.03	20.65	20.98	—	20.39	21.19	20.83	21.16	—	—
2至25次谐波电压	2	0.02	0.14	0.04	0.05	合格	0.01	0.07	0.03	0.04	合格	0.01	0.07	0.03	0.04	合格	1.20
	3	0.45	0.66	0.53	0.58	合格	0.41	0.50	0.46	0.49	合格	0.40	0.54	0.47	0.51	合格	2.40
	4	0.01	0.15	0.03	0.04	合格	0.01	0.08	0.03	0.04	合格	0.01	0.09	0.03	0.04	合格	1.20
	5	0.35	0.96	0.61	0.88	合格	0.42	0.97	0.63	0.88	合格	0.52	1.10	0.74	0.99	合格	2.40
	6	0.00	0.15	0.00	0.01	合格	0.00	0.08	0.01	0.01	合格	0.00	0.08	0.00	0.01	合格	1.20
	7	0.43	0.58	0.50	0.55	合格	0.42	0.55	0.49	0.53	合格	0.39	0.54	0.45	0.51	合格	2.40
	8	0.00	0.04	0.00	0.01	合格	0.00	0.04	0.00	0.01	合格	0.00	0.03	0.00	0.01	合格	1.20
	9	0.00	0.02	0.01	0.02	合格	0.00	0.06	0.03	0.05	合格	0.00	0.05	0.03	0.05	合格	2.40
	10	0.00	0.02	0.00	0.01	合格	0.00	0.02	0.00	0.01	合格	0.00	0.03	0.00	0.01	合格	1.20
	11	0.22	0.35	0.28	0.33	合格	0.22	0.35	0.27	0.32	合格	0.20	0.34	0.26	0.32	合格	2.40
	12	0.00	0.03	0.00	0.02	合格	0.00	0.04	0.00	0.02	合格	0.00	0.03	0.00	0.02	合格	1.20
	13	0.17	0.36	0.27	0.33	合格	0.19	0.35	0.27	0.33	合格	0.15	0.33	0.23	0.29	合格	2.40
	14	0.00	0.05	0.00	0.03	合格	0.00	0.04	0.00	0.03	合格	0.00	0.04	0.00	0.03	合格	1.20
	15	0.00	0.04	0.01	0.03	合格	0.00	0.03	0.01	0.02	合格	0.00	0.03	0.01	0.02	合格	2.40

图 3－7　谐波电压报表

系统各模块均提供不同的用户角色和权限配置，既保证了信息的安全，也方便各地市专职、省公司专职以及省公司领导等角色的使用，满足不同用户群体对电能质量专业的侧重点不同的需求。

第四节 电气化铁路对电能质量影响案例

一、测试地点

2010 年，铁路部门联合高校、电力公司对某电网境内的 19 个牵引变电所进行了测试，主要目的是掌握该电气化铁路牵引供电系统的谐波电压、负序电压水平等主要指标，了解牵引负荷的特性，为牵引供电系统电能质量评估提供参考。

本次测试的 19 个变电所中，仅有 3 个牵引变电所外部电源采用 110kV 供电，其余 16 个变电所外部电源全部为 220kV。一条线路运行的是交－直－交型动车组，其他各条线路均是交－直型和交－直－交型动车混跑形式。

牵引变电所牵引变压器接线方式有 Vv 接线、单相接线、平衡接线及两台单相变压器组成的 Vx 接线方式。

二、测试结果分析

由于测试的 19 个牵引变电站接线方式有所差别，测得的实际数据和分析结论不能一概而论。但是通过分析可以发现：采用同种接线方式牵引变压器的变电所各种电能质量指标基本相同。

牵引变电所采用 Vv 接线牵引变压器（共测试 3 个牵引变电所），对实测数据分析，可以得出以下结论：3 个牵引变电所 220kV 进线三相电压均为 127～137kV，电压偏差符合 GB/T 12325—2008《电能质量 供电电压偏差》的规定，供电臂电压均在正常范围内；功率因数在无功返送正计的计量方式下均大于 0.9；不考虑背景谐波的影响，进线各次谐波电压含有率和电压总谐波畸变率满足 GB/T14549—1993《电能质量 公用电网谐波》的要求；进线三相电压不平衡度满足 GB/T 15543—2008《电能质量 三相电压不平衡》的规定。

牵引变电所采用单相接线牵引变压器（共测试 7 个牵引变电所），对实测数据分析可以得出以下结论：所测牵引变电所进线电压偏差符合 GB/T 12325—2008《电能质量 供电电压偏差》的规定；功率因数在无功返送正计的计量方式下均大于 0.9；不考虑背景谐波的影响，仅 1 个牵引变电所进线 9 次谐波电压含有率为 1.92%，超出 GB/T14549—1993《电能质量 公用电网谐波》规定的限值，其他变电所各次谐波电压含有率和电压总谐波畸变率满足限值要求。

采用平衡接线牵引变压器（共测试 3 个牵引变电所），对实测数据分析可以得出以下结论：110kV 进线三相电压均为 62.3～70.3kV，电压偏差符合 GB/T 12325—2008《电能质量 供电电压偏差》的规定，供电臂电压均在正常范围内；其中 1 个牵引变电所因向货场供电，变电所一次侧功率因数低于 0.9，另外两个变电所的功率因数在无功返送正计的计量方式下均大于 0.9；其中 1 个牵引变电所进线 3 次谐波电压含有率为

1.63%，超出 GB/T14549—1993《电能质量　公用电网谐波》规定的限值，其他变电所各次谐波电压含有率和电压总谐波畸变率满足限值要求；进线三相电压不平衡度满足 GB/T 15543—2008《电能质量　三相电压不平衡》的规定。

牵引变电所采用 Vv 接线方式（共测试 5 个牵引变电所）：进线电压偏差符合 GB/T 12325—2008《电能质量　供电电压偏差》的规定，供电臂电压均在正常范围内；因为该条线路均为交－直－交型动车组，因此功率因数在无功返送正计的计量方式下都达到了 0.99，比所测其他线上交－直型与交－直－交型混跑的牵引变电所功率因数都高；进线各次谐波电压含有率和电压总谐波畸变率满足 GB/T14549—1993《电能质量　公用电网谐波》的要求；进线三相电压不平衡度满足 GB/T 15543—2008《电能质量　三相电压不平衡》的规定。

三、测试小结

交－直－交型 CRH 动车组的谐波情况良好，功率因数高，大大提高了牵引供电系统的电能质量，随着交－直－交型机车在国内电气化铁路的大量使用，谐波问题大大缓解。牵引供电系统电能质量与电力系统的强大密切相关，由于提供了足够的短路容量，既保证了牵引供电系统的供电能力，满足列车高速运行的需要，同时也大大减小了电气化铁路电能质量问题的不良影响。

四、电能质量相关国家标准

1. 谐波

即对周期性交流量进行傅立叶级数分解，得到频率为基波频率大于 1 整数倍的分量。

根据 GB/T 14549—1993《电能质量 公用电网谐波》，公用电网谐波电压（相电压）限值见表 3－16。

表 3－16　　公用电网谐波电压（相电压）限值

电网标称电压（kV）	电压总谐波畸变率（%）	各次谐波电压含有率（%）	
		奇次	偶次
0.38	5.0	4.0	2.0
6	4.0	3.2	1.6
10			
35	3.0	2.4	1.2
66			
110 及以上	2.0	1.6	0.8

同时，根据 GB/T 14549—1993《电能质量　公用电网谐波》，公共连接点的全部用户向电网注入谐波电流限值不应超过表 3－17 中的允许值。

表 3－17　　注入公共连接点的谐波电流允许值

标准电压（kV）	基准短路容量（MVA）	谐波次数及谐波电流允许值（A）																							
		2	3	4	5	6	7	8	9	10	11	12	13	14	15	16	17	18	19	20	21	22	23	24	25
0.38	10	78	62	39	62	26	44	19	21	16	28	13	24	11	12	9.7	18	8.6	16	7.8	8.9	7.1	14	6.5	12
6	100	43	34	21	34	14	24	11	11	8.5	16	7.1	13	6.1	6.8	5.3	10	4.7	9	4.3	4.9	3.9	7.4	3.6	6.8
10	100	26	20	13	20	8.5	15	6.4	6.8	5.4	9.3	4.3	7.9	3.7	4.1	3.2	6	2.8	5.4	2.6	3.9	2.3	4.5	2.1	4.1
35	250	15	12	7.7	12	5.1	8.8	3.8	4.1	3.4	5.6	2.6	4.7	2.2	2.5	1.9	3.6	1.7	3.2	1.5	1.8	1.4	2.7	1.3	2.5
65	500	16	13	8.1	13	5.4	9.3	4.1	4.3	3.3	5.9	2.7	5	2.3	2.6	2	3.8	1.8	3.4	1.6	1.9	1.5	2.8	1.4	2.6
110	750	12	9.6	6	9.6	4	6.8	3	3.2	2.4	4.3	2	3.7	1.7	1.9	1.5	2.8	1.3	2.5	1.2	1.4	1.1	2.1	1	1.9

同一公共连接点的每个用户向电网注入的谐波电流允许值按该用户在该点的协议容量与其公共连接点的供电设备容量之比进行分配。在公共连接点处第 i 个用户的第 h 次谐波电流允许值按下式计算：

$$I_{hi} = I_h (S_i/S_t)^{1/a}$$

式中：I_h为按表 3－17 换算的第 h 次谐波电流允许值，A；S 为第 i 个用户的用电协议容量，MVA；S_t为公共连接点的供电设备容量，MVA；a 为相位叠加系数，按表 3－18 取值。

表 3－18　　公共连接点谐波电流值按供电设备容量之比进行分配

谐波次数 h	3	5	7	11	13	9 ｜ >13 ｜ 偶次
相位叠加系数 a	1.1	1.2	1.4	1.8	1.9	2

2. **电压偏差**

即实际运行电压对系统标称电压的偏差相对值，以百分数表示。

根据 GB/T 12325—2008《电能质量 供电电压偏差》，不同电压等级的电网偏差限制见表 3－19。

表 3－19　　供电电压偏差的限值

电网电压	偏差限值
35kV 及以上	正负绝对值之和不超过标称电压的 10%，如供电电压上下偏差同号（均为正或负）时，按较大的偏差绝对值作为衡量依据
20kV 及以下三相供电	标称电压的 ±7%
220V 单相供电	标称电压的 −7%，＋10%

同时，根据 GB/T 12325—2008《电能质量　供电电压偏差》，对于供电点短路容量较小、供电距离较长以及对供电电压偏差有特殊要求的用户，由供、用电双方协议确定。

3. **频率偏差**

即系统频率的实际值和标称值之差。

根据 GB/T 15945—2008《电能质量 电力系统频率偏差》，电力系统正常运行时，频率偏差允许值为 ±0.2Hz；系统容量较小时，频率偏差允许值为 ±0.5Hz。

同时，根据 GB/T 15945—2008《电能质量　电力系统频率偏差》，冲击负荷引起的系统频率变化为 ±0.2Hz，根据冲击负荷性质和大小以及系统的条件可以适当变动，但应保证近区电力网、发电机组和用户的安全、稳定运行以及正常供电。

4. **电压波动和闪变**

电压波动即电压方均根值（有效值）一系列的变动或连续的改变，闪变则是灯光照度不稳定造成的视感。

根据 GB/T 12326—2008《电能质量 电压波动和闪变》，任何一个波动负荷用户在电力系统公共连接点产生的电压变动，其限值与电压变动频度、电压等级有关。对于电压变动频度较低（如 $r \leqslant 1000$ 次/h）或规则的周期性电压波动，可通过测量电压方均根值曲线 $U(t)$ 确定其电压变动频度和电压变动值。电压波动限制见表 3－20。

表 3－20　　电压波动限值

电压变动频率 r（次/h）	电压波动限值 d（%）	
	LV、MV	HV
$r \leqslant 1$	4	3
$1 < r \leqslant 10$	3	2.5
$10 < r \leqslant 100$	2	1.5
$100 < r \leqslant 1000$	1.25	1

根据 GB/T 156—2017《标准电压》，系统标称电压 U_N 等级划分范围为：低压（LV）$U_N \leqslant 1$kV；中压（MV）1kV $< U_N \leqslant 35$kV；高压（HV）35kV $< U_N \leqslant 220$kV；对于 220kV 以上超高压（EHV）系统的电压波动限值可参考高压（HV）系统执行。

根据 GB/T 12326—2008《电能质量 电压波动和闪变》，电力系统公共连接点，在系统正常运行的较小方式下，所有长时间闪变限值 110kV 及以下电压等级的限值为 1，110kV 以上电压等级为 0.8。

5. 三相电压不平衡

即三相电压在幅值上不同或相位差不是 120°，或兼而有之。

根据 GB/T 15543—2008《电能质量 三相电压不平衡》，电力系统公共连接点负序电压不平衡度在正常运行时，不平衡度限值为 2%；短时允许 4%。同时，该标准还规定了接于公共连接点的每个用户引起该点负序电压不平衡度允许值，一般情况下，不平衡度限值为 1.3%，短时允许 2.6%。

6. 间谐波

即对周期性交流量进行傅立叶级数分解，得到频率不等于基波频率整数倍的分量。

根据 GB/T 24337—2009《电能质量 公用电网间谐波》，间谐波电压限值见表3－21。

表 3－21　　间谐波电压限值

电压等级	频率（Hz）	
	<100	100～800
1000V 及以下	0.2%	0.5%
1000V 以上	0.16%	0.4%

同时，根据 GB/T 24337—2009《电能质量　公用电网间谐波》，单一用户间谐波

电压含有率极限值见表 3－22。

表 3－22　单一用户间谐波电压含有率极限值

电压等级	频率（Hz）	
	<100	100～800
1000V 及以下	0.16%	0.4%
1000V 以上	0.13%	0.32%

7. 电压暂降与短时中断

电力系统中某点工频电压方均根值突然降低至 0.1～0.9p.u.，并在短暂持续 10ms～1min后恢复正常的现象称为电压暂降；而电力系统中某点工频电压方均根值突然降低至 0.1p.u. 以下，并在短暂持续 10ms～1min 后恢复正常的现象称为电压中断。

SARFI 指标用来描述特定周期内某系统或单一测量点电压暂降（短时中断）事件的发生频度。SARFI 指标包括两种形式：一种是针对某一阈值电压的统计指标 SARFIX；另一种是针对某类敏感设备的容限曲线的统计指标 SARFICURVE

$$\mathrm{SARFI}_{\mathrm{X-C}} = \frac{\sum N_i}{T_{\mathrm{T}}}$$

$$\mathrm{SARFI}_{\mathrm{X-T}} = \frac{ND}{D_{\mathrm{T}}}$$

$\mathrm{SARFI}_{\mathrm{CURVE}}$指标是统计电压暂降（短时中断）事件超出某一类敏感设备容限曲线所定义的区域的概率，不同的容限曲线对应不同的 $\mathrm{SARFI}_{\mathrm{CURVE}}$指标。

第四章　输变电工程质量检测技术

按施工进展情况输变电工程质量检测主要分为原材料进场检测、施工过程质量检测和工程实体质量与使用功能检测。质量检测项目可划分为第三方机构检测项目和现场自主检测项目，第三方机构检测试验项目以审核送检报告为主，现场自主检测项目以现场核查为主。如对工程质量存在疑问，可按相关规范要求进行抽检。

第一节　土建部分

土建工程检测试验，即根据电力建设土建工程建、构筑物结构、装饰、屋面和水电安装情况，明确原材料、半成品和成品进场检测和施工过程试件检测技术要求，保证检测试验工作质量。

一、原材料检测试验

原材料进场检测主要指工程原材料的见证取样、送检和试验，依据进场计划、批次及相关标准规定的抽检率确定抽检频率，试验项目见表4－1。

表4－1　原材料检测项目

类别	检测项目
混凝土原材料	混凝土用水
	水泥
	粉煤灰
	粒化高炉矿渣粉
	砂
	卵（碎）石
	轻集料
	普通、高效减水剂
	高性能减水剂
	早强剂

续表

类别	检测项目
混凝土原材料	引气剂、引气减水剂
	缓凝剂
	泵送剂
	防冻剂
	膨胀剂
	防水剂
	速凝剂
	阻锈剂
水泥基灌浆材料	水泥基灌浆材料
钢材	混凝土用热轧光圆钢筋
	混凝土用热轧带肋钢筋
	冷轧带肋钢筋
	优质碳素结构钢
	预应力混凝土用钢丝（棒）
	预应力混凝土用钢棒
	低合金高强度结构钢
	预应力混凝土用钢绞线
	碳素结构钢
钢结构连接件及防火涂料	高强度螺栓连接副
	高强螺栓连接摩擦面
	螺栓球节点钢网架高强螺栓
	焊接材料（焊条）
	焊接材料（焊丝、焊带）
	焊接材料（焊剂）
	防火涂料
防水材料	改性沥青聚乙烯胎防水卷材
	弹性、塑性改性沥青聚乙烯胎防水卷材
	自粘聚合物改性沥青防水卷材
	氯化聚乙烯、聚氯乙烯防水卷材
	氯化聚乙烯－橡胶共混防水卷材
	高分子防水片材
	水乳型沥青涂料
	聚氨酯防水涂料
	聚合物乳液建筑防水涂料
	聚合物水泥防水涂料
	溶剂型橡胶沥青防水涂料

续表

类别	检测项目
防水材料	止水带
	制品型膨胀橡胶
	制品型膨胀橡胶
	聚硫建筑密封胶、聚氨酯建筑密封胶、丙烯酸酯建筑密封胶
	建筑用硅酮结构密封胶
	水泥基渗透结晶型防水材料
	聚氯乙烯建筑防水接缝材料
	沥青
砖及砖块	烧结普通砖、烧结多孔砖和多孔砌块、烧结空心砖和空心砌块等
	轻集料混凝土小型空心砌块、混凝土空心砖
	混凝土实心砖
	承重混凝土多孔砖
	蒸压加气混凝土砌块
	普通混凝土小型空心砌块
	耐酸砖
岩石	用于石砌体工程的岩石
	轧制碎石用岩石
回填料	回填料
装饰装修材料	饰面人造木板、刨花板、细木工板、胶合板及高、中、低密度纤维板
	室内用花岗岩
	瓷质外墙面砖、地砖
	建筑涂料
	水性胶黏剂
	溶剂型胶黏剂
幕墙材料	石材弯曲程度
	石材冻融性循环后压塑强度
	建筑幕墙用结构胶
	石材用密封胶
	铝塑复合板
	隔热型材
节能材料	建筑外门窗
	墙体及屋面绝热用模塑聚苯乙烯泡沫塑料
	绝热用挤塑聚苯乙烯泡沫塑料
	墙体及屋面瓷砖胶合剂
	耐碱型玻纤维网络布
	墙体及屋面保温板钢丝网架
	墙体及屋面抹面砂浆、抗裂砂浆

[案例4-1] 水泥现场检测试验

水泥的质量直接影响混凝土的强度、耐久性和砂浆的强度，如果使用不合格的产品用会直接导致结构实体不合格，甚至会出现重大质量安全事故。根据GB 175—2007《通用硅酸盐水泥》、GB 50204—2015《混凝土结构工程施工质量验收规范》、GB 200—2017《中热硅酸盐水泥、低热硅酸盐水泥、低热矿渣硅酸盐水泥》、GB/T 3183—2017《砌筑水泥》的规定，对水泥强度（抗折强度、抗压强度）、安定性、凝结时间进行检测。

试验样品抽取需满足下列要求：

（1）混凝土结构工程用水泥、砌体工程用水泥按同一生产厂家、同一等级、同一品种、同一批号且连续进场的水泥，袋装不超过200t为一批，散装不超过500t为一批，每批抽样不少于一次（变电站工程袋装100t、散装200t取样）。

（2）建筑装饰装修工程用水泥应按同一生产厂家、同一品种、同一等级的进场，应按规定至少抽取一组样品进行复验。

（3）当在使用中对水泥质量有怀疑或水泥出厂超过三个月（快硬硅酸盐水泥超过一个月）时，应进行复验。

检测报告解读：

（1）水泥的品种、代表数量、生产厂家、强度等级、出厂日期、批号必须填写。

（2）结合结构部位查看是否有漏检项目，对水泥的强度、安定性、凝结时间性能指标进行复验。

（3）硅酸盐水泥初凝不小于45min，终凝不大于390min；其余类型初凝不小于45min，终凝600min。

二、施工过程质量检测

施工过程质量性能检测主要指工程成品、半成品性能检测，主要检测参数是根据国家现行相关标准、设计文件的规定和合同要求以及施工质量控制的需要确定，依据合同的约定以及相关规范的规定确定抽检频次。检测项目见表4-2。

表4-2　施工过程质量检测项目

类别	检测项目
地基与基础工程	膨胀土地基
	桩基承受力
	桩基完整性
结构工程	钢筋连接、闪光对焊
	电阻电焊

续表

类别	检测项目
结构工程	电弧焊
	电渣压力焊
	气压焊
	预埋件T型接头
	钢筋机械连接
	钢筋焊接网
	混凝土配合比设计
	混凝土拌和物性能
	硬化混凝土
	不发火混凝土及骨料
	砌筑砂浆（配合比设计、拌合物、试样）
	钢结构焊接
	网架节点承载力
	涂料涂层厚度
	混凝土后锚固（植筋·锚栓）现场力学性能
	砌体工程植筋锚固力
	灌浆材料
装饰装修	抹灰砂浆
	饰面砖粘贴
建筑防水工程	建筑防水工程
建筑节能	保温板材与基层的黏结强度
	保温浆料（同条件试块）
道路工程	路基
	垫层
	基层
	水泥混凝土面层

［案例4－2］钢筋机械连接检测试验

由于混凝土的抗拉强度远低于抗压强度，因而素混凝土结构不能用于受有拉应力的梁和板。如果在混凝土梁、板的受拉区内配置钢筋，则混凝土开裂后的拉力即可由钢筋承担，这样就可充分发挥混凝土抗压强度较高和钢筋抗拉强度较高的优势，共同抵抗外力的作用，提高混凝土梁、板的承载能力。而钢筋连接接头不合格会对结构产生影响，根据JGJ 107—2010《钢筋机械连接通用技术规程》的规定，对接头抗拉强度进行检测。接头的现场检验按检验批进行，同一施工条件下采用同一批材料的同等级、同型式、同规格接头，以500个为一个验收批进行验收，不足500个也作为一个验收批。对接头的每一验收批，必须在工程结构中随机截取3个接头试件作抗拉强度试验，按设计要求的接头等级进行评定。

检测报告解读：

（1）钢筋机械连接接头根据抗拉强度、残余变形以及高应力和大变形条件下反复抗压性能的差异分为Ⅰ级接头、Ⅱ级接头、Ⅲ级接头三个性能等级。

（2）Ⅰ级接头抗拉强度不小于被连接钢筋抗拉强度（断于钢筋）或1.10倍钢筋抗拉强度标准值（断于接头）；Ⅱ级接头抗拉强度不小于被连接钢筋抗拉强度标准值；Ⅲ级接头抗拉强度不小于被连接钢筋屈服强度标准值的1.25倍。

（3）残余变形一般不做检测，仅在工艺试焊中体现。

（4）当3个接头试件的抗拉强度均符合工艺检验中相应等级的强度要求时，该验收批应评为合格。如有1个试件的抗拉强度不符合要求，应再取6个试件进行复验。复验中如仍有1个试件的抗拉强度不符合要求，则该验收批应评为不合格。

三、工程实体质量与使用功能检测

工程实体或设备质量与使用功能检测主要指对工程实体进行的各类试验，根据国家或行业相关规程规范、设计文件的规定及合同要求确定检测部位与频次。检测试验项目见表4－3。

表4－3　　工程实体（或设备）质量与使用功能检测试验项目

类别	检测项目
混凝土结构	结构实体钢筋混凝土保护层
	基层
	楼板厚度
	结构混凝土抗压强度（回弹法、超声回弹综合法）现场检测
	结构混凝土抗压强度（钻芯法）现场检测
	预制构件
	外窗现场实体测
	外墙节能构造钻芯检验
使用功能	室内空气质量

［案例4－3］室内空气质量检测试验

为确定外门窗是否满足工程设计要求的抗风压和水密性能而进行的检测。根据GB/T 7106—2008《建筑外门窗气密，水密，抗风压性能分级及检测方法》、JGJ/T 205—2010《建筑门窗工程检测技术规程》的规定，对抗风压性、气密性、水密性进行检测，试验品抽取需满足下列要求：

（1）同一品种、类型和规格的窗每100樘为一个检验批，不足100樘也为一个检验批。

（2）每个检验批至少抽查5%，并不得少于3樘。高层建筑的外窗，每个检验批至少抽查10%，并不得少于6樘。

（3）严寒、寒冷、夏热冬冷地区外窗现场气密性检测。每个单位工程的外窗至少抽查3樘。当一个单位工程外窗有2种以上品种、类型和开启方式时，每种品种、类型和开启方式的外窗应抽查不少于3樘。

检测报告解读：

（1）要求检测内容为气密性、传热系数、中空玻璃露点、玻璃遮阳系数、中空玻璃可见光透射比。

（2）变电站工程中实际检测内容为气密性、水密性、抗风压性。

（3）各项参数技术要求与检测结果比对，确保前后无误。

第二节 电气部分

电气工程检测试验即根据电力建设电气工程电气设备安装情况，明确原材料、设备装置进场检测和施工过程设备安装质量的检测技术要求，保证电气设备安装质量。

一、原材料检测

相较于土建工程，电气工程原材料涉及见证取样、送检和试验内容较少，除少数需送检原材料外，原材料进场检测以核对产品质量证明文件为主。检测试验项目见表4－4。

表4－4 原材料检测项目

类别	检测项目
进场核查并送检材料	主变压器绝缘油
	GIS六氟化硫气体
进场核查材料	镀锌角钢
	镀锌扁钢
	镀锌钢管
	铜排
	铜棒
	铜绞线
	软母线
进场核查材料	防火堵料
	防火板
	防火包
	防火涂料

续表

类别	检测项目
进场核查材料	电力电缆
	控制电缆
	光缆

[案例4-4] 主变压器绝缘油检测试验

变压器油是天然石油中经过蒸馏、精炼而获得的纯净稳定、黏度小、绝缘性好、冷却性好的液体天然碳氢化合物的混合物，变压器油中水分、污染杂质和酸性产物等含量超标，直接导致绝缘性能下降并会促使油老化，油中可燃气体一般都是由于设备的局部过热或放电分解而产生的。如不及时查明和消除产生可燃气体的原因，对设备的安全运行十分危险，影响设备运行的可靠性和使用寿命。根据DL/T 722—2014《变压器油中溶解气体分析和判断导则》、GB 2536—2011《电工流体　变压器和开关用的未使用过的矿物绝缘油》、GB 50150—2016《电气装置安装工程电气设备交接试验标准》的规定，对色谱分析、水溶性酸（pH值）、酸值、水分、界面张力（25℃）、介质损耗因素（90℃时）、击穿电压、体积电阻率（90℃）、含气量进行检测。送检要求需满足如下要求：每批到达现场的绝缘油均应有试验记录，现场进行取样，取样试验按GB/T 7597—2007《电力用油（变压器油、汽轮机油）取样方法》的规定执行。

检测报告解读：

（1）色谱分析。220kV及以上新投运变压器（电抗器）绝缘油注入变压器前，取油样进行色谱分析，变压器油中H_2与烃类气体含量（μL/L）任一项不宜超过下列数值：总烃，20，H_2，10，C_2H_2，0。

（2）水溶性酸（pH值）。按GB/T 7598—2008《运行中变压器油水溶性酸测定法》中的规定进行试验，注入设备前后的新油水溶性酸（pH值）大于5.4，判定合格。

（3）酸值（以KOH计，mg/g）。按GB/T 28552—2012《变压器油、汽轮机油酸值测定法》的规定进行试验，注入设备前后的新油酸值小于等于0.03，判定合格。

（4）水分（mg/L）。按GB/T 7600—2014《运行中变压器油和汽轮机油水分含量测定法（库仑法）》的规定进行试验，500kV主变压器绝缘油含水量小于等于10；220kV主变压器绝缘油含水量小于等于15；110kV主变压器绝缘油含水量及以下电压等级小于等于20，判定为合格。

（5）界面张力（25℃，mN/m）。按GB/T 6541—1986《石油产品油对水界面张力测定法（圆环法）》的规定进行试验，界面张力大于等于35 mN/m。判定为合格。

（6）介质损耗因数tanδ。按GB/T 5654—2007《液体绝缘材料　相对电容率、介质损耗因数和直流电阻率的测量》的规定进行试验，90℃时，tan$\delta \leqslant 0.5\%$。判定为合格。

（7）击穿电压。按GB/T 507—2002《绝缘油　击穿电压测定法》的规定进行试验；注入设备的新油应满足：500kV 时大于等于 60kV；110～220kV 时大于等于 45kV；20～35kV 时大于等于 40kV；10kV 及以下大于等于 35kV。

（8）体积电阻率（90℃，Ω·m）。按 GB/T 5654—2007《液体绝缘材料　相对电容率、介质损耗因数和直流电阻率的测量》或 DL/T 421—2009《电力用油体积电阻率测定法》的规定进行试验，体积电阻率大于等于 $6\times10^{10}\Omega\cdot m$。判定为合格。

（9）油中含气量（体积分数,%）。500kV 及以上电压等级主变压器绝缘油按 DL/T 423—2009《绝缘油中含气量测定方法　真空压差法》的规定进行试验，油中含气量小于等于 1%。判定为合格。

二、施工过程质量检测

电气工程施工过程质量性能检测主要包括电气设备装置性能检测和施工工艺质量检测，主要检测试验参数根据国家现行相关标准、设计文件确定。检测试验项目见表 4－5。

表 4－5　　施工过程质量检测试验项目

类别	检测项目
变压器	主变压器气体继电器
	主变压器温度计
	主变压器压力释放阀
GIS	GIS 密度继电器
	GIS 六氟化硫气体含水量与纯度
	GIS 断路器机械特性
	GIS 气密性
隔离开关	隔离开关分合闸特性
避雷器	放电计数器、泄漏电流表
断路器	断路器开关分合闸特性
	六氟化硫断路器气体含水量与纯度
	六氟化硫断路器气密性
软母线	耐张线夹
构支架	构支架镀锌层厚度
	构支架钢管结构焊缝质量
	构架紧固件螺栓楔负载和螺母保证载荷

[案例 4－5]　变压器压力释放装置检测试验

压力释放阀是重要的保护装置，在变压器正常工作时，保护变压器油与外部空气隔离。变压器一旦发生短路故障，变压器绕组将发生电弧和火花，使变压器油在瞬间产生大量气体，油箱内的压力幅增。当压力达到动作值时，压力释放阀迅速开启，释放压力防止变压器油箱不致因压力过大而变形爆炸。因此，送检压力释放阀，确保压力释放阀动作性能准确，是防止主变压器运行事故的重要措施。根据 JB/T 7065—2015《变压器用压力释放阀》，对开启压力试验、开启动作时间、信号开关绝缘性能、密封性能、关闭压力进行检测。送检要求需满足如下要求：新安装主变压器压力释放阀需进行送检。

检测报告解读：

（1）开启压力试验。每次跳动信号开关应切换和自锁，机械信号标志应动作明显，应能正确判断释放阀动作过，每次动作后，都要手动复位。连续动作 10 次无异常为合格。

（2）开启动作时间。重复 3 次，保证至少 2 次释放阀的动作开启时间不大于 2ms 为合格。

（3）信号开关绝缘性能试验。施加 2kV 的工频电压，持续 1min，不应出现闪络、击穿现象。

（4）密封性能试验。密封压力值应符合要求，2h 不渗漏为合格。

（5）关闭压力试验。关闭压力应符合要求，试验次数应不少于 3 次，取其中最小值为释放阀的关闭压力值。

三、工程实体质量与使用功能检测

电气工程实体质量与使用功能检测主要为电气设备交接试验，检测项目根据现行相关标准、设计文件的规定和合同要求以及施工质量控制的需要确定，依据合同的约定以及相关规范的规定确定抽检频次。检测试验项目见表 4－6。

表 4－6　　工程实体质量与使用功能检测项目

类别	检测项目
变压器	绕组连同套管的直流电阻
	所有分接位置的电压比
	三相接线组别检查和单相变压器引出线极性
	测量铁心及夹件的绝缘电阻
	非瓷套管
	有载调压装置
	测量绕组连同套管的绝缘电阻、吸收比或极化指数
	测量绕组连同套管的介质损耗角正切值与电容量
	变压器绕组变形
	绕组连同套管的交流耐压
	绕组连同套管的长时感应电压试验带局部放电
	额定电压下冲击合闸
	检查相位
	测量噪声

续表

类别	检测项目
电抗器及消弧线圈	绕组连同套管的直流电阻
	测量绕组连同套管的绝缘电阻、吸收比、极化指数
	绕组连同套管的介质损耗角正切值
	绕组连同套管的交流耐压
	铁心及夹件的绝缘电阻
	非纯瓷套管
	额定电压下冲击合闸
	测量噪声
	测量箱壳的振动
	测量箱壳表面的温度
GIS	主回路导电电阻
	主回路的交流耐压
	GIS 内部元件
互感器	绕组的绝缘电阻
	35kV 及以上电压等级的互感器的介质损耗角正切值及电容量
	局部放电
	交流耐压
	绝缘介质性能
	绕组的直流电阻
	接线组别和极性
	电流互感器的励磁特性曲线
	电磁式电压互感器的励磁特性
	电容式电压互感器（CVT）
	铁芯夹紧螺栓的绝缘电阻
套管	绝缘电阻
	20kV 及以上非纯瓷套管的介质损耗因数及电容值
	交流耐压
六氟化硫断路器	绝缘电阻
	交流耐压
	断路器均压电容器
	六氟化硫断路器气密性
电容器	绝缘电阻
	耦合电容器、断路器电容器的介质损耗角正切值及电容值
	并联电容器交流耐压
	冲击合闸
	电容测量

续表

类别	检测项目
隔离开关、负荷开关、高压熔断器	绝缘电阻
	高压限流熔丝管熔丝的直流电阻
	负荷开关导电回路的电阻
	交流耐压
	检查操动机构线圈的最低动作电压
	隔离机构
避雷器	金属氧化物避雷器、绝缘底座绝缘电阻
	直流参考电压、0.75×直流参考电压下泄漏电流
	工频参考电压和持续电流
	工频放电电压（仅针对有绝缘间隙的避雷器）
接地装置	接地网电气完整性
	接地阻抗

[案例4－6] 主变压器绕组连同套管的直流电阻检测试验

测量变压器绕组连同套管的直流电阻，可以检查出绕组内部导线接头的焊接质量、引线与绕组接头的焊接质量、电压分接开关各个分接位置及引线与套管的接触是否良好、并联支路连接是否正确、变压器载流部分有无短路情况以及绕组有无短路现象。另外，在变压器短路试验和温升试验中，为提供准确的绕组电阻值，也需要进行直流电阻的测量。因此，绕组直流电阻的测量是变压器试验的主要项目。交接试验为必做项目，根据GB 50150—2016《电气装置安装工程电气设备交接试验标准》，主变压器绕组连同套管的直流电阻应在各分接头的所有位置上进行测量。

检测报告解读：

（1）1600kVA及以下容量等级三相变压器，各相测得值的相互差值应小于平均值的4%，线间测得值的相互差值应小于平均值的2%。

（2）1600kVA以上三相变压器，各相测得值的相互差值应小于平均值的2%，线间测得值的相互差值应小于平均值的1%。

（3）变压器的直流电阻，与同温下产品出厂实测数值比较，相应变化不应大于2%。

第三节　线路部分

线路工程检测试验即根据电力建设线路工程基础施工、立塔施工和架线施工情况，明确原材料、半成品和成品进场检测和施工过程试件检测技术要求，保证检测试验工作质量。

一、原材料检测

原材料进场检测主要指工程原材料的见证取样、送检和试验，依据进场计划、批次及相关标准规定的抽检率确定抽检频率。检测项目见表4－7。

表4－7　原材料检测项目

类别	检测项目
混凝土原材料	混凝土用水
	水泥
	砂
	卵（碎）石
	缓凝剂
	防冻剂
	速凝剂
钢材	直径混凝土用热轧光圆钢筋
	直径混凝土用热轧带肋钢筋
地脚螺栓	地脚螺栓
塔材	塔材
	高强度螺栓材料
导地线	导地线
光缆	盘测
金具	金具
绝缘子串	绝缘子串

[案例4－7] 直径冷轧带肋钢筋检测试验

冷轧带肋钢筋是用热轧盘条经多道冷轧减径，一道压肋并经消除内应力后形成的一种带有二面或三面月牙形的钢筋，在现浇混凝土结构中也有了数量较大的应用，为了保证不合格钢材不用在工程上去，应注意钢材的检测。根据JGJ 95—2011《冷轧带肋钢筋混凝土结构技术规程》、GB/T 13788—2017《冷轧带肋钢筋》的规定，对外观、拉伸、弯曲、反向弯曲、质量偏差进行检测。送检要求需满足如下要求：

（1）钢筋应按批进行检查和验收，每批应由同一牌号、同一外形、同一规格、同一生产工艺和同一交货状态的钢筋组成。每批不大于60t。

（2）拉伸试样每盘1根、弯曲试样每批2根、反复弯曲每批2根。

（3）进行钢筋质量检测时，试样长度不应小于500mm。

（4）CRB550、CRB－600H的钢筋质量偏差、拉伸试验和弯曲试验的检验批质量不应超过10t，每个检验批由3个试样组成，应随机抽取3捆（盘），从每捆（盘）抽取一根钢筋（钢筋一端），并在任一端截去500mm后取一个长度不小于300mm的试样。3个试样均应进行质量偏差试验，再取其中2个分别进行拉伸试验和弯曲试验。试件切口应平滑且与长度方向垂直。

（5）CRB650、CRB－650H、CRB－800、CRB－800H、CRB－970钢筋的质量偏差、拉伸试验个反复弯曲试验的检验批数量不应超过5t，当连续10批且每批的检验结果均合格时，可改为质量不超过10t为一个检验批进行检验。

检测报告解读：

（1）钢筋表面不得有裂纹、毛刺及影响性能的锈蚀、机械损伤、外形尺寸偏差。

（2）检验重量偏差时，试件切口应平滑且与长度方向垂直，质量和长度的量测精度分别不应低于0.5g和0.5mm。质量偏差（%）计算式为（W_t-W_0）/$W_0\times100$［式中：W_0为钢筋理论质量（kg/m）；W_t为钢筋的实际质量（kg/m）］。

质量偏差的绝对值不应大于4%。理论质量应根据GB/T 13788—2017《冷轧带肋钢筋》及JGJ 95—2011《冷轧带肋钢筋混凝土结构技术规程》的规定确定。

（3）拉伸试验和弯曲试验的结果应符合GB/T 13788—2017《冷轧带肋钢筋》及JGJ 95—2011《冷轧带肋钢筋混凝土结构技术规程》的规定确定。

二、施工过程质量检测

线路工程施工过程质量性能检测试验主要指工程成品、半成品、施工工艺质量性能检测试验，主要检测试验参数是根据国家现行相关标准、设计文件的规定和合同要求以及施工质量控制的需要确定，依据合同的约定以及相关规范的规定确定抽检频次。检测项目见表4－8。

表4－8　施工过程质量检测项目

类别	检测项目
基础工程	电弧焊
	钢筋机械连接
	混凝土配合比设计
	混凝土拌和物性能
	砌筑砂浆（配合比设计、拌和物、试样）
	混凝土抗压强度（标准养护）
桩基检测	桩基完整性
架线工程	导地线握力
	光缆接续测试、全程测试

［案例4－8］导地线检测试验

导地线是架线工程中必不可少的组成部分，工程施工之前，需要进行导地线、耐张线夹以及接续金具压接，通过配套的钢模来进行压接，导线压接之后，如其握着力达不到设计要求，存在极大安全隐患。所以，必须对导地线握着力进行检测。根据DL/T 5285—2013《输变电工程架空导线及地线液压压接工艺规程》的规定，对导地线握着力进行检测。送检要求需满足如下要求：线路用接续管及耐张线夹压接前，每种规格导地线取试件不少于3个。

检测报告解读：

（1）线路用每种导地线液压压接的握着力不应小于导地线设计使用拉断力的95%。当一组试件中有一件未达到握着力时，应查明原因，改进后应加倍取样，进行复检；压接后导线直径不应有明显变形，压接管端头导线表面不应有局部受损或缩径

（2）压接管后对边距尺寸允许值 s 为 $0.866kD+0.2$（D 为导线外径；k 为压接管六边形的压接系数，（$720mm^2$ 以上取0.997，$720mm^2$ 及以下取0.993）。

三、工程实体质量与使用功能检测

线路工程实体质量与使用功能检测主要为交接试验，检测试验项目根据现行相关标准、设计文件的规定和合同要求以及施工质量控制的需要确定，依据合同的约定以及相关规范的规定确定抽检频次。交接试验由施工单位负责完成，建设管理单位及各项目部仅对试验方式及报告进行分析。检测项目见表4-9。

表4-9　工程实体质量与使用功能检测项目

类别	检测项目
电力电缆线路	绝缘电阻
	充油电缆的绝缘油
	电缆两端相位
	交叉互联系统
	交流耐压试验
	电力电缆线路局部放电（66kV及以上）
	直流耐压试验及泄漏电流
架空输电线路	绝缘子和线路绝缘电阻
	相位检查
	110（66）kV及以上线路工频参数
	杆塔接地阻抗
	冲击合闸

［案例4-9］杆塔接地阻抗检测试验

架空送电线路杆塔接地的作用是在雷击状态下将冲击电流或雷电流通过杆塔基础的自然接地和人工水平接地体导入大地，以保护设备的安全，根据GB 50150—2016《电气装置安装工程电气设备交接试验标准》的规定，杆塔接地阻抗应符合设计要求，试验方法参照DL/T 887—2004《杆塔工频接地电阻测量》，对新建杆塔接地装置的验

收应采用三极法测量。

检测报告解读：

（1）三极法测量杆塔工频接地电阻的电极布置，电压极 P 和电流极 C 分别布置在离杆塔基础边缘 $d_{GC}=4L$ 处和 $d_{GP}=2.5L$ 处（L 为杆塔接地装置放射形接地极的最大长度；d_{GC} 和 d_{GP} 分别为接地装置 G 和电流极 P、接地装置 G 和电压极 P 之间的直线距离）。

（2）杆塔接地阻抗检测试验值与设计值进行比对，应满足设计文件要求。

第四节　质量验收实测实量重点项目

实体工程质量检验是工程质量验收的重要手段和环节。工程施工质量验收应对涉及结构安全、节能、环保和使用功能的重要分部工程进行抽样检验。输变电工程质量验收实测实量项目清单见表 4－10 和表 4－11。

表 4－10　　变电工程实测实量项目清单

序号	检测项目	检测方式	使用仪器	参照标准
1	主控楼梁高、层高、结构柱的垂直度及钢筋数量	梁高、层高、结构柱垂直度及钢筋数量随机抽取 3 处进行测量	激光测距仪、经纬仪、吊线、测量尺	GB 50204—2015《混凝土结构工程施工质量验收规范》、GB/T 50784—2013《混凝土结构现场检测技术标准》等
2	变压器基础、GIS 基础、高压电抗器基础混凝土强度、钢筋保护层厚度及钢筋数量	变压器基础、GIS 基础、高压电抗器基础各取一基进行检测	回弹仪、钢筋探测仪	GB 50204—2015《混凝土结构工程施工质量验收规范》、JGJ/T 23—2011《回弹法检测混凝土抗压强度技术规程》等
3	钢结构厂房防火材料覆层厚度	钢结构厂房随机抽取 3 处进行防火材料覆层厚度检测	测深卡尺	GB 14907—2018《钢结构防火涂料》等
4	消防信号的联动报警功能	对主变压器、高压电抗器、建筑物室内、电缆沟，各抽取一处，对其烟感装置、感温探头（线缆）、红外对射探头等进行消防信号联动报警检测	烟枪、热源	GB 14287.1～GB 14287.4—2014（所有部分）《电气火灾监控系统》等
5	主设备接地的导通性	变压器、GIS、高压电抗器等主设备，全数进行接地的导通性检测	接地导通测试仪	GB 50150—2016《电气装置安装工程电气设备交接试验标准》等

续表

序号	检测项目	检测方式	使用仪器	参照标准
6	GIS 伸缩节相邻筒体高差	全数伸缩节，对 GIS 伸缩节相邻筒体高差进行测量	水平仪、测量尺	《国家电网公司关于印发户外 GIS 设备伸缩节反事故措施和故障分析报告的通知》（国家电网运检〔2015〕902 号文）等
7	变压器油	随机抽取一台变压器，对其变压器油进行分析	变压器油色谱分析仪	GB 50150—2016《电气装置安装工程电气设备交接试验标准》等
8	变电站构支架螺栓紧固力矩值	对构支架螺栓随机抽取 5 处，进行紧固力矩值测量	扭矩扳手	JGJ 82—2011《钢结构高强螺栓连接技术规程》、GB/T 1228—2006《钢结构用高强度大六角螺母》、GB 50149—2010《电气装置安装工程 母线装置施工及验收规范》等
9	红外热像	对变压器、断路器、隔离开关、电流互感器、电压互感器、GIS、电缆、悬式瓷绝缘子等设备随机各抽取一台进行红外热像检测	红外热像仪	DL/T 664—2016《带电设备红外诊断应用规范》等
10	紫外成像	对绝缘子、隔离开关、均压环、电缆头分支引线、导线等设备随机各抽取一个（根）进行紫外成像检测	紫外成像仪	DL/T 345—2010《带电设备紫外诊断技术应用导则》等

表 4－11　　线路工程实测实量项目清单

序号	检测项目	检测方式	使用仪器	参照标准
1	基础结构尺寸	随机抽取两基基础进行测量	卷尺、经纬仪	GB 50204—2015《混凝土结构工程施工质量验收规范》等
2	混凝土强度、钢筋保护层厚度及钢筋数量	随机抽取两基基础，对其混凝土强度、钢筋保护层厚度及钢筋数量进行测量	回弹仪、钢筋探测仪	GB 50204—2015《混凝土结构工程施工质量验收规范》、JGJ/T 23—2011《回弹法检测混凝土抗压强度技术规程》等

续表

序号	检测项目	检测方式	使用仪器	参照标准
3	铁塔主材的弯曲度、截面尺寸（即宽度、塔材厚度）及塔身的结构性倾斜度	随机抽取两基铁塔，测量其塔身的结构倾斜。每基铁塔抽取两根主材，对其弯曲度、尺寸（截面尺寸，即宽度、塔材厚度）进行测量	经纬仪、钢卷尺、游标卡尺	DL/T 5168—2016《110kV～750kV 架空输电线路施工质量检验及评定规程》、GB 2694—2018《输电线路铁塔制造技术条件》等
4	悬垂串的倾斜度	随机抽取两基铁塔，对其悬垂串进行倾斜度测量	经纬仪	DL/T 5300—2013《1000kV 架空输电线路工程施工质量检验及评定规程》、DL/T 5168—2016《110kV～750kV 架空输电线路施工质量检验及评定规程》等
5	导线弧垂	随机抽取两挡导线，分别对其弧垂误差（同相子导线和相间误差值）进行测量	经纬仪	DL/T 5300—2013《1000kV 架空输电线路工程施工质量检验及评定规程》、DL/T 5168—2016《110kV～750kV 架空输电线路施工质量检验及评定规程》等
6	交叉跨越净空距离	整个线路工程抽取一个交叉跨越点，进行净空距离测量	经纬仪	GB 50233《110～750kV 架空输电线路施工及验收规范》等
7	接地埋深及接地电阻	整个线路工程抽取一基铁塔。对抽取的铁塔开挖基础，对其接地埋深、焊接长度、接地电阻，镀锌层厚度、铜覆钢厚度进行测量，测量完成后对基础按照标准进行回填	水平尺、钢卷尺、接地电阻测试仪、测厚仪	GB 50233—2014《110～750kV 架空输电线路施工及验收规范》等
8	输电线路红外热像	随机抽取两挡导线对其进行红外热像检测，重点检测耐张线夹、连接导流板、跳线线夹、接续管等部位	红外热像仪	DL/T 664—2016《带电设备红外诊断应用规范》等
9	钢管塔焊缝	如线路工程有钢管塔，则随机抽取两基钢管塔，每基钢管塔抽取一条设计要求全焊透的一级焊缝采用超声波检测	超声波检测仪	NB/T 47013.3—2015《承压设备无损检测　第 3 部分：超声检测》等

第五章　质量检测新技术

第一节　配网检修试验

一、配网物资柔性检测线

物资柔性检测系统是一种能够根据不同的检测任务和检测对象，迅速调节检测功能来适应新任务和新对象的自动检测系统。该系统采用物联网管控技术，依据每类物资的特点和检测项目的差异，通过统筹优化检测流程，快速改变检测系统的组织模式，迅速调节检测功能，来适应各种电力设备和检测项目，具有高效、灵活、专业、经济以及安全等优点，可显著提高物资质量检测效率。

1. 智能试验系统

智能试验系统通过自动收放线、智能切换线和一线多用等智能试验技术，可根据不同入网物资的特点和检测项目的差异，自动调节检测功能，来适应各种入网物资和检测项目，并能自动切换试验接线，避免了传统检测模式下需要多人手动更换试验设备、变更接线等工作。基于一线多用引线（见图5－1）、智能切换线及自动收放线（见图5－2）技术的10～500kV电力设备一次接线、一键操作试验方法，彻底解决了电气试验过程中需要频繁接线、换线的技术难题，有效提高了试验检测效率。

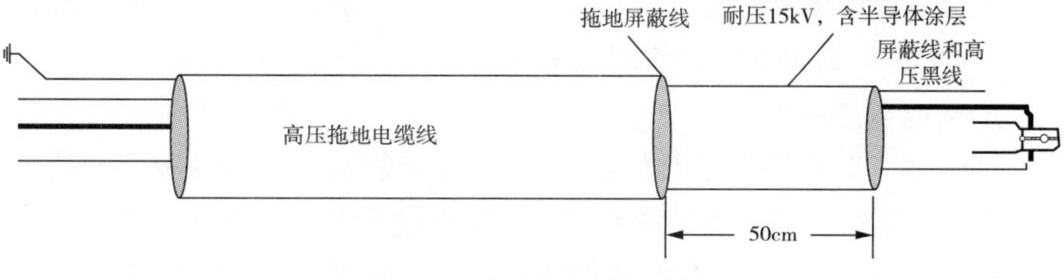

图5－1　一线多用试验引线

以配电变压器检测为例，传统模式下要完成绕组绝缘电阻测量、电压比测量及联结组标号检定、绕组直流电阻测量、外施耐压试验、短路阻抗及负载损耗测量、空载

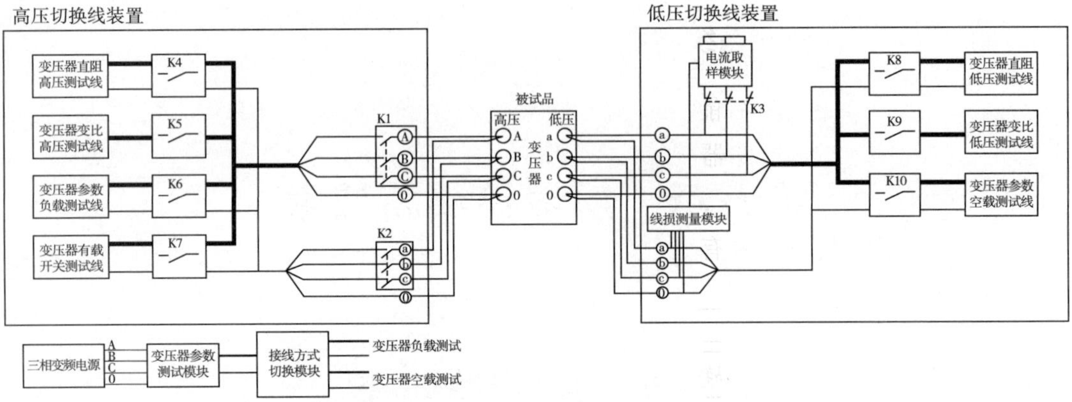

图 5－2　变压器试验智能切换线装置原理

电流及空载损耗测量和感应耐压试验，需要人工手动接线 7 次，耗时 70min；人工操作开展试验，耗时 80min；整个试验过程累计耗时 150min。采用柔性检测系统，只需一次接线、一键操作，即可自动完成所有试验，整个试验过程累计耗时 45min，所需时间不足原来的 1/3。

2. **自动转场系统**

自动传输系统采用自动化传输技术和柔性调度方案，可根据不同入网物资的特点和检测项目的差异，统筹优化检测流程，快速改变传输系统的组织模式，按照效率优先的原则将试品自动传输至相应工位，避免了传统检测模式下需要多人配合操作行吊或叉车才能将试品放置到位的试品转场方式，提高了试品转场效率。

以环网柜检测为例，传统模式下，开展主回路电阻测量、主回路绝缘试验、辅助和控制回路绝缘试验、雷电冲击试验、局放试验、机械特性及机械操作试验需要人工频繁吊装，累计耗时 50min。采用柔性检测系统，试品转场全部采用智能传输模式，累计耗时 10min，所需时间仅为原来的 1/5。

3. **信息管理技术**

信息管理系统采用智能识别、数据处理与通信等物联网技术，与物资调配平台无缝对接，实现检测任务及结果上传下达，试验数据采集、分析、查询及检测报告生成等功能，避免传统检测模式下试验结果的记录、分析、查询以及试验报告的编制均需人工手动完成的方式，提高了数据管理效率及可靠性。

4. **全方位安全保障系统**

采用红外感应、安全围栏、自动接地、智能闭锁和视频监控等手段，建立了基于柔性检测技术的系统保护和安全防护系统，试验全过程对试验人员、试验样品、试验设备进行全方位监控，多渠道实现智能断电、自动接地、过载保护等功能，切实保障试验过程中的人身及设备安全。

二、物资柔性检测系统应用成效

物资柔性检测系统集智能试验、自动传输、信息管理和安全保障技术于一体，已全面覆盖配电变压器、断路器等 19 类物资的质量检测，与传统模式相比，节约人力成本 70%，减少生产成本 80%，检测效率提升 300% 以上，对确保电网设备零缺陷投运、实现公司物力集约化管理具有重要意义。柔性检测与传统检测模式对比见图 5 - 3。

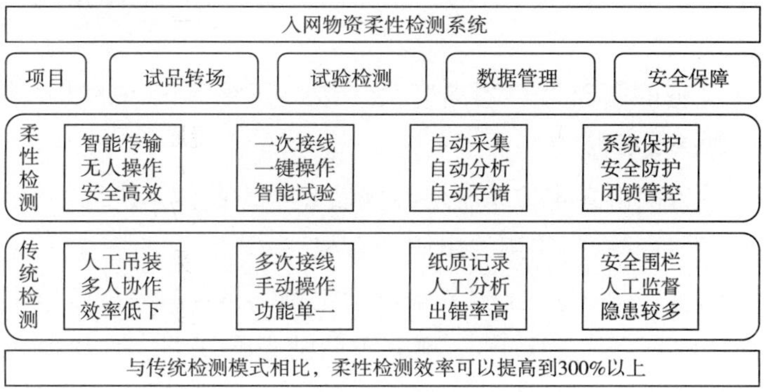

图 5 - 3　柔性检测与传统检测模式对比

物资柔性检测系统获国家授权专利 17 项（发明专利 5 项）、软著 10 项；制定标准 9 项（行业标准 1 项）；出版专著 1 部；发表论文 40 篇（SCI 及 EI 各 16 篇）。相关技术成果在江苏、湖北等多省市推广应用，至 2016 年累计产生经济效益约 2.3 亿元。其中，国网江苏省电力公司采用项目成果检测设备 5058 台次，发现缺陷 339 起，挽回经济损失 2.12 亿元；国网湖北省电力公司、国网安徽省电力公司应用项目成果检测设备 1300 台次，节支 1040 万元。技术成果获得中国物流与采购联合会科技进步一等奖、省级电网企业科技进步一等奖等奖励。

第二节　变电检修试验

一、特高压 GIS 交流耐压和局放检测

在完成特高压 GIS 的现场安装后，通过有关规定和标准进行交流耐压和局部放电试验，检查总体装配的绝缘性能是否完好，防止意外因素（如安装错误，包装运输、储存和安装调试中的损坏，存在异物等）导致内部故障，以保证新装设备能正常投入系统运行。

1. 试验条件

（1）空气温度不低于 5℃、相对湿度不大于 80%，风力不大于 5 级。

（2）现场提供容量大于 100kVA 的 380V 三相电源。

（3）被试 GIS 设备的常规交接试验项目已完成且试验数据合格，各操动机构应灵

活可靠。

（4）被试 GIS 设备间隔气室内的 SF_6 气体应达到额定压力。

（5）被试 GIS 设备出线套管的一次引线应拆除，并与出线套管保持 9.5m 以上的安全距离，并可靠接地。

（6）GIS 设备附近的避雷器等设备应与被试 GIS 保持 9.5m 以上的安全距离，若不能满足要求，应拆除。

（7）被试 GIS 设备耐压范围内的电流互感器二次绕组应短路接地，电压互感器二次绕组开路接地。

（8）被试 GIS 设备的断路器、隔离开关、接地开关等设备的方式均已设置正确，相邻间隔应均已可靠隔离并接地。

（9）被试 GIS 设备的击穿定位系统已经安装完毕，调试系统能够有效工作。

（10）被试 GIS 设备一次回路绝缘电阻应合格。

（11）试验用计量仪器及安全工器具均已检定校验且在有效期限范围内。

特高压 GIS 交流耐压系统通常由变频电源、励磁变压器、高压电抗器、电容分压器等部分组成，局放检测示意如图 5－4 所示。

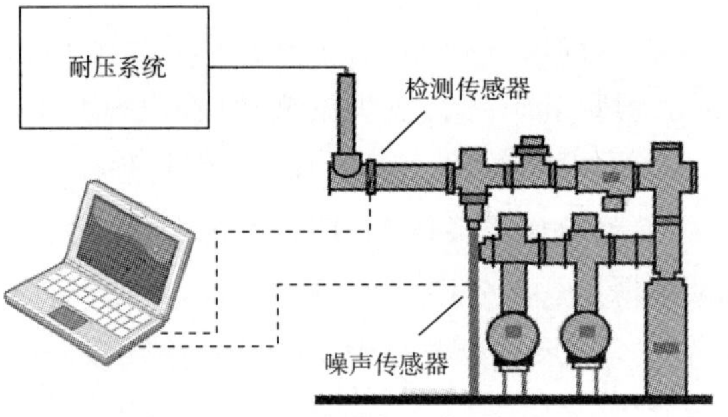

图 5－4　特高压 GIS 局放检测示意

2. GIS 加压程序

GIS 加压程序如图 5－5 所示。

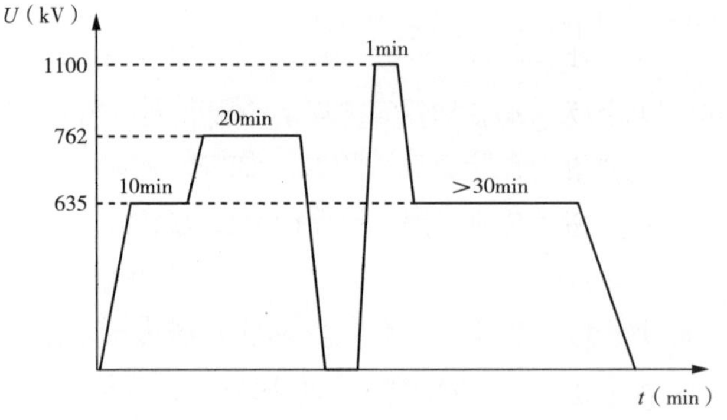

图 5－5　GIS 加压程序

（1）在进行耐压试验前，用绝缘电阻测量仪测量主回路绝缘电阻。

（2）操作耐压系统，调整系统频率，使系统达到谐振状态（试验频率控制在30～300Hz，升压要求缓慢，控制在3kV/s），升压至$U_m/\sqrt{3}$（635kV），保持10min；继续升压至$1.2U_m/\sqrt{3}$（762kV），保持20min；然后升压至U_f（1100kV，耐受电压值），保持1min；然后降压至$1.2U_m/\sqrt{3}$（762kV），保持30min后，进行超声局部放电检测；最后将电压降至0kV。

（3）在全站完成一、二次设备调试后，需要进行整站额定电压老练试验，要求电压升高至$1.1U_m/\sqrt{3}$（699kV），并保持60min以上。

（4）局放试验时要求平稳地将传感器放在GIS外壳的各测点上，平均0.8～1.0m设置一个测点，并且要求每个气室都要进行测量；待信号稳定后，观察、记录信号特征。

（5）发现异常信号后，应进行信号详测，改变检测频率上下限等设置参数，进行多方位多模式测量。

（6）耐压和局放试验结束后，将电压降至零，拉开电源隔离开关，挂接地线。

（7）待GIS设备充分放电后，取下接地线，用绝缘电阻测量仪测量主回路绝缘电阻。

（8）再次挂上接地线，拆除试验电源接线，拆除电流互感器的短接线。

如果试验同时满足下列要求，则试验结果合格：

（1）试验过程中试品不发生击穿、闪络或出现异常现象。

（2）局放试验未发现异常信号。

（3）耐压前后回路绝缘电阻无明显下降。

二、特高压变压器局放试验系统

1. 系统概况

目前，我国特高压变压器现场局部放电试验装置主要有中频发电机组试验装置和高压大功率变频谐振装置。中频发电机组试验系统即用大功率电动机拖动一台中频发电机，来获得中频交流电源（频率为125、200、250Hz等）。采用中频电源对高压大容量变压器进行局放试验时，均需用电抗器来补偿被试变压器的容性无功功率，以避免发电机组出现自励磁。中频发电机组的优点是可通过改变发电机组励磁回路励磁变阻器的阻值，使发电机输出平滑可调的电压，使用可靠性较高；但存在频率固定，需要依靠外配调节电抗器的方式进行补偿等缺点。

高压大功率变频谐振装置采用串联谐振变频装置，在谐振条件下电源供给串联谐振回路有功损耗，故电源输入容量很小，只需被试品电容容量的$1/Q$。与电动发电机组中频电源装置相比，变频感应试验成套设备具有容量大、干扰水平低、体积小、质量轻、没有旋转机组、运行维护简便等优点，目前在500kV及以下交流变压器现场局放试验中应用较多。缺点是电子元器件较多，制造工艺等存在隐患，可靠性还有待提高。

国网江苏省电力公司电力科学研究院（简称江苏电科院）率先提出了大容量连续可调电抗器技术，研制了特高压变压器局放试验系统，该系统包括可调电抗器技术和感性无功实时监测系统。

（1）大容量连续可调电抗器技术。作为两种局放试验装置均需要的补偿电抗器，一般均采用多台固定式电抗器串并联作为感性无功补偿，电抗器容量、电压等级各不相同，现场组装、接线均较复杂，同时需针对试验变压器容量、低压绕组多次调整、优化组合，而励磁电流无法控制，给现场试验带来较大的工作量。江苏电科院针对特高压换流变压器现场试验特点，首次提出采用高电压大容量可调补偿电抗器作为感性无功补偿，可调电抗器可在额定工作电压下，平滑、无级、连续地改变电抗值、功率因数。补偿电流调节范围大，可无级、平滑、连续地调节电流，电感调节线性度及稳定性好。现场接线简单、操作方便，运行安全可靠，并可长时间连续运行。

（2）感性无功实时监测系统。为了掌握试验过程的感性补偿程度和试验中电压及电流情况，使试验更加安全高效，研制了感性无功实时监测及电压电流实时监测系统，系统接线原理如图 5－6 所示。

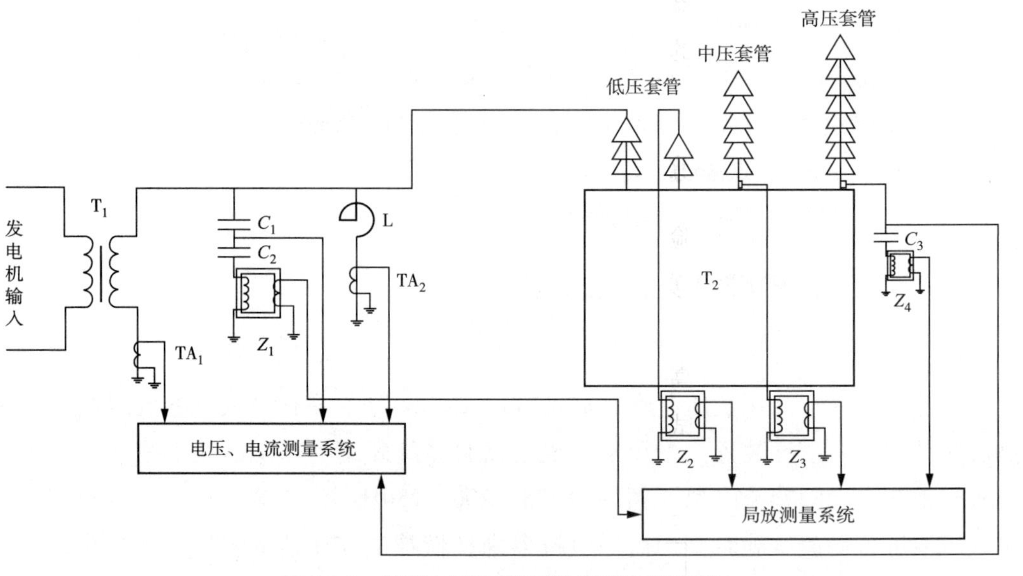

图 5－6　特高压变压器局放实时监测系统

T_1—中间变压器；T_2—被试变压器；Z_1、Z_2、Z_3、Z_4—检测阻抗；C_1—高压臂电容；C_2、C_3—低压臂电容；TA_1、TA_2—电流互感器；L—补偿电容器

测量系统有四个通道，分别测量：

（1）被试变压器高压侧电压。直接显示被试变压器高压侧电压通过高压套管串接电容组成分压器测量被试变压器高压侧电压，还可以记录整个试验过程中电压的变化，并形成图形，也可显示实时波形，尤其对快速暂态电压（AD 采集速度 20M）可记录试

出厂试验值等，通过推理机、解释机制等算法的逐步推理判断，模拟人类专家对问题进行求解，并解决实际问题。

在试验开始之前，试验数据的综合分析需要收集测试环境、测试干扰、设备历史数据、设备制造厂要求值、同类或同一设备不同相别的试验项目（如三相进行比较）等数据。在测试变比、短路阻抗、介损、直流电阻、有载分接开关时，在报表中会体现出历史数据比较和警告值。

试验测量结束后，对试验结果采集保存。然后进行铭牌比对，根据当前设备的铭牌信息对试验结果进行比对分析，对超过国标精度进行预警提示。同时，与出厂值进行比对，根据当前设备的出厂值信息对试验结果进行比对分析，对超过国标精度进行预警提示。在试验测量结束后，对试验结果采集保存，最后自动生成试验报告。

智能辅助判断系统工作流程见图 5－8。

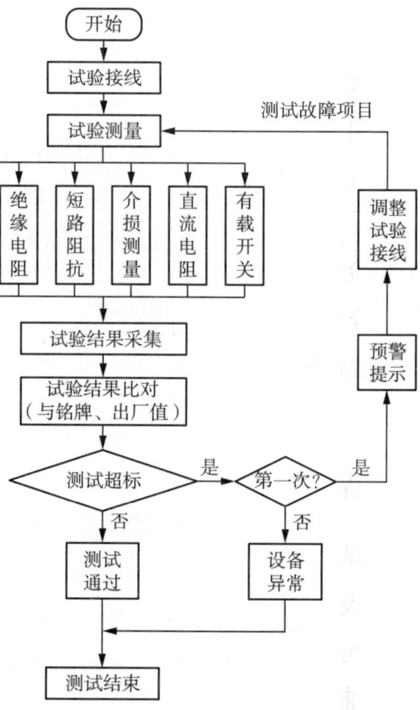

图 5－8　智能辅助判断系统工作流程

主变型智能试验系统主要包括车载变压器试验设备、智能转换开关和计算机系统，如图 5－9 所示。主变型智能试验系统具备开展变压器绝缘电阻、短路阻抗、有载分接开关测试、介质损耗、变比、直流电阻等电气试验能力；可一次性完成高压试验接线，一键式操作完成全部例行电气试验项目，具备试验报告自动生成功能；可根据设备参数和所选试验项目，自动生成试验流程；具备仪器自检、实时监控、异常急停等功能；能够运用智能辅助判断系统中的知识库，调用历史数据、出厂试验值等，通过推理机、解释机制等算法的逐步推理判断，模拟人类专家对问题进行求解，并解决实际问题。

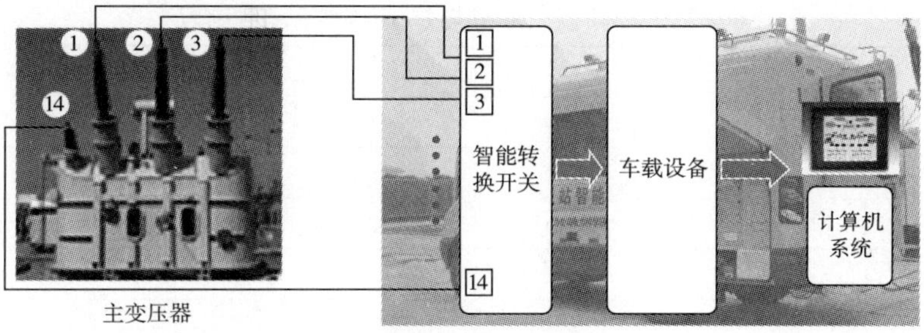

图 5－9　主变型智能试验系统结构

应用主变型智能试验系统进行试验时，将被试变压器的高、中、低压侧三相、中性点（若有）的高压套管出线和末屏用测试线接好，并连接到集线转换板的高压、中压、低压测试接口单元，将中压侧、低压侧短路阻抗短接器分别与被试变压器的中压、低压侧三相、中性点（若有）出线用测试线接好；工控机通过软件设置绝缘电阻、短路阻抗、直阻、有载、变比、介损等测试项目的参数，并启动试验流程。

在试验开始之前，试验数据的综合分析需要收集测试环境、测试干扰、设备历史数据、设备制造厂要求值、同类或同一设备不同相别的试验项目（如三相进行比较）等数据。测试变比、短路阻抗、介损、直流电阻、有载分接开关时，在报表中会体现出历史数据比较和警告值。

试验测量结束后，对试验结果采集保存。然后进行铭牌比对，根据当前设备的铭牌信息对试验结果进行比对分析，对超过国标精度进行预警提示。同时与出厂值进行比对，根据当前设备的出厂值信息对试验结果进行比对分析，对超过国标精度进行预警提示。在试验测量结束后，对试验结果采集保存，最后自动生成试验报告。

四、车载化输变电工程启动调试系统

由于输变电工程启动调试工作的系统性、复杂性，大量新主变压器及新线路的建设给启动调试工作带来了极大的挑战。目前启动调试工作存在的问题有人力耗费大、响应速度慢、调试过程可靠性低、现场异常问题难以及时解决等，因此建设一套设备先进、集成度高、智能化的输变电工程调试系统，使得调试工作规范化、高效化、集约化、智能化，对于及时解决现场问题、提高调试可靠性具有十分重要的意义。

江苏电科院开展了车载化输变电工程启动调试系统的研制工作，该系统以改造后的轻型客车为载体，各调试项目以积木式结构安装于车内。试验时，可通过外部引线将试验系统与被试设备相联，整体开展工作；也可将测试单元与系统分离，作为独立仪器使用，在车外室内进行工作。系统主要由信号采样系统、信号传输系统、信号记录与数据分析系统、开关程控系统、信息化系统、电源系统、附属系统等部分构成。

车载化启动调试系统与传统调试手段相比，其特点见表 5－1。

表 5-1　车载化启动调试系统与传统调试手段对比表

比较项目	车载化启动调试系统	传统调试系统
响应速度	快	慢
人力资源耗费	少	多
收放线工作量	小	大
输变电设备安全性	高	低
调试仪器安全性	高	低
调试人员安全性	高	较低
报告生成周期	短	长
远程互动	有	无

目前国内外还未有车载化输变电工程启动集成调试系统，江苏电科院率先开展该系统的研制工作，并于2015年投入现场使用。车载化输变电工程启动调试系统克服原有调试系统响应速度慢、人员耗费多、工作强度大的缺点，并进一步提升调试过程中输变电设备、调试仪器、调试人员安全性，强化信息化系统，确保输变电设备可靠入网。

第三节　状态检测

一、单兵巡检技术

（一）技术简介

单兵巡检技术可实现运维人员单人完成全站设备快速巡检工作，核心装备是变电站单兵巡检装备，主要包括头戴式红外成像测温仪与局部放电综合巡检仪。整套装备可有效融合红外热成像检测、暂态地电波检测、超声波局放检测、特高频局放检测等带电检测技术，手段先进，便于携带，缺陷检出率和准确度高，实现单个运维人员快速完成全站设备综合状态检测任务。

（二）技术原理及参数

1. 技术原理

单兵巡检技术借鉴了军事领域单兵作战的思路，利用人体功能学特征，使单人能够同时携带种类多样、功能齐全的带电检测设备，将常规需要手持的红外测温仪集成到安全帽中，解放了运维人员双手，配置手持式综合局放巡检仪，可单手操作检测变电站组合电器、开关柜等设备，实现全站设备的快速巡检。通过简化带电检测操作方法，强化检测结果记录的实时性，提升仪器设备的利用率，提高设备缺陷的检出率，大幅度减少带电检测的难度和耗时，使运维人员单人即可执行各类检测任务，代替以往2~3人的检测工作，而且，带电检测法简单易学，便于电力一线运维人员学习掌握，易于推广应用。

变电站单兵巡检装备集成有红外热成像检测、暂态地电波检测、超声波局放检测、特高频局放检测等带电检测功能，其基本原理如下：

（1）红外热成像检测。运用光电技术检测物体热辐射的红外线特定波段信号，将该信号转换成可供人类视觉分辨的图像和图形，并进一步计算出温度值。

（2）暂态地电波检测。高压电气设备发生局部放电时，放电量往往先聚集在与接地点相邻的接地金属部位，形成对地电流，在设备的金属表面上传播。对于内部放电，放电量聚集在接地屏蔽的内表面，屏蔽连续时在设备外部很难检测到放电信号，但屏蔽层通常在绝缘部位、垫圈连接、电缆绝缘终端等部位不连续，局部放电的高频信号会传输到设备屏蔽外壳，通过检测这些高频信号来判断高压设备内部放电情况。

（3）超声波局放检测。当设备内部绝缘发生局部放电时会产生电荷中和的过程，会相应产生较陡的电流脉冲，激发声波信号，并从局部放电点以球面波的方式向四周传播，GIS 的超声波局部放电检测法即是通过超声波传感器对 GIS 中发生局部放电时产生的超声波信号（频率介于 20～200kHz）进行检测，从而获得局部放电的相关信息，实现 GIS 绝缘状态评估。

（4）特高频局放检测。正常运行中的 GIS 内充有高气压 SF_6 气体，其绝缘强度和击穿场强都很高。当局部放电在很小范围内发生时，气体击穿过程很快，将产生持续时间为纳秒级的脉冲电流，同时向四周辐射出 0.3～3GHz 的电磁波，其在 GIS 中以 TEM 波、TE 波、TM 波的形式传播，GIS 的同轴结构相当于导引电磁波的波导管，TE 波与 TM 波在其中传播的截止频率取决于 GIS 的结构尺寸，同时，由于间隔的作用，一个 GIS 系统如同一系列的谐振腔，谐振腔中信号传衰减较小，信号传播时间长，通常一个纳秒级的局部放电信号可以持续 10ms 以上，使用特高频传感器接收这些电磁波，进而分析 GIS 内部有无放电、放电强度及缺陷类型等信息。

2. 单兵巡检装备结构

变电站单兵巡检装备成功将多种不同检测设备进行功能集成、性能提升，具有变电站多设备单人综合检测工作模式。其主要部件为头戴式红外成像测温仪和局部放电综合巡检仪。

（1）头戴式红外成像测温仪。结构框图见图 5－10。

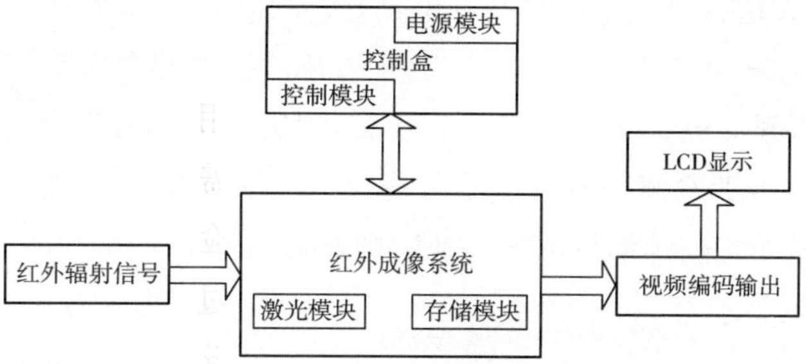

图 5－10　头戴式红外成像测温仪结构框图

技术参数为：

1）创新头戴式结构设计，解放双手。

2）探测器分辨率达 640×480，与主流手持式红外测温仪参数相当。

3）温度分辨率达 0.04K@30℃，与主流手持式红外测温仪参数相当。

4）质量仅 402g，优化配重，佩戴舒适。

5）高温自动报警功能，主流手持式红外测温仪无该功能。

6）图像、语音同步注释录制，主流手持式红外测温仪无该功能。

（2）局部放电综合巡检仪。结构框图见图 5－11。

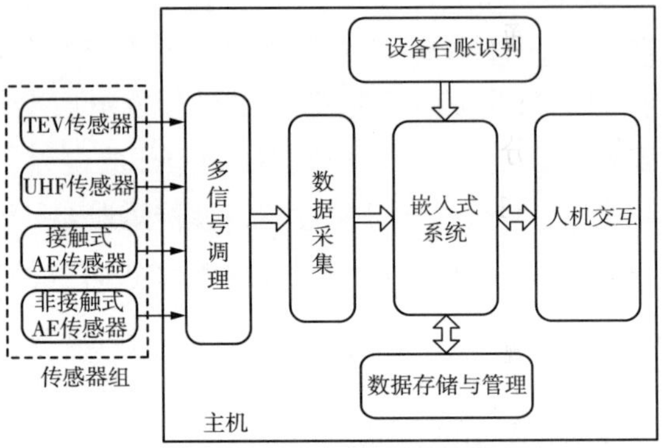

图 5－11　局部放电综合巡检仪结构框图

技术参数为：

1）手持式结构设计，质量仅 700g，可单手操作。

2）集成特高频、暂态地电波、接触式超声波、非接触式超声波 4 种局放检测方法，主流局放仪多为单一功能。

3）超标信号自动报警功能，其他局放检测仪均无该功能。

4）无线式特高频局放传感器，其他局放检测仪采用有线式传感器。

5）RFID 设备台账读取功能，主流局放检测仪无该功能。

（三）典型案例

某 110kV 变电站 10kV 开关柜型号为 KYN28－12，生产日期为 2008 年 8 月，2014 年 3 月 19 日检测人员在对变电站进行带电巡检时，使用变电站单兵巡检技术检测发现 10kV 开关柜室存在异常特高频信号，怀疑高压开关柜内部存在局部放电缺陷。后经检测定位确定该高压开关柜室异常特高频信号来自 102 2 号主变压器开关柜。停电检查发现 C 相母排穿套有施工遗留平垫、弹垫及螺母，有明显烧溶痕迹，在对该位置进行检修恢复送电后，该处特高频信号消失、缺陷消除。

二、输变电设备车载智能巡检系统

（一）技术介绍

输变电设备车载智能巡检系统是以车载智能巡检设备为主、以人工便携巡检系统为辅，灵活便捷的电力巡检系统，适用于 500kV、220kV 输变电系统的自动巡检，可有效开展变电站及输电线路一次电气设备发热型故障、放电型故障的检测，同时也可用于现场故障抢修、指挥以及输变电系统状态的标定。

该系统在自动巡检前首先在学习模式下工作，通过学习模式建立变电站和线路等设备类型、空间位置的基础数据库。自动巡检模式下，车载巡检设备根据所在位置驱动转塔自动捕捉目标，带动红外摄像机、紫外摄像机和高清可见光相机对准目标并进行拍摄。显示器实时显示采集的图像，同时计算机对采集的图像进行存储、分析、诊断并进行缺陷实时告警。在车无法到达的地方，利用人工便携巡检系统对目标进行拍摄和图像存储。巡检结束后，通过计算机对存储的图像进行事后自动缺陷故障分析诊断，并将结果录入用户数据库。

车载输变电灵活巡检系统分为车载巡检分系统、人工便携辅助巡检分系统与地面分析处理分系统，结构如图 5－12 所示，系统组成框图如图 5－13 所示。

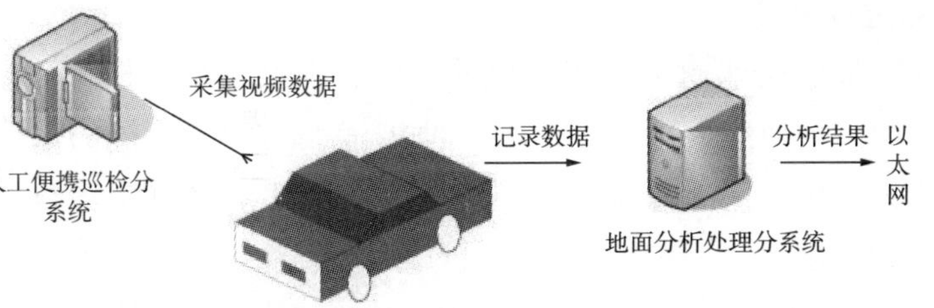

图 5－12　输变电灵活巡检及诊断移动设备组成示意

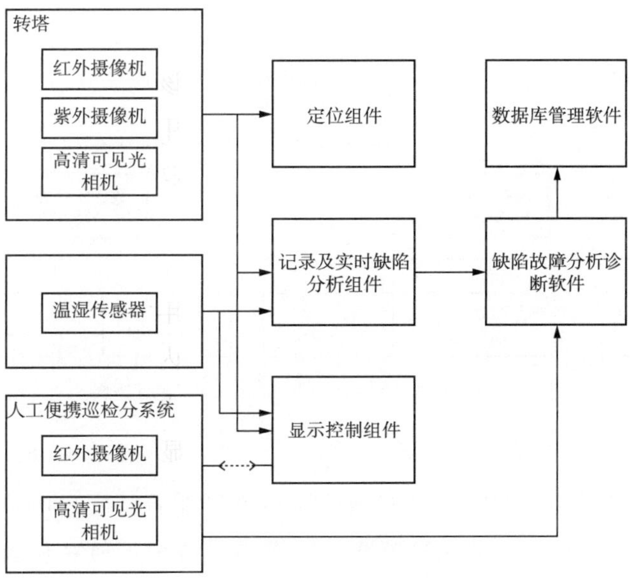

图 5－13　系统组成框图

1. 车载巡检分系统

转塔组件安装在后排，车内具有升降装置，使用时将转塔组件升至车顶；激光雷

验中任何电压变化，如被试变压器进行感应耐压及局部放电试验产生大的放电时致使电压有 ΔU 变化的捕捉。

（2）中间变压器高压电流。通过电流互感器从中间变压器高压尾接地测量。

（3）补偿电抗器电流。通过电流互感器从补偿电抗器接地测量。

（4）中间变压器高压电压。局部放电试验对电源要求很高，要保证200Hz电源波形畸变小，通过特制弱阻尼电容分压器测量被试变压器低压侧电压，然后做FFT运算，可以得到DC－1MHz的频谱。

2. 应用情况

江苏电科院2012年和2017年分别承担了±800kV苏州换流站极Ⅱ换流变压器、±800kV淮安换流站换流变压器的长时感应耐压带局部放电试验，应用特高压局放试验系统，顺利完成了试验结果，符合交接试验规程要求。通过该系统明显提高了试验效率，并且试验更加安全可靠。

3. 应用成效

可调电抗器具有现场接线简单、无需串并联组装、试验准备工作量小、背景局放量小、试验安全、方便快捷等特点，可高效优质地完成各种类型大容量高电压等级变压器特殊性试验，缩短变压器安装试验周期，同时，感性无功监测可实时监测到试验的各项参数，掌握试验设备的工作状态，使试验更加安全，为特高压交直流电网的安全运行提供保障。

三、一次设备智能试验系统

变电站典型间隔智能试验系统主要包括车载试验设备、智能转换开关和计算机系统，如图5－7所示。变电站典型间隔智能试验系统具备开展绝缘电阻测试、回路电阻测试、断路器动作特性测试、介损测试、避雷器泄漏电流测试、CVT变比测试等电气试验能力；具备一次性完成高压试验接线，一键式操作完成全部例行电气试验项目能力；可根据设备参数和所选试验项目，自动生成试验流程和试验报告；具备仪器自检、实时监控、异常急停等功能；能够运用智能辅助判断系统中的知识库，调用历史数据、

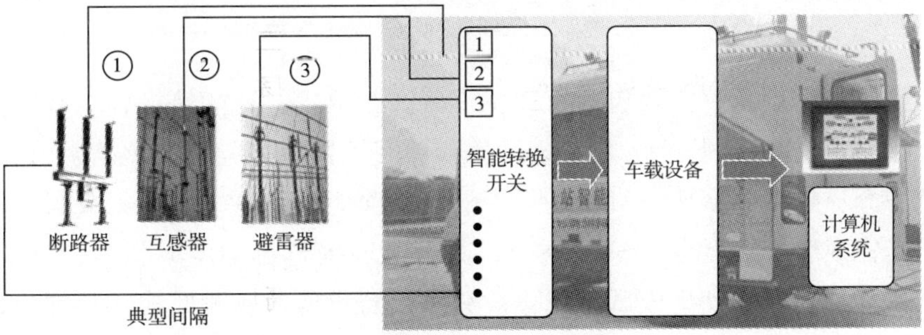

图5－7　变电站典型间隔智能试验系统结构图

达安装在转塔支架上；GPS 安装在车顶部；电控机箱放置在第二排后座上；为方便自动巡检，系统允许单人操作，显示器及操控面板设置在副驾驶的位置。人工便携巡检系统使用无线图传方式将数据发送到车载系统进行同步显示，接收天线放置在车顶部。

车载巡检系统组成包括传感器、转塔组件、显示控制组件、定位组件、记录及实时缺陷分析组件、车辆及供电组件，如图 5－14 所示。

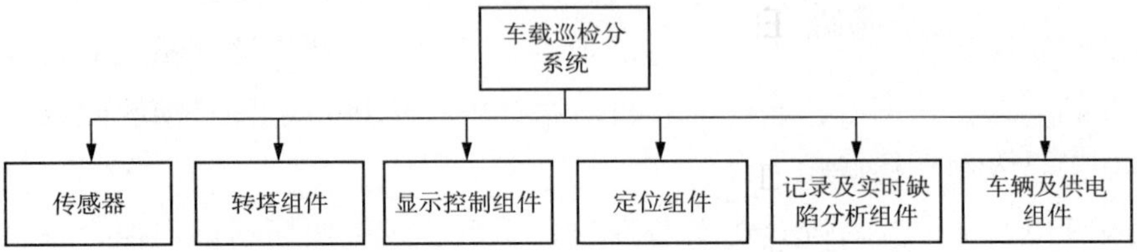

图 5－14　车载分系统结构

2. 人工便携巡检系统

用于巡检车不能够到达而又需要巡检的地方，由红外摄像机、可见光摄像机、存储单元以及无线收发模块组成。为保证人工便携辅助巡检分系统的数据可以有效地接入地面分析处理系统中，人工便携辅助巡检分系统可手动选择当前设备名称，并将信息叠加在拍摄的视频之上。

3. 地面分析处理系统

地面分析处理系统分为缺陷故障分析诊断系统和数据库管理系统，其软件结构如图 5－15 所示。

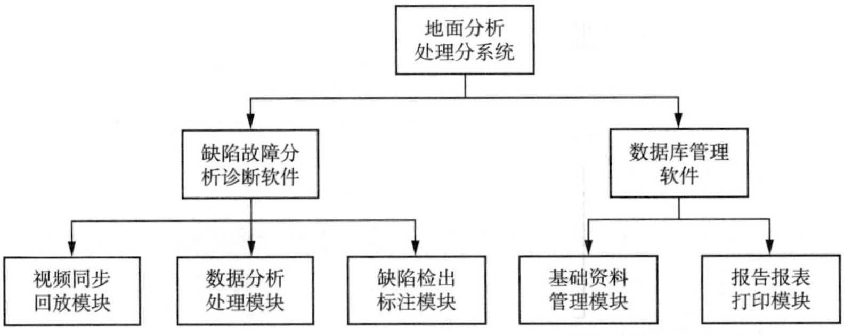

图 5－15　地面分析处理软件系统组成结构图

（二）应用情况

2013 年 6 月，江苏电科院研制的车载巡检系统完成了多个 500kV 变电站带电检测工作，应用结果表明：车载自动巡检模式下，巡检设备根据所在位置，驱动转塔自动捕捉目标，带动红外摄像机、紫外摄像机和高清可见光相机对准目标并进行拍摄。显示器实时显示采集的图像，同时计算机对采集的图像进行存储、分析、诊断并进行缺陷实时告警。在生成变电站巡检轨迹路线图的基础上，对 500kV 变电设备区域，检测人员仅需要 20min 左右即可完成设备的红外温度及紫外放电检测。

（三）应用成效

应用车载式的灵活巡检系统，可以实现全天候、复杂环境下的输变电设备缺陷的智能检测、分析及管理。相比原有的巡检方式，工作效率可提高数倍，既提高了运维过程中的设备缺陷检出率，又提高了电网设备运行可靠性。

三、变压器直流偏磁在线监测系统

（一）技术介绍

地磁感应电流和直流输电工程采用大地回线单极或双极不平衡运行会使中性点接地的变压器产生直流偏磁现象。直流偏磁时，不同的变电站地电位会存在电位差，将会使变压器内部流过直流电流，如图 5－16 所示，从而使变压器铁芯中感应一定数值的直流磁通，使得铁芯总磁通半波饱和，进而引起励磁电流畸变以及变压器局部温度升高、振动噪声增大等问题，严重时可引起变压器的损坏及保护的误动。因此，对于直流输电线路接地极周围的变压器，有必要开展直流偏磁监测工作。

直流偏磁在线监测系统由直流偏磁在线监测终端和后台组成。监测终端包括直流电流传感器、数据采集单元、无线发射模块及相应的电源箱体等；系统后台包括无线接收单元、数据处理服务器、直流偏磁在线监测系统软件及其他附件等。直流电流传感器采用霍尔效应测试直流电流，安装在变压器中性点引下线上，通过屏蔽信号电缆将数据提供给采集单元，经过采集单元初步加工所测得数据转化成特定文件发送给无线发射模块，无线发射模块采用商用移动网络传输数据文件给远端，远端无线接收后转交数据到后台直流偏磁在线监测系统服务器上，进入高级应用层，如图 5－17 所示。

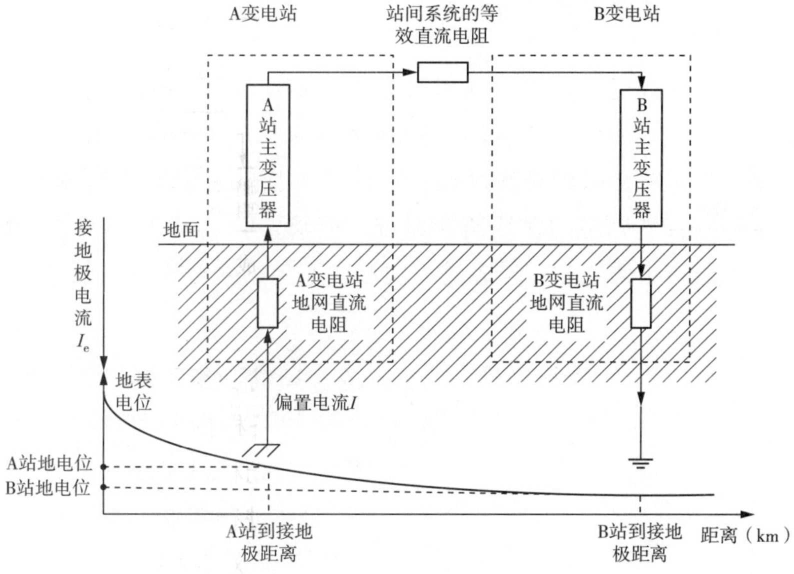

图 5－16　直流偏磁原理

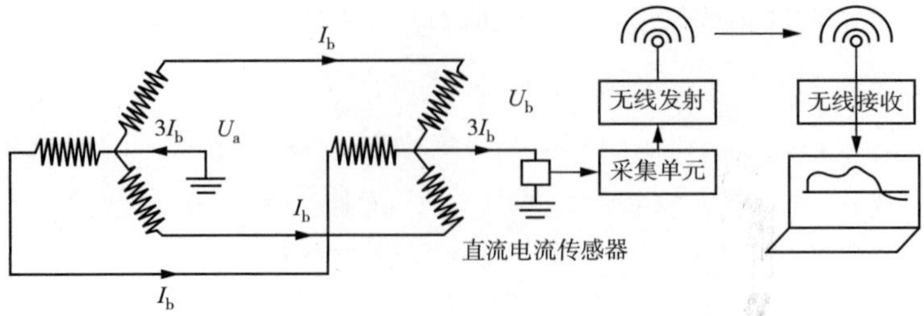

图 5－17　直流偏磁在线监测系统示意

（二）应用情况

自从 1972 年加拿大伊尔河直流输电工程首次采用晶闸管以来，直流输电工程在世界范围内蓬勃发展，尤其是中国直流输电工程的发展更快。直流偏磁作为直流输电工程采用大地回线单极或双极不平衡运行所带来的不利问题，最早为国外学者发现并进行研究，并在现场对主变压器直流偏磁进行过测试，但是未见建立直流偏磁在线监测系统的报道。

中国从 20 世纪 80 年代以来建设了 10 多条高压直流输电工程，并且还有多个高压直流输电工程正在建设过程中，仅长三角地区就有苏州换流站、南桥换流站、奉贤换流站、政平换流站、华新换流站等五座换流站布置较为密集，因此直流偏磁的影响较为严重，需要建设直流偏磁在线监测系统对直流偏磁情况进行监测。2012 年，江苏电网在苏州换流站周围 100km 的范围内 8 个 500kV 变电站和 6 个 220kV 变电站共装设了 23 套直流偏磁在线监测终端，监测发现直流偏磁对周边主变压器产生一定的影响，但是电流幅值较低，其影响在可承受范围内，避免了盲目改造和带隐患运行风险。另外，南方电网境内建设了多条直流输电工程，其直流偏磁对广东电网主变压器影响较大，为了跟踪测量主变压器直流偏磁情况也建立了直流偏磁在线监测系统。

（三）应用成效

特高压直流大地回线运行方式会给周边主变压器造成直流偏磁的不利影响，直流偏磁对变压器的影响主要表现在变压器磁回路偏磁饱和产生谐波电流电压，引起噪声增大、振动加剧，严重时会引起局部过热、紧固部件松动，因此变压器不能长期偏磁运行。建立主变压器直流偏磁的在线监测系统，能够实时、有效监测主变压器直流偏磁情况，使运行单位有效采取相应措施进行防治，避免给主变压器造成危害。

电网企业
质量检测指导手册

中国电力出版社官方微信

ISBN 978-7-5198-3073-1

9 787519 830731

定价：60.00 元

上架建议：电力工程